全国教育科学“十三五”规划2018年度课题
“一带一路战略下中俄跨境高等教育合作路径选择研究”（BDA180033）
牡丹江师范学院博士科研启动基金资助（编号：MNUB202103）

中俄跨境高等教育合作路径选择研究

张艳臣／著

中国矿业大学出版社
·徐州·

图书在版编目(CIP)数据

中俄跨境高等教育合作路径选择研究 / 张艳臣著. 徐州 ：中国矿业大学出版社，2025. 4. — ISBN 978-7-5646-6749-8

Ⅰ. G648.9

中国国家版本馆 CIP 数据核字第 2025JY3845 号

书　　名　中俄跨境高等教育合作路径选择研究
著　　者　张艳臣
责任编辑　夏　然
出版发行　中国矿业大学出版社有限责任公司
（江苏省徐州市解放南路　邮编 221008）
营销热线　(0516)83885370　83884103
出版服务　(0516)83995789　83884920
网　　址　http://www.cumtp.com　**E-mail**:cumtpvip@cumtp.com
印　　刷　江苏凤凰数码印务有限公司
开　　本　787 mm×1092 mm　1/16　**印张** 17　**字数** 312 千字
版次印次　2025 年 4 月第 1 版　2025 年 4 月第 1 次印刷
定　　价　40.00 元

前　言

本研究试图梳理中俄(包括苏联时期)跨境高等教育合作历程、黑龙江与俄(苏)跨境高等教育合作历程,对现行《来华留学生高等教育质量规范(试行)》进行S-CAD评估,找出制约中俄跨境高等教育发展的因素,并尝试提出对应性的优化对策,为完善中俄跨境高等教育合作提供一定的借鉴。本书共包括六章内容:

第一章,导论。本章概述了本书的研究背景及意义、国内外相关研究进展、研究方法等。研究背景部分考虑两方面内容:一是经济全球化导致高等教育国际化迅速发展;二是政府、高校、个人共同成为推动中俄跨境高等教育发展的驱动器。国内外相关研究部分对已有的相关文献进行梳理,总结前期研究存在的问题,进而指出中俄跨境高等教育的迫切性、科学性和必要性。研究方法部分包括文献研究法、历史分析法、对比分析法、逻辑分析法。

第二章,相关概念和理论基础。首先,明确了跨境、跨境教育、跨境高等教育、中俄(苏)跨境高等教育四个概念。然后,介绍了本研究的理论基础,包括利益相关者理论、政策规划与评估观点法理论,并指出了两个理论在本研究中的具体应用方式。

第三章,中俄(苏)跨境高等教育合作的历史演变。根据中俄(苏)跨境高等教育合作中的时间发展,将中俄(苏)跨境高等教育合作分为六个阶段:元至清朝中俄跨境高等教育合作、民国时期的中俄跨境高等教育合作、新中国成立初期的中俄跨境高等教育合作、改革开放初期的中俄跨境高等教育合作、新世纪的中俄跨境高等教育合作、新时代的中俄跨境高等教育合作,并分别探究了各个阶段中俄在人员、项目、机构方面的流动情况。

第四章,中俄跨境高等教育政策评估——以《来华留学生高等教育质量规范(试行)》为例。对《来华留学生高等教育质量规范(试行)》进行S-CAD评估,指出国家观点是政策评估主导观点,分析了利益相关者,包括中央、高校、高校高级行政工作人员、教师、用人单位、来华留学生及其家长的需求,并建构政策问题。在此基础上,确定了《来华留学生高等教育质量规范(试行)》评估的参照框架,即政策价值、政策目标、政策手段、政策预期结果。然后,对《来华留学生高等教育质量规范(试行)》进行一致性评估、充要性评估和回应性评估。

第五章,黑龙江省与俄罗斯跨境高等教育合作。首先,介绍了黑龙江省与俄罗斯跨境高等教育合作的发展历程，包括民国时期的黑龙江与苏联跨境高等教育合作、新中国成立初期的黑龙江省与苏联跨境高等教育合作、苏联解体后的黑龙江省与俄罗斯跨境高等教育合作；其次，分析了黑龙江省与俄罗斯跨境高等教育合作的现状，包括黑龙江省与俄罗斯留学人员跨境流动现状、黑龙江省与俄罗斯高等教育合作办学项目现状、黑龙江省与俄罗斯高等教育合作办学机构现状，并提出了黑龙江省与俄罗斯跨境高等教育合作的未来发展路径。

第六章，中俄跨境高等教育合作的未来展望。提出四个方面的未来展望，包括完善中俄跨境高等教育顶层设计、增强中俄人员流动、加快中俄项目流动建设、提高来华留学生教育质量。

由于历史原因，本书中根据不同时期，选择使用“中俄”或“中苏”，意义指向相同，特此说明。

本书由张艳臣独立完成，共计约 31 万字。本书系全国教育科学“十三五”规划 2018 年度课题“一带一路战略下中俄跨境高等教育合作路径选择研究”(BDA180033)的研究成果，得到牡丹江师范学院博士科研启动基金资助(编号：MNUB202103)。

本书在编撰过程中参考和引用了许多学者的研究和实践成果，在此，由衷地表达我的谢意。

水平所限，疏漏之处在所难免，希望得到同行和读者的批评指正。

张艳臣

2025 年 1 月

目　录

第一章 导 论

第一节 研究背景及意义

一、研究背景

国际化是当代高等教育发展的一个显著特征，也是近代高等教育发展的主要趋势。在全球化进程的推动下，高等教育国际化进程趋向于“增强经济体的融合和相互依赖性以及贸易和市场的自由化”，国际化被定义为“旨在使高等教育(更)适应社会、经济和劳动力市场全球化的要求和挑战的任何系统、持续的努力”。在以全球竞争为特征的背景下，经济追求也成为各国高等教育领域关注的重要方面。知识被认为是经济增长的主要驱动因素，国际化也变得更加以市场为导向，跨境高等教育具有营利性特点，作为高等教育机构补充公共资金收入的重要手段，越来越受到各国各界的重视。现在，跨境高等教育已经形成一个规模达数十亿美元的市场，对许多国家而言，它在服务业总出口收入中占据相当大的比重。

20 世纪 80 年代以来，跨境高等教育的规模逐渐扩大。自 90 年代中期以来，跨境高等教育一直处于世界贸易组织(WTO)和服务贸易总协定(GATS)的框架下。在这种背景下，跨境高等教育已成为一种商品，扩大了教育服务的国际贸易规模。这一扩张主要受经济激励，旨在增加收入，但也受到能力建设、开发人力资源以及加深国际了解等目标的推动。

21 世纪，教育方案的电子交付已在世界许多地方普及，而且跨境高等教育方案提供者的数量稳步增加。2018 年，全球有将近 500 万学生参与跨境高等教育，预计 2025 年跨境高等教育的学生参与数量将达到 800 万。2016 年，美英两国作为两个最主要的留学目的国，其国际学生占全球流动学生总数的 40%，但美英收紧边境管制，特别是英国学费的“漫天要价”，使得进入美英两国就读和毕业后继续在美英两国工作都变得更加困难。因此，美英两国作为跨境高等教育目的国的吸引力日益下降，越来越多的国际学生选择加拿大、澳大利亚、爱尔兰、新西兰等以英语为母语的国家作为跨境高等教育目的国。同样的，国际教师流动也呈现出相似的趋势，去美英两国工作的国际教师数量正在逐年减少，出现向亚洲和欧洲其他国家转移的趋势。

跨境高等教育竞争不仅仅是高等教育领域日益激烈的竞争，也是各国之间日益激烈的经济和外交竞争的一种，是由追求知识和知识者推动的竞争。知识对国家经济和社会的重要作用已经将高等教育定位为国家间竞争的重要领域。高等教育的规模化已经限制了许多国家利用传统的教育方式提供高等教育的机会，一些国家越来越无法满足国民对高等教育的需求，特别是许多发展中国家在面临资金限制导致的需求增加的情况下，无法扩大其高等教育的现有能力。因此，大多数发展中国家对高等教育的过度需求只能通过发达国家的跨国教育来满足，越来越多的学生选择跨境高等教育来实现自身的教育发展。高等教育的出口国家提高了学生入学率和收入，而进口国家补充了国内高等教育供应。例如，在英国，政府资金的减少导致高等教育机构寻求来自国际合作的额外收入来源，特别是与欧洲国家以外的伙伴合作，这些合作伙伴的学生人数相对不受限制，学费等收入更高。英国并非唯一热衷于从跨境高等教育合作中获益的国家，其他国家正在与英国竞争这些有利可图的国际学生。像中国、马来西亚和新加坡这样的跨境高等教育进口国，最初把跨国高等教育看作高等教育大众化过程中增加招生的一种方式，但随着自身综合国力的强大，这些跨境高等教育进口国逐渐向跨境高等教育出口国转变，力求在高等教育国际舞台上拥有一定的话语权。在这样一个竞争激烈的跨境高等教育市场中，跨境高等教育质量成为争夺跨境高等教育市场份额的决定性因素。

党的十九大报告指出，推动形成全面开放新格局。要以“一带一路”建设为重点，坚持引进来和走出去并重，遵循共商共建共享原则，加强创新能力开放合作，形成陆海内外联动、东西双向互济的开放格局。

中国与俄罗斯是睦邻友好的山水邻邦，也是全球化进程中重要的战略协作伙伴，中俄两国在政治、经济、文化、教育等各个领域都保持密切合作。俄罗斯作为中国的重要邻国，一直是“一带一路”倡议的积极参与者、重要支持者和关键合作者。中俄两国跨境高等教育的开展，能够直接为中俄两国发展提供科技支持和人才支撑，能够增进中俄两国的相互理解和沟通，能够为“一带一路”建设提供基础性和先导性动力。同时，中俄跨境高等教育的深入合作，将有助于提升中俄高水平政治关系优势，增进彼此信任和信心，夯实双方民意基础，推动全面合作的深入开展。

二、研究意义

2019 年 2 月，中共中央、国务院印发《中国教育现代化 2035》，提出教育现代化的总体目标是：到 2035 年，总体实现教育现代化，迈入教育强国行列，推动我国成为学习大国、人力资源强国和人才强国，实现高等教育竞争力明显提升。2020年6月，《教育部等八部门关于加快和扩大新时代教育对外开放的意见》（以下简称《意见》）正式印发。《意见》指出，教育对外开放是教育现代化的鲜明特征和重要推动力，要以习近平新时代中国特色社会主义思想为指导，坚持教育对外开放不动摇，主动加强同世界各国的互鉴、互容、互通，形成更全方位、更宽领域、更多层次、更加主动的教育对外开放局面。中俄跨境高等教育，是中国高等教育的重要组成部分，研究中俄跨境高等教育合作的历史、问题和提升路径，对进一步促进教育对外开放、实现中俄跨境高等教育内涵式发展、实现高等教育现代化、建设高等教育强国，具有重要的理论意义和实践意义。

1. 理论意义

本研究以利益相关者理论、政策规划与评估观点法等理论为基础，对中俄（苏）跨境高等教育进行研究，有助于深化中国跨境高等教育理论研究、推动中国跨境高等教育理论发展、建立中国跨境高等教育研究理论体系。同时，本研究有助于深入了解发达国家乃至世界的国际教育变化，丰富跨境高等教育的研究领域，提升对跨境高等教育发展规律的认识，拓展高等教育国际化的研究区域。

2. 实践意义

本研究有助于中国制定既符合国际惯例又适合我国国情、既能规避风险又能促进发展的跨境高等教育政策；有助于中国跨境高等教育机构在国际高等教育市场上获得更多的市场份额和话语权，提高教育服务贸易的市场占有率，从而提高我国高等教育机构出口创汇的能力和水平；有助于推进一流大学和一流学科建设，实现中俄跨境高等教育的内涵式发展；有助于加强中俄人文合作与交流，促进国际传播能力建设，提升国家文化软实力，向世界展示真实、立体、全面的中国；有助于中国在新的历史背景下，吸收借鉴俄罗斯先进跨境高等教育的有益经验，创新中国跨境高等教育发展，提升中国跨境高等教育质量和效益。

第二节 国内外相关研究进展

一、国外相关研究进展

国外跨境高等教育研究起源于20世纪80年代，经过近40年的发展，积累了丰富的研究成果，总的来说，国外有关跨境高等教育的研究主要集中在以下几个方面。

1. 跨境高等教育理论研究

20世纪90年代早期关于跨境教育的学术文献，主要受超国家组织的影响，如经合组织(OECD)和联合国教育、科学及文化组织(教科文组织,UNESCO)发表的报告,重点探讨不同类型的跨境高等教育风险以及推动跨境高等教育的理论或动机。在21世纪初,研究重点开始转向不同国家的案例研究和比较研究,开始用更具战略意义的方法探索国际化(van der Wende et al.,2004)。2005年以后,随着跨国教育已成为高等教育的一个既定特征,关于跨国教育的具体形式(特别是在国际分院校园)及其管理的文献报告大幅增加,并将跨国教育与国家知识社会和世界一流大学建设联系起来,探索跨国教育运营的运营机制和影响因素(Altbach et al.,2007;Seeber et al.,2016;Wilkins et al.,2012)。最近,一些学者紧跟跨境高等教育发展的新趋势,例如MOOC,2006—2010年,国际分支学校的数量增长了45%,同时,针对这些学校的出版物也出现了类似的增长。

此外,James Fegan和Malcolm H. Field在《跨境教育:政治、政策和立法行动》(*Education Across Borders-Politics,Policy and Legislative Action*)中探讨了影响亚洲、欧洲、非洲和美洲跨境教育的关键问题,并分析了高等教育跨境发展的实际教育、行政和政治影响,旨在为世界各地的青年人今后更好地接受教育提供建议。① J. Knight在《跨界高等教育》(*Higher Education Crossing Borders*)中从关键要素和共同要素两个方面考察了跨境、跨国和无国界教育的概念,并对日益多样化的提供者和交付模式进行了分类。② Kosmuetzky Anna和Putty Rahul在《跨境与跨界:跨国、离岸、跨界与无国界高等教育文献的系统回顾》(*Transcending Borders and Traversing Boundaries: A Systematic Review of the Literature on Transnational, Offshore, Cross-Border, and Borderless Higher Education*)中综述了2000年以来,国际教育研究数据库有关跨国、离岸、跨境和无国界高等教育的文献,从关键词、出版物类型、期刊和主题群等方面描述了该领域的发展及其认知和制度结构,对跨国高等教育标签下的主要研究课题进行了探讨,讨论了未来的研究方向,包括方法问题和实质性问题。③ Christine A. Farrugia和Jason E. Lane通过确定跨境高等教育将谁视为其主要利益相关者,分析跨境高等教育如何使其在母国、东道国、区域和全球环境中的国际存在合法化,调查跨境高等教育建立合法性的过程。研究结果表明,国际化经验与跨境高等教育课程和母校组织学习之间可能缺乏深度整合,一些

① FEGAN J, FIELD M H. Education across borders: politics, policy and legislative action[M]. Dordrecht: Springer, 2009.

② KNIGHT J. Higher education crossing borders[M]//International Encyclopedia of Education. Amsterdam: Elsevier, 2010: 507-513.

③ KOSMÜTZKY A, PUTTY R. Transcending borders and traversing boundaries[J]. Journal of studies in international education, 2016, 20(1): 8-33.

跨境高等教育没有优先考虑东道国的当地发展需求。① Nataliya Avshenyuk 指出在 20 世纪末，教育全球化和教育国际化的影响下，教育学与哲学的传统关系发生了变化，在行列式分析的基础上发现后现代主义和后非经典科学为跨国高等教育的形成提供了哲学依据，论证了“全球问题哲学”作为一套基于整体全球关系客观性的思想体系，是构建体现在全球教育理念中的现代教育范式的基础。②

2. 跨境高等教育国别研究

有关跨境高等教育的国别研究，涉及的国家十分广泛，既包括美国、英国、澳大利亚等高等教育发达国家，也包括越南、马来西亚等高等教育欠发达国家。Maria João Rosa，Cláudia S. Sarrico 等在《跨境高等教育与质量监管》(*Cross-Border Higher Education and Quality Assurance*)中指出跨境高等教育的扩大带来了质量问题，不同国家对质量问题进行了不同的评估，不同的国家质量监管机构不得不采取措施，以处理跨境高等教育引起的新问题。跨境高等教育的迅速增长不仅被视为一种在公共资金减少的情况下增加高等教育机构收入的手段，而且是一种保持高教育标准的手段。③ Jason E Lane，Kevin Kinser，Daniel Knox 在《规范跨境高等教育：以美国为例》(*Regulating Cross-border Higher Education：A Case Study of the United States*)中以委托代理架构为基础，利用美国这一由 50 多个独立监管制度组成的联合体，分析政府如何监管公立大学的跨境高等教育。分析表明，国家法规主要侧重于与扩大审批流程有关的问题，规定行政要求，提供可比方案，防止不必要的竞争，而对质量的关注有限。④ Pedro Orraca，David Rocha，Eunice Vargas 的《跨境学校入学：美国—墨西哥边境地区的相关因素》(*Cross-border School Enrolment：Associated Factors in the U. S. -Mexico Borderlands*)调查了居住在墨西哥但在美国上学的学生，并调查了他们决定出国留学的相关因素，建立 probit 模型，以分析墨西哥学生赴美学习的影

① FARRUGIA C A，LANE J E. Legitimacy in cross-border higher education[J]. Journal of studies in international education，2013，17(4)：414-432.

② LESHCHENKO M，AVSHENYUK N. Philosophical and pedagogical principles of transnational higher education development[J]. Comparative professional pedagogy，2015(3)：46-52.

③ MARIA JOÃO ROSA，CLÁUDIA S. SARRICO，ORLANDA TAVARES，ALBERTO AMARAL. Cross-Border Higher Education and Quality Assurance[M]. London：Palgrave Macmillan，2016.

④ LANE J E，KINSER K，KNOX D. Regulating cross-border higher education：a case study of the United States[J]. Higher education policy，2013，26(2)：147-172.

响因素。[①] He Lan 和 Wilkins Stephen 在《跨国界高等教育的合法性：对东南亚中国国际分校的制度影响》(*Achieving Legitimacy in Cross-Border Higher Education: Institutional Influences on Chinese International Branch Campuses in South East Asia*)中探讨了不同的制度对东南亚三个中国国际分院的影响，讨论了设立和经营此类分支机构战略背后的制度因素，以及为抵消东道国的外国责任而采取的不同合法性建设战略。根据跨国家高等教育机构对地方资源的依赖性和东道国机构力量的强弱，通过合法性整合、选择性合法性整合、合法性创造三种模式确立了跨国界高等教育机构的合法性。[②] Morshidi Sirat 等讨论了马来西亚目前在高等教育服务贸易方面的谈判立场和马来西亚高等教育服务贸易的发展前景。[③] David Woodhouse 介绍了主要由澳大利亚提供的跨国教育质量监管程序，并概述了澳大利亚大学质量管理局在多大程度上遵守教科文组织/经合组织关于跨境高等教育的指导方针。[④] Paul Bennell 对 20 世纪 90 年代中期英国大学本科生和研究生学位注册海外留学生的海外入学情况进行了综述，得出两个主要结论：一是英国跨国高等教育的未来前景十分不确定，特别是近五年，海外留学生的增长率大幅下降，未来五年内，海外留学生的总体入学率可能会明显下降；二是面对大量离岸课程的低财务回报以及其他非财务因素，英国大学越来越合理化整合其离岸课程。[⑤] Ka Ho Mok 通过参考新加坡教育改革和高等教育治理的变化，介绍了新加坡政府如何通过采用更具竞争性的政策工具，改变其高等教育治理模式，提高其高等教育体系的全球竞争力，并通过在新加坡发展“跨国教育”，试图使其高等教育体系多样化。[⑥]

3. 跨境高等教育质量监管研究

2003 年，联合国教科文组织制定了《跨境高等教育质量提供准则》，以进一

---

① ORRACA P, ROCHA D, VARGAS E. Cross-border school enrolment: associated factors in the U. S. -Mexico borderlands[J]. The social science journal, 2017(12): 389-402.

② HE L, WILKINS S. Achieving legitimacy in cross-border higher education: institutional influences on Chinese international branch campuses in south east Asia[J]. Journal of studies in international education, 2018, 22(3): 179-197.

③ MORSHIDI S, RAZAK A A, KOO Y L. Trade in services and its policy implications: the case of cross-border/transnational higher education in Malaysia[J]. Journal of studies in international education, 2011, 15(3): 241-260.

④ WOODHOUSE D. The quality of transnational education: a provider view[J]. Quality in higher education, 2006, 12(3): 277-281.

⑤ BENNELL P. Transnational higher education in the United Kingdom: an up-date [J]. International journal of educational development, 2019, 67: 29-40.

⑥ MOK K. Singapore's global education hub ambitions: university governance change and transnational higher education[J]. International journal of educational management, 2012, 22: 527-546.

步规范跨境高等教育的提供。联合国教科文组织认为,任何对学生和其他“质量差”的跨境高等教育提供的风险都必须得到解决。Hou 和 Angela Yung-chi 分析了跨境认证对亚太地区国家质量监管机构的影响,讨论了国家质量监管机构为加强其国际化所采取的方法,以及区域网络为帮助亚洲质量监管机构建立所做的努力。① Antony Stella 介绍了教科文组织和经合组织共同努力制定跨境高等教育质量监管准则的背景和结果。② Philipo L. Sanga 认为,鉴于各国特点,各国高等教育质量监管机构和框架可能不足以监管跨境高等教育,因此,他提出了一种区域性的跨境教育监管方法,并讨论了阻碍实现这一区域办法实施的制约因素。③ Lo William Yat Wai 考察了跨国高等教育在新加坡和中国香港的发展,并解释了政治阻力和相应的政策变化,介绍了东亚国家如何成功地选择性地将高等教育全球化的要素与其原有的监管制度相结合。④ Sérgio Machado dos Santos 提供了一个关于跨国教育的概念框架,并绘制了关于跨国教育的形势和趋势、现行或正在考虑的监管机制、出现的问题以及处理这些问题的良好实践实例等方面的发展趋势图,特别是对跨国教育的规范、质量监管和认可等问题进行了探讨,并提出了行动计划的一些依据。⑤

二、国内相关研究进展

国内有关跨境高等教育研究具有很大的上升空间,目前国内跨境高等教育研究主要集中在以下几个方面。

1. 跨境高等教育区域性发展研究

跨境高等教育区域性发展研究主要集中在中国的邻国以及优质高等教育资源集中的国家,例如澳大利亚、美国、英国等。贾佳等(2018)分析了中国与东盟国家跨境高等教育现状,指出新加坡和马来西亚对中国来说属于高等教育输出国,其他 8 个国家对中国来说属于高等教育输入国,并同时向中国输出留学生,

① HOU, AUNG-CHI A. Quality in cross-border higher education and challenges for the internationalization of national quality assurance agencies in the Asia-Pacific region: the Taiwanese experience[J]. Studies in higher education, 2014, 39(1): 135-152.

② STELLA A. Quality assurance of cross-border higher education[J]. Quality in higher education, 2006, 12(3): 257-276.

③ SANGA P L. Case for a regional approach to the regulation of cross border higher education with specific reference to east Africa[J]. Makerere journal of higher education, 2012, 4(1): 1-15.

④ LO W Y W. After globalization: a reconceptualization of transnational Higher Education governance in Singapore and Hong Kong[J]. Higher education quarterly, 2018, 72(1): 3-14.

⑤ DOS SANTOS S M. Regulation and quality assurance in transnational education[J]. Tertiary education and management, 2002, 8(2): 97-112.

同时探讨了中国与东盟跨境高等教育存在的问题，例如尚未形成规模化和品牌效应、高水平大学参与度低、中国缺乏境外办学经验等，并提出了相应的解决对策。[①] 郭强和赵风波等(2017)分析了中俄跨境高等教育的现状、主要特点、主要问题，指出应把中俄跨境高等教育上升至国家战略高度，建立中俄跨境高等教育合作示范区，打造中俄跨境高等教育品牌。[②] 薛卫洋(2016)探讨了跨境高等教育合作的主要模式，并通过分析区域跨境大学——巴伦支海跨境大学的建立背景、现状及问题，提出中国应积极构建"一带一路"跨境大学，推进学位互认，拓宽跨境高等教育办学实体来源，畅通跨境高等教育的沟通和协调机制。[③] 覃玉荣等(2015)探讨了越南跨境教育合作发展制度变迁轨迹、合作实践、现存问题，提出中国应做好引进国外优质教育资源与国情区情需求的研究，制定跨境教育政策与法规，使跨境高等教育最终服务于我国高等教育事业与社会经济和谐发展。[④] 肖军(2018)分析了德国开展跨国高等教育的动因，介绍了德国跨境高等教育模式、特色和挑战。[⑤] 李旭等(2010)介绍了澳大利亚跨国高等教育的历史发展、特点、问题和趋势。[⑥]

2. 跨境高等教育理论研究

周作宇(2016)指出中国跨境高等教育应树立国际思维，要有积极的政策响应，高校要发挥主体作用，要追求卓越的质量。[⑦] 张九洲等(2015)探讨了跨境高等教育的现状、内涵与发展趋势，跨境高等教育机遇与挑战并存，高质量的教育跨境能够实现教育输出国和输入国的共赢。[⑧] 张进清(2012)以北美、欧洲、亚太等地区的跨境高等教育为研究对象，通过对跨境高等教育的发展演变、主要类型、实施策略及发展趋势进行研究，探讨了跨境高等教育形成与发展内在的共同属性与共同规律，总结其经验与教训，发现问题，并在反思跨境高等教育的基础

---

① 贾佳，方宗祥."一带一路"倡议下中国与东盟跨境高等教育刍议[J].高校教育管理，2018(4)：51-57.

② 郭强，赵风波."一带一路"战略下的中俄跨境高等教育[J].中国高教研究，2017(7)：56-61.

③ 薛卫洋.区域跨境高等教育合作新模式的探析与借鉴：以巴伦支海跨境大学为例[J].比较教育研究，2016，38(12)：22-30.

④ 覃玉荣，毛仕舟.越南跨境高等教育合作：政策、实践与问题[J].比较教育研究，2015，37(3)：22-29.

⑤ 肖军.德国跨国高等教育：动因、模式与特征[J].比较教育研究，2018，40(8)：91-98.

⑥ 李旭，肖甦.澳大利亚跨国高等教育跨越式发展历程及其特点、问题述评[J].比较教育研究，2010，32(11)：53-58.

⑦ 周作宇.跨境高等教育：国际思维与实践响应[J].国家教育行政学院学报，2016(1)：7-10.

⑧ 张九洲，房慧.跨境高等教育：现状、内涵与发展趋势[J].大理学院学报，2015(9)：91-95.

上，提出对中国高等教育的启示。①

3. 跨境高等教育质量监管研究

李洁(2017)分析了跨境高等教育发展及质量保障制度建设趋势，并提出全球化背景下中外合作质量保障体系建设的路径，包括积极参与跨境高等教育国际化标准的制定、加强宏观调控、创新评估体系。② 刘福鸿(2017)从以 GATS 框架的四种模式——跨境交付模式、境外消费模式、商业存在模式、自然人流动模式为脉络模式的角度进行了详细的论述，分别分析了跨境高等教育在 GATS 框架下对应四种形式存在的问题，并通过国际法分别加以规制，提出了中国规制跨境高等教育的法律措施，包括注重中国跨境高等教育的系统性，对四种跨境高等教育模式都应该加以法律规制，同时国内跨境高等教育的中介机构资质问题实施双备案制度。③刘剑青等(2015)分析了我国跨境高等教育互认政策制定的主要突破，指出中国跨境教育资格与学习成果互认仍困难重重，包括学历学位互认协议覆盖地区范围仍然有限、统一的国家资格与质量标准框架尚未建立、学历学位互认协议仍然缺乏实质性内容、国内各类教育转换机制仍然缺失、没有建立行之有效的跨境教育质量保障体系，提出中国跨境教育资格与学习成果互认应实现制度创新，包括探索建立我国统一互通的国家资格框架体系、鼓励高校试点跨境教育质量管理与认证数据库、以学分银行为突破建立教育教学转换的"立交桥"、开发跨境学历学位互认典型项目与引领机制。④ 丁丽军(2008)针对跨境高等教育办学模式的特殊性与复杂性，在对各种教育质量保障模式进行分析的基础上，提出建立一个以政府机构宏观认证为主，以行业专家中观评估为辅，以学校内部微观审核为基础的全方位的跨境教育质量保障系统是非常必要的。⑤ 郑海蓉等(2014)介绍了跨国高等教育输入国质量管控的基本形态、主要模式、基本异同，⑥郑海蓉(2013)阐述了跨国高等教育发展的动因、内涵、发展理念和发展模式，提出了构建跨国高等教育质量认证体系的基本框架。⑦

---

① 张进清.跨境高等教育研究[D].重庆:西南大学,2012.

② 李洁.跨境高等教育发展及质量保障制度建设:基于中外合作办学视角的探讨[J].集美大学学报(教育科学版),2017,18(5):35-40.

③ 刘福鸿.跨境高等教育国际法规制问题研究:以 GATS 框架为视角[D].大连:辽宁师范大学,2017.

④ 刘剑青,王小飞.跨境高等教育资格与学习成果互认制度创新的战略思考[J].中国高教研究,2015(4):32-36.

⑤ 丁丽军.论跨境高等教育项目质量保障体系的构建[J].教育学术月刊,2008(8):30-32.

⑥ 郑海蓉,郭丽君.跨国高等教育输入国质量管控比较分析与启示[J].现代大学教育,2014,30(6):43-49.

⑦ 郑海蓉.中国跨国高等教育质量保障体系研究[D].武汉:华中科技大学,2013.

4. 跨境高等教育质量监管政策研究

刘岩(2019)将澳大利亚的跨境高等教育质量监管政策发展分为三个阶段，分别是1980—2000年、2000—2010年、2010年至今，三个阶段的特点分别是自律与规则、中央集权与质量战略、法律效力与国家战略，其跨境高等教育质量保障政策演变呈现与本国高等教育质量保障政策同步、中央集权加强、监管对象全面的特点。[①] 尹玉玲(2011)提出跨境高等教育的政策导向是互相理解型政策导向、技术移民型政策导向、创收型政策导向、能力建设型政策导向，同时指出跨境高等教育政策在质量和认证、入学机会和公平、财政和成本、政策的一致性等方面面临挑战。[②] 杨琼(2009)评析肯尼亚、智利、阿根廷、南非和菲律宾等几个典型跨境教育输入国对跨境教育海外分校的监管，找出了影响跨境教育监管方法的因素，提出要完善中国跨境高等教育政策体系、建立国家综合性高等教育质量保障及认证体系、加强国家高等教育的能力建设、建立我国跨境教育信息数据库。[③] 韩秀丽(2007)提出了跨境高等教育需进行国际法律规制，一是在WTO和双边区域性服务贸易协定平台上以成员方承诺的方式展开，进行硬性规制；二是在联合国教科文组织的平台上以指南建议的方式展开，表现为软法劝导。[④] 郭朝红(2006)对跨境教育的输入国和输出国的监控体系和范例做了较为细致的分析，提出输入国与输出国需要相互理解与交流，跨境高等教育的质量监控形式需要因地制宜。[⑤]

5. 中俄(苏)跨境高等教育研究

(1) 俄罗斯高等教育国际化研究

肖甦等(2020)指出，俄罗斯高校海外办学面临语言文化及制度设计问题、教育竞争力问题、国际政治博弈下的市场开拓问题的挑战。[⑥] 刘淑华(2018)认为，21世纪以来的俄罗斯高等教育国际化战略的具体举措包括：招收留学生，派出留学生和教师，拓展跨境高等教育机构，开展科学研究的国际合作，推广俄语与俄罗斯文化等。国际化战略按照优先性分为构筑独联体统一教育空间、融入欧

---

① 刘岩. 澳大利亚跨境高等教育质量保障政策的嬗变与启示[J]. 外国教育研究，2019，46(2)：116-128.

② 尹玉玲. OECD视野下的高等教育国际化政策分析：基于跨境高等教育的视角[J]. 中国高教研究，2011(11)：29-32.

③ 杨琼. 跨境高等教育海外分校的监管体制评述：教育输入国的视角[J]. 高教发展与评估，2009，25(3)：75-82.

④ 韩秀丽. 跨境高等教育的国际法规制[J]. 高等教育研究，2007，28(3)：46-51.

⑤ 郭朝红. 国际视野下的跨境高等教育质量监控[J]. 教育发展研究，2006(12)：21-23.

⑥ 肖甦，王玥. 21世纪俄罗斯高校海外办学：动因、现状与特征[J]. 比较教育研究，2020，42(4)：90-96.

洲博洛尼亚进程和扩大世界范围的教育交流三个层次，在实施主体上是政府—高校协作型，在向度上是输出略大于输入，在深度上引发了高等教育深刻改革。[①] 文瑛(2010)指出，俄罗斯自20世纪90年代起，通过在国际和国内采取一系列不同层面的政策和相应的行动措施，对其高等人才培养体制进行改革，与国际通行体制接轨，并将教育服务出口作为联邦教育发展大纲中的优先发展方向之一，从而使俄罗斯的高等教育日趋开放及富有竞争力。[②] 张晶平(2015)指出，为更好地与国际高等教育接轨，俄罗斯从教育市场化、法制化与建立共同愿景等高等教育国际化战略思维出发，积极推行“办学主体多元化、重新定位大学及其分类方式、寻求区域合作伙伴关系、构建高等教育质量认证体系”等高教国际化改革。[③] 高欣(2003)以世界范围内的人才流动为主要分析对象，揭示了俄罗斯在教育全球化和国际化形势下对外教育新动向。[④] 张男星等(2005)指出，俄罗斯教育在人才培养体制上的改革，是俄罗斯教育超越70年苏联时期的封闭状态走向国际化的重要标志，这既反映了俄罗斯教育的开放气魄，同时也展示了俄罗斯在文化上的对外吸纳力量。[⑤]

(2) 中俄(苏)跨境高等教育史研究

李涛(2006)对1949—1976年中苏教育交流历程进行了回顾，重点分析了中苏教育交流的两种途径，即留苏学生群体研究和苏联专家在中国。[⑥] 黄利群(2002)阐述了从1864年京师同文馆增设俄文馆，为往俄罗斯派遣留学生做准备，到1966年长达百余年的中国人留学苏联的历史。[⑦] 沈志华(2015)按照中苏关系的发展，将1948—1960年苏联专家在中国的时间分为四个阶段，分别是：逐步靠拢(1948—1949年)，缔结同盟(1949—1953年)，共度蜜月(1953—1957年)，走向分裂(1958—1960年)。[⑧] 刘振宇(2014)以晚清时期的中国人留俄活动作为研究对象，对晚清时期留俄教育的起因、发展演变过程、学生状况、学习内容、管理体制等进行深入系统的研究，对其作用与历史影响予以重新审视和评价，并着重分析了中俄外交关系与文化外交对晚清留俄教育的重大影响，以及晚

① 刘淑华. 21世纪以来俄罗斯高等教育国际化战略：动因、举措和特征[J]. 中国高教研究，2018(3)：80-87.

② 文瑛. 俄罗斯高等教育国际化浅析[J]. 民族教育研究，2010，21(6)：121-124.

③ 张晶平. 俄罗斯高等教育国际化战略思维探析[J]. 求是学刊，2015，42(3)：9-13.

④ 高欣. 教育全球化和国际化形势下俄罗斯对外教育新动向[J]. 清华大学教育研究，2003，24(6)：61-66.

⑤ 张男星，杨冬云. 论俄罗斯教育的国际化[J]. 俄罗斯研究，2005(1)：87-90.

⑥ 李涛. 借鉴与发展：中苏教育关系研究(1949—1976)[M]. 杭州：浙江教育出版社，2006.

⑦ 黄利群. 中国人留学苏(俄)百年史[M]. 北京：中国文史出版社，2002.

⑧ 沈志华. 苏联专家在中国：1948—1960[M]. 3版. 北京：社会科学文献出版社，2015.

清留俄教育对当代中俄教育合作的启示。[①]

(3) 中俄(苏)跨境高等教育合作研究

刘淑华等(2019)指出中俄高等教育合作存在着留学生流动水平偏低、高校实质性合作少、合作办学处于初级阶段、科研合作欠缺等问题,其原因主要在于两国高等教育交流与合作存在动力、语言、信任等方面的障碍,因此,需加强市场机制的作用,扩大社会参与;扩大留学生双向流动规模,加强语言与文化的融通,建构两国高校间的实质性合作伙伴关系,提高合作办学水平;以创新为目标,提升两国高等教育交流与合作的层次;从单向交流转向双向交流,加强教育战略对接;携手参与全球教育治理,构建两国良性教育关系。[②] 郭强等(2017)提出,需要在战略层面上高度重视中俄跨境高等教育,研究设立中俄教育合作交流示范区,突出教育资源集约化发展,积极打造中俄合作办学品牌,稳步引导我国高水平大学赴俄开展境外办学,从而建构良好的中俄跨境高等教育体系,助推"一带一路"倡议顺利实施。[③] 杨文兰等(2019)指出,"一带一路"国家教育行动背景下,中俄教育合作应实现民心相通,拓展区域合作空间;培养专业人才,搭建区域合作桥梁;优化教育资源,提升区域产业合作;构建教育空间,引领跨境教育未来。[④]

三、国内外相关研究评述

根据以上综述可知,国内外关于中俄跨境高等教育的研究成果还存在以下几个问题:

(1) 中俄(苏)跨境高等教育合作的研究成果不足

中俄跨境高等教育研究,作为跨境高等教育研究的重要组成部分,现有研究成果还不尽如人意。现有跨境高等教育的研究主要集中在经济和教育都较为发达的美国、英国、加拿大、新西兰、澳大利亚等国家,对中俄跨境高等教育合作的性质、动因、发展历史、特点、现状、水平提升等还缺乏系统的研究和认识,对中俄双方发展跨境高等教育的战略、政策与学历互认等,还缺乏全面、深入、系统的研究。

(2) 黑龙江省中俄(苏)跨境高等教育研究成果不丰

---

① 刘振宇.外交与留学:晚清留俄教育研究[D].武汉:华中师范大学,2014.

② 刘淑华,宋永华."一带一路"背景下的中俄高等教育合作:问题与对策[J].高等教育研究,2019,40(4):96-103.

③ 郭强,赵风波."一带一路"战略下的中俄跨境高等教育[J].中国高教研究,2017(7):56-61.

④ 杨文兰,陈迁影."一带一路"国家教育行动背景下中俄教育合作的担当与使命[J].内蒙古财经大学学报,2019,17(3):57-60.

国内现有跨境高等教育研究主要集中在发达省市，例如北京、上海、浙江、江苏等，而对边境省份黑龙江的中俄跨境高等教育研究的成果所见不多。

(3) 对"一带一路"倡议下中俄跨境高等教育合作路径研究不多

改革开放至今，中俄全面战略合作伙伴关系得到了充分发展，逐渐形成了包容、平等、和平的特点。俄罗斯是"一带一路"沿线重要的邻国，中俄跨境高等教育合作是中俄全面战略合作伙伴关系的重要支点，但是，对"一带一路"倡议下中俄跨境高等教育合作的现状、问题及其发展路径的研究并不多见。

第三节 研究方法

一、文献资料法

本研究充分利用网络、学校图书馆等资源，搜集国际组织和有关国家制定的有关跨境高等教育合作文件、中英文期刊、硕博士论文、专著等方面的文献，了解有关中俄(苏)跨境高等教育合作的研究成果，对中俄(苏)跨境高等教育合作进行尽可能全面的梳理分析，并根据权威性和相关性，选取与中俄(苏)跨境高等教育合作相关的文本和事实，对中俄(苏)跨境高等教育合作做点和面的分析和阐述，以增强本研究的准确性和说服力。

二、历史分析法

本研究从历史的视角阐述了中俄(苏)跨境高等教育的发展历程和未来趋势，追溯了中俄(苏)跨境高等教育合作整个不同发展阶段的特征，探究中俄(苏)跨境高等教育发展的历史原因及背景对中俄(苏)跨境高等教育质量合作所产生的影响。

三、对比分析法

对比中俄(苏)两国在跨境高等教育方面的差异，包括国家、高等教育机构、留学生三个层面和人员、项目、机构三个方面的主要内容。

四、学科聚焦法

从教育学、管理学、社会学、心理学、认知学、传播学等学科探讨中俄(苏)跨境高等教育合作，分析中俄(苏)跨境高等教育合作的内在机制和规律，探其原理。

五、逻辑分析法

本研究运用归纳和演绎、具体和抽象、分析和综合的逻辑分析法，对《来华留学生高等教育质量规范(试行)》进行 S-CAD 评估，包括从建构政策问题，到确定政策价值、政策目标、政策手段和政策预期成果，再到进行一致性评估、充要性评估、回应性评估等各个环节。

第二章　相关概念和理论基础

第一节　相关概念

随着信息和通信技术的不断创新，自20世纪90年代以来，大规模项目和机构的国际流动已经成为一种特殊现象，而国际高等教育中的人员和机构流动也在不断增长。全球化正在推动大学，特别是发达国家和发展中国家的大学，通过竞争建立国际合作项目。正如许多人所说，跨境教育举措已被世界各地的许多大学，尤其是那些讲英语的国家的大学，认为是高等教育国际化的主要途径之一。

当今世界，全球竞争加剧，经济成为衡量各国国际竞争力的核心指标。由于知识是促进经济增长的主要因素，国际化也变得更加以市场为导向，旨在吸引有才华的学生和高技能的工人作为知识经济的关键资源。跨境营利教育已经成为各国政府解决高等教育公共资金不足的重要手段，占服务业出口总额很大的比例。虽然工作人员和学生的跨境流动并不新鲜，但项目和机构的大规模国际流动却是一个相对新的现象。在实践中，高等教育系统面临着全球高等教育环境变化带来的许多挑战，例如新的筹资模式、大众参与和需求增加、技术进步以及人员和专业知识的流动等。跨境高等教育在一定程度上可以为这些挑战提供可能的解决方案。例如，在英国国内，高等教育领域内政府资金减少，高等教育机构通过开展跨境高等教育获得额外收入。

一、跨境

1921年，R. N. 安吉尔首次使用“跨境”一词，指的是欧洲的经济实力，实际上是跨国经济。在20世纪90年代中期之前，这一术语在跨国公司的文献中被广泛使用，当时全球跨国教育联盟（Global Alliance for Transnational Education）将其应用于教育领域。自2000年以来，经合组织、联合国教科文组织和欧洲理事会都采用了这一术语。它一般指方案和机构的国际流动。在澳大利亚和新西兰，当提及海外计划或分支机构时，“离岸”一词常被“跨境”一词所取代。

《牛津英语词典》（OED）从字面上把“跨境”定义为国家状态超出了其边境

或边界。在拉丁语的词根中，“trans”表示超越、跨越、交叉或从一个州到另一个州。跨境，意味着跨越国家边界，超越国家和领土。因此，它近似于全球化，它指出时空压缩不仅体现在各种网络教育模式中，而且体现在网络教育在高等教育中的动态性、灵活性和创新性。“跨境”是一个跨越国界的活跃活动的舞台。

二、跨境教育

对“跨境教育”内涵的界定，大多数学者都采用了加拿大学者简·奈特(Jane Knight)(2002)的定义：教师、学生、项目、机构/办学者或课程材料在跨越国家司法管辖边界情况下开展的教育活动。2003 年 11 月 3 日至 4 日，OECD 和挪威教育部联合组织召开了第二届国家教育服务贸易论坛，来自 OECD、WTO 和 UNESCO 的官员，OECD 成员方与其他国家和地区的教育与贸易官员，一些非政府机构、教育与培训机构的相关人员，以及教师和学生代表等共近 200 人出席了会议。此次论坛重新界定了跨境教育内涵，将跨境教育活动归纳为三种主要形式，如表 2-1 所列，分别是：

(1) 人员流动。学生和学者为了教育目的出国，可以出国学习或任教。

(2) 项目流动。通过跨境流动的教育计划和课程，或通过电子学习，与外国机构建立教育伙伴关系，提供联合课程，制定联合课程或进行任何其他联合教育安排，同时学生、学者和机构仍留在本国，包括特许经营、双联、双学位/联合学位、函授/远程提供等模式。

(3) 机构流动。机构或教育资源提供者出于教育目的出国或投资，例如在国外设立分院、与外国大学合作、收购外国教育机构等，跨境教育通过机构流动不需要涉及学术或学生流动：外国校园可以由来自目的国的教师和员工运营，包括在国外设立分校、独立机构、学习中心、虚拟大学、合作办学等。

表 2-1　跨境教育活动分类

分类	主要形式	例子	规模
1. 人员流动			
学生/接受培训者	学生流动	为获得外国学位或资格而出国深造	可能是跨境教育的最大份额
		本国学位或联合学位的学术伙伴关系的一部分	
		交流计划	

表 2-1(续)

分类	主要形式	例子	规模
教师/培训者	学术/教师流动	为了专业发展	教育部门的一个古老传统，在更普遍地强调专业人员流动和教育国际化的情况下，这一传统应该得到发展
		作为学术合作的一部分	
		在外国大学工作	
		在国外的分支机构任教	
2. 项目流动			
教育项目	学术伙伴	与外国机构的联合课程或谈判	学术伙伴关系在这些活动中所占比例最大
	电子学习	电子学习计划	电子学习和特许经营是一种规模小但发展迅速的活动
		向外国机构出售/特许经营课程	
3. 机构流动			
	外国建校	在外国建校	从一个适度的起点迅速增长的趋势
	外国投资	购买(部分)外国教育机构	
		创建国外教育提供者	

来源:OECD. Internationalisation and Trade in higher Education-Opportunities and Challenges,2004.

2006 年,OECD 在《跨境高等教育提供质量指南》(*Guidelines for Quality Provision in Cross-border Education*)中重申了简·奈特对跨境教育的定义,并补充认为跨境教育包括高等教育的公立或私立部门、营利或非营利院校。它涵盖了广泛的模式,从面授(采取各种形式,例如学生旅居海外或者设立海外院校)到远程学习(采用一系列技术,包括在线学习)等。

2008 年,简·奈特在其《激流中的高等教育:国际化变革与发展》一文中对“跨境教育(cross-border education)”进行了深入辨析,认为跨境教育不同于“跨国教育(transnational education)”或海外教育,以及“无疆界教育(borderless education)”,“跨境教育”描述的内容非常宽泛,人员、项目、提供者和教学材料等都可以采取各种形式跨越国家边界。“跨国教育”和“海外教育”主要是指学生在海外学习,从概念上看着重于学生在哪里学习。而“无疆界教育”是“对传统固有的高等教育在概念、准则和地理边界的模糊理解”,它超越了地域和管辖范围,包括时间、准则和概念边界。①

三、跨境高等教育

跨境高等教育是跨境教育的主要组成部分，同时，不同的学者和组织，根据立场和视角不同，对跨境高等教育具有不同的理解。国外著名学者简·奈特(2011)认为：跨境高等教育是指高等教育在跨越国家与地区的法律边界或地理边界之间的流动，包括学生、研究人员、教授、学习资料、课程、办学机构和知识等的流动。②国内知名学者强海燕(2010)认为，跨境高等教育是指国与国之间任何形式的高等教育人员、课程以及教育服务等内容与载体跨越国界的流动，包括一国高等教育机构与外国机构合作开设学位课程、高等教育机构在国外开设分支机构、互联网远程教育等。③另外，OECD与UNESCO，在2005年10月联合颁布的《保障跨境高等教育办学质量的指导方针》中指出：跨境高等教育是指教师、学生、项目、机构/提供者、课程材料在跨越国家管辖边境的情形下进行的高等教育。跨境高等教育既可包括公立或私立部门开办的高等教育，也可包括营利或非营利院校开办的高等教育。它涵盖了多种多样的模式，从面授(采取多种形式，如学生去国外上学或设立海外校园)到远程学习(采用一系列技术，包括在线学习)不等。④ 这是目前接受程度最高的定义。

根据上述分析，本研究将跨境高等教育的定义理解为：学生、教师、项目、机构跨越国家管辖边界开展的高等教育，也就是，不同国家高等教育中所涉及的人员、项目和机构等超越国家管辖区域所进行的流动。人员流动，主要包括学生和教师的跨境流动；项目流动，包括合作办学项目、跨境教育考察和学术访问、国际性会议举办、国际性教育团体建立、跨境开展办学授徒、交换生等多种形式；机构流动，主要是指在国外设立高等教育分支机构。跨境高等教育合作产生之初，其主要方式是人员流动，项目流动和机构流动则是在近代以后才出现的跨境高等教育合作方式。

根据中国对《服务贸易总协定》的承诺，我国不允许境外机构单独在中国境

---

① 简·奈特.激流中的高等教育：国际化变革与发展[M].刘东风，陈巧云，主译.北京：北京大学出版社，2011：96-102.

② 简·奈特.激流中的高等教育：国际化变革与发展[M].刘东风，陈巧云，主译.北京：北京大学出版社，2011：156.

③ 强海燕.东南亚教育改革与发展：2000—2010[M].广州：广东高等教育出版社，2010：210.

④ United Nations Educational Scientific and Cultural Organization. Guidelines for quality：provision in cross-border higher education[EB/OL]. Paris. 2005, ED/2006/WS/1. 7. 13-14. 7. http://unesdoc.unesco. ore/i maQes/0014/00143 3/ 143 349e. pdf. 2007-01-01.

内从事以中国公民为主要对象的办学活动，中外合作办学成为中国跨境高等教育的主要项目和机构流动方式。

四、中俄(苏)跨境高等教育

中俄(苏)跨境高等教育是跨境高等教育的一种特定表现方式，主要涉及中国与俄罗斯(苏联)两国之间在人员、项目、机构三个方面的流动情况。

中俄(苏)跨境高等教育内涵体现在以下几个方面：① 中俄(苏)跨境高等教育是在中俄(苏)高等教育领域内发生的跨越中俄(苏)两国国家司法边界和地理边界的跨国教育行为。② 中俄(苏)跨境高等教育是涉及中国与苏联(俄罗斯)之间的跨境高等教育活动，包括人员流动、项目流动和机构流动三种跨境模式。③ 中俄(苏)跨境高等教育是一个包括"输入"和"输出"的双向度过程，数百年来，中俄(苏)一直在跨境高等教育的"输入"和"输出"过程中，加深相互理解，进而建立中俄命运共同体。④ 中俄(苏)跨境高等教育是一种高等教育跨境供给模式，供给主体可以是中俄(苏)联合办学机构，也可以是中俄(苏)的国外办学机构，高等教育的供给者和接受者分别来自中国/俄(苏)和俄(苏)/中国。⑤ 中俄(苏)跨境高等教育的实质是高等教育在中国和俄罗斯(苏联)之间的流动，而教育无非涉及教师、学生、教学计划和培养方式以及办学机构等方面。因此，中俄(苏)跨境高等教育包含以下四类基本要素：第一类要素是人的流动，包括中俄(苏)的学生、教师、专家、学者等；第二类要素是项目，即中俄(苏)跨境高等教育项目主要涉及的合作办学项目；第三类要素是提供者，包括中俄(苏)各个层次的高等教育机构，也包括参与跨境教育的公司和网络机构；第四类要素是计划/服务，其表现形式有中俄(苏)联合研究、课程开发、技术支持、网络学习平台、专业发展和其他方面，特别是信息技术领域的能力建设行动。

第二节　理论基础

一、利益相关者理论

利益相关者(Stakeholder)这一概念，于1963年首次被斯坦福研究所学者采用，泛指企业赖以存在的群体，如果这类群体不支持企业活动，企业将不复存在。

安索夫(Ansoff)是正式使用利益相关者概念的第一人。1965年，安索夫提出，企业目标要建立在各类利益相关者需求满足的基础上，企业需要对股东、管理人员、员工、消费者及供应商等各类利益相关者的需求都有所回应。

1975年，威廉·迪尔（William R. Dill）在《长期规划》（*Long Range Planning*）杂志的论文中，概括了具有战略实力（prowess）公司面临的三类挑战，分别是关注飞快变化的环境、制订科学的企业方案、应对个体和组织活动对企业战略决策的影响。迪尔从"影响"和"责任"两个方面定义利益相关者关系，指出企业和利益相关者之间是相互影响的关系：企业影响利益相关者需求实现程度，利益相关者影响企业目标完成情况。迪尔考察了利益相关者和公司之间存在的多种类型的关系，包括所有者、投资者、竞争者、顾客、研究者、纳税人、供应商等。迪尔指出利益相关者影响企业决策的方式包括抗议、投票、批准、规制等，这些干预方法强调开放式的交流和沟通。迪尔对战略管理领域最重要的贡献在于，他指出利益相关者可以成为战略决策的积极参与者。

1984年，美国经济学家弗里曼（Freeman）拓宽了利益相关者范围，从广义方面界定了利益相关者。他认为，利益相关者是"那些能够影响企业目标实现，或者能够被企业实现目标的过程影响的任何个人和群体"①。弗里曼拓展了利益相关者范围，将影响企业战略目标实现和受企业活动影响的个人和组织，都纳入利益相关者范畴。弗里曼关于利益相关者的概念，同当时西方社会的企业社会责任观点相统一，因此，弗里曼的利益相关者概念得到广泛的接受和认可。

米切尔（Mitchell）提出从三个维度界定利益相关者，这三个维度是：影响力，某个人和群体拥有影响企业决策的权力；合法性，某个人和群体是否具有法律权限要求企业满足需求；紧迫性，某个人和群体能否得到企业决策层的关注和重视。利益相关者至少需具备一个维度，否则就不能被称为利益相关者。

利益相关者理论认为，各类利益相关者共同构建企业，企业存在的意义就在于满足各类利益相关者需求，平衡各类利益相关者利益，而不是实现股东收益最大化。企业战略目标实现所需资源依赖于各类利益相关者的投资，仅仅依靠股东资本是远远不够的。企业的生存和发展离不开利益相关者支持，股东个人是无法单独承担企业发展重任的。由于利益相关者既是共同出资人，又是风险承担者，因此，利益相关者都要参与到企业治理中来，企业决策要充分考虑利益相关者需求满足情况，企业最终决策由利益相关者共同完成。综上所述，利益相关者理论研究的核心内容是利益相关者需求，不同利益相关者的需求是有差别的，同时，各类利益相关者对各自利益实现的重视程度也是不一样的。如何协调和满足利益相关者需求，是企业必须考虑的一项重要内容。

---

① FREEMAN R E. Strategic management：a stakeholder approach[M]. Boston：Pitman，1984.

二、政策规划与评估观点法理论

政策规划与评估观点法，由加拿大学者梁鹤年提出，在确立主导观点和所关注价值的基础上，设计参照框架（subjectivity），对政策进行一致性分析（consistency）、充要性分析（adequacy）和依赖性分析（dependency）。所以，政策规划与评估观点法也被称作 S-CAD 评估法，可用于政策设计（事先）和政策评估（事后）。

政策规划与评估观点法的假设是：政策决策者和专业分析者，十分关注政策论证的逻辑性、政策实施的资源限制、政策实施面临的支持和反对，也就是关注政策逻辑的一致性、政策资源的充要性、政策实施的依赖性。这些共同关注点，为政策决策者和专业分析者实现妥协和一致建立了基础，他们在 S-CAD 分析框架内互补：政策决策者的角色是识别价值和政策关系，做出政治取舍和交易；政策分析者的角色是研究各个可供选择备选政策的社会和经济意义，分析并监控政策手段的效应和效率。

1. 政策规划与评估观点法的分析过程

政策规划与评估观点法的分析过程包括以下几个阶段，如图 2-1 所示：

（1）明确“主导观点”，也就是明确政策评估是为谁干的，是从谁的观点出发考虑的。然后鉴定“主导观点”的价值、立场、权力、资源等，并从“主导观点”的立场出发，分析政策目标和政策结果是否隶属“主导观点”的角色和职能。

（2）建立政策评估的参照框架（subjectivity），也就是进行主观性分析。政策是为实现特定目标而采取的措施和手段，包括目标、手段和结果三方面内容。建立参照框架，就是根据“主导观点”的角色和职能，识别出既定政策的政策价值、政策目标、政策手段、政策预期结果，作为后期政策评估的基础。

（3）一致性分析（consistency），就是分析政策价值、政策目标、政策手段、政策预期结果之间的内在逻辑，四个方面在逻辑上和因果上应当是连贯的。如果没有逻辑性，那么这个政策就丧失了公信力和方向，是无效的。政策价值与政策目标的一致性，能够确保政策追求的是主导观点所期望的理想状态；政策目标与政策手段的一致性，能够确保目的明晰的决定和行动；政策手段和政策预期结果的一致性，能保证分析出理想状态和采取的决定和行动之间存在某些可辨识的因果关系。在实践中，一致性分析的作用在于辨识或排除“不一致”或“矛盾”，找出政策价值、政策目标、政策手段、政策预期结果之间的不相容。

（4）充要性分析（adequacy），就是经济分析，检验政策的资源问题。充要性分析主要包括必要性分析和充分性分析两个部分，用于分析政策价值、政策目标、政策手段、政策预期结果之间的经济关系，分为三个步骤：个别目标、手段、结

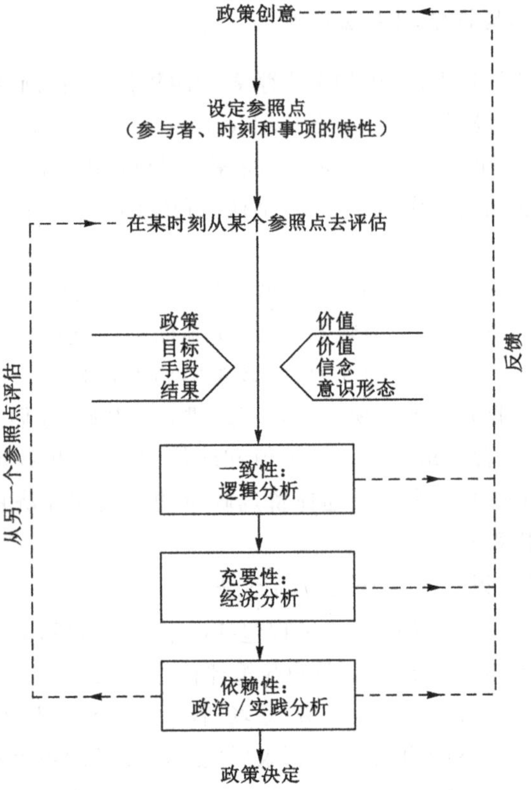

图 2-1　政策规划与评估的 S-CAD 框架

果的必要性和充分性分析；整体目标、手段、结果的必要性和充分性分析；为实现政策价值，其他政策的必要性和充分性分析。必要性分析是确定实现政策价值所需资源的最高限量，而充分性分析是确定所需资源的最低限量，两者结合起来确定了政策价值实现所需资源的上限和下限，划定了可以达到的目标范围、可用手段的类别。

(5) 依赖性分析(dependency)，就是评估政策的合法性和可行性。依赖性分析是辨识不同的政策参与者，预测他们支持或反对政策的意愿和能力。依赖性分析的目的是：确保政策的合法化可以获得不同政策参与者的支持，化解反对；确保政策实施可以获得合作和协调，实现预期效果。

2. 政策规划与评估观点法的特征

政策规划与评估观点法的特征包括：

(1) 在某种程度上，S-CAD 方法是将不同方法综合成一个连贯的、可操作的政策规划和评价框架。它坚持政策的内在逻辑，是理性的，但与理性主义者不同的是，它没有保持中立的借口，它完全基于价值的主观性。

（2）S-CAD方法强调的是主观价值与政策关系，通过强调价值与政策关系来确定政策行为者之间可能“一致性”的领域，有助于分析和制定具有深远影响的政策。

（3）政策是政策参与者的主动性和创造性充分发挥的结果，S-CAD评估为评价政策选择的有效性和能力提供一个框架，使政策参与者能够充分发挥其潜力，使政策进程能够更有效地发挥作用，解决分歧。

（4）S-CAD评估关注决策者和政策分析人员的共同关注点，因此，S-CAD方法的语言可以成为他们之间交流的基础，从而使政治举措和技术专长能够在政策的规划和评估中相互补充。

（5）S-CAD方法的应用不需要昂贵和复杂的技术，任何政策参与者都可以利用它来提高自己的绩效，并提高决策的质量。

（6）S-CAD方法强调“超理性”的洞察力、想象力和创造力的充分发展，认为政策事后审查中的评估标准应与事先做出政策决定时采用的标准一致，并将一致性标准的适用范围扩大至政策制定的不同阶段，以及不同层次的政策制定。

（7）S-CAD方法强调“一体化”，坚持价值与政策关系的主观性质。事实上，关于解决政策“依赖性”的讨论，很多都是试图改变政策反对者的“观点体系”。然而，S-CAD方法也认识到，在现实中，“说服”，无论多么令人信服，并不总是有效的。因此，为了获得支持或孤立反对意见，必须做出权衡。在这方面，S-CAD方法的重点是明确的手段与目的关系，它为解决分歧提供了更广泛的范围，执行机构的重要性也得到了考虑。

三、理论基础小结

（1）本研究在第四章建构来华留学生教育质量保障政策问题时，运用利益相关者理论，对来华留学生教育质量保障政策利益相关者需求进行分析，将来华留学生教育质量保障政策利益相关者，限制在质量保障政策直接发挥影响力的政策参与者范畴，具体包括六类：中央、高校、用人单位、教师、高校高级行政工作人员、来华留学生及其家长。

此外，本研究还对《来华留学生高等教育质量规范（试行）》满足各个利益相关者需求的情况进行评估，也就是对《来华留学生高等教育质量规范（试行）》实施的回应性进行评估，探究《来华留学生高等教育质量规范（试行）》对不同利益相关者需求的回应情况。如果《来华留学生高等教育质量规范（试行）》对各个利益相关者的需求都有所回应，那么这个政策就是相对合理的；反之，如果《来华留学生高等教育质量规范（试行）》对某个利益相关者的需求没有回应，那么这个政策就是需要进行修正的。

(2) 由于缺少来华留学就业、科研成果、工资等数据，在第四章对来华留学生教育质量保障政策进行个体评估，即评估《来华留学生高等教育质量规范（试行）》时，本研究采用了政策规划与评估观点法，也就是 S-CAD 方法。

根据研究实际，本研究对政策规划与评估观点法进行了如下学术改造：

首先，本研究在对《来华留学生高等教育质量规范（试行）》进行 S-CAD 评估时，从建构政策问题入手。虽然在政策规划与评估观点法的分析框架内提及的"事项"可以理解为政策问题，但是，在实际 S-CAD 评估过程中，政策目标和政策预期结果都是以政策价值立场为基础的，也就是说政策价值立场是 S-CAD 评估的逻辑起点。

其次，建构政策问题时，从分析《来华留学生高等教育质量规范（试行）》利益相关者的基本需求入手，这符合政策制定的本质要求，同时与分析"事项"的方法相比，操作性更强。

最后，对《来华留学生高等教育质量规范（试行）》的回应性进行评估，没有对其合法性和可行性进行评估。原因有二：一是评估政策对利益相关者基本需求的回应情况，可以直观地反映出政策结果，以此为依据，可以推断出利益相关者对该项政策的态度，进而推断出政策的合法性和可行性情况。二是中国的政治体制，使得《来华留学生高等教育质量规范（试行）》的实施不会遇到难以克服的反对意见，因此，依赖性评估是不必要的。

第三章　中俄跨境高等教育合作的历史演变

中俄跨境高等教育的合作，历史悠久，跌宕起伏。中俄最早的接触可追溯到公元 10—12 世纪间，之后中俄之间的关系充满波折与变化，受两国政治关系影响颇深的中俄跨境高等教育合作，也展现出集强盛和羸弱于一身，在强盛中迅速衰弱，在灾难后又迅速崛起的历史画卷。

中国与俄罗斯同为超级大国，在一系列重大国际和地区问题上，中俄两国都秉持相同或相近立场，并保持密切沟通和合作，建立了和谐的全面战略协作伙伴关系。俄罗斯作为和中国陆路边境线最长的邻国，历来是中国对外合作交流的优先方向。中俄跨境高等教育合作，作为中俄对外文化交流的重要组成部分，让中国教育在国际教育领域适时地传递了中国声音和掌握了话语权。在奔流不息的历史长河中逐渐产生和发展壮大的中俄跨境高等教育合作与交流，是中俄两国建立全面战略协作伙伴关系的重要纽带，是促进两国人民世代友好理念建立的重要支撑，也是推动构建新型国际关系和人类命运共同体的重要力量。梳理中俄跨境高等教育合作发展史，对了解中俄跨境高等教育合作过去、面对中俄跨境高等教育合作现状、促进中俄跨境高等教育合作未来发展都具有重要意义。

第一节　元至清朝中俄跨境高等教育合作

关于中俄两国开始交往的时间，学术界比较一致的看法是元朝。据记载，公元 9 世纪末，基辅罗斯，作为第一个俄罗斯国家在第聂伯河地区建立，并同中国通过零星的贸易活动有所联系，“中国的丝织品等各种制品于公元 9 至 10 世纪间已传入俄罗斯”①。中俄真正意义上的交流应该始于蒙古大军西征。公元 1223 年，元朝将军速不台奉命攻打俄罗斯南部，1236—1242 年间，蒙古大军不断西征，致使大部分罗斯领土处于蒙古人建立的钦察汗国统治之下，钦察汗国又称金帐汗国，为成吉思汗长子术赤的封地。术赤之子拔都远征(1236—1242)，将版图扩展到西至多瑙河下游、东至今额尔齐斯河、南达高加索、北至今俄境保加尔

---

① 米·约·斯拉德科夫斯基. 俄国各民族与中国贸易经济关系史：1917 年以前[M]. 宿丰林，译. 北京：社会科学文献出版社，2008：40.

的广大地区。直到1480年莫斯科公国独立，钦察汗国的统治才结束。在钦察汗国统治罗斯期间，一些俄罗斯人需来中国北部为蒙古贵族服役，根据《元史·文宗本纪》，至顺元年(1330年)，元朝设立正三品“都万户府”统领由俄罗斯人组成的军事力量“宣忠扈卫亲军”。1368年，元朝被明朝取代，蒙古帝国崩溃，莫斯科大公国最终推翻了蒙古对罗斯的统治。蒙古帝国政权的覆灭，使依靠东征西讨的暴力建立的中俄交流出现了断层，从公元14世纪下半叶开始，中俄之间的交流出现了暂时性终结。

1368年，朱元璋建立了明朝。同期，俄罗斯伊凡四世于1547年自称“沙皇”，建立了军事封建专制的沙皇制度。为了从明政府获得政治经济利益，1618年5月，沙俄政府派出彼特林使团出访明政府，该使团被绝大多数学者认为是第一个派遣到中国的俄国使团。彼特林使团出访，帮助沙俄直观了解明朝情况，并得到了大明皇帝致沙皇的国书，这是见证中俄关系的重要文件。彼特林使团出访明王朝之后，中俄又断交了三十多年。

元至明朝，中俄两国的合作交流从间接了解发展到偶尔的民间贸易与文化交往。1644年，清王朝建立，中俄跨境高等教育开始迈入官方合作和交流阶段，人员流动，包括留学生流动和教师流动，都实现了一定的发展。

一、留学生流动

清朝期间中俄跨境高等教育合作发展的直接动因是消除两国外交活动中的语言障碍。清朝时期，中俄两国战争频发，依靠语言文字进行沟通协商谈判的事件频繁发生。由于言语不通，中俄两国只能以拉丁语和蒙古语作为媒介，甚至在签订《尼布楚条约》时，也不得不选择华耶稣会士张诚和徐日升作为翻译人员。为了改变这种情况，培养通晓对方语言的翻译人才，中俄政府开始有意识地互派留学生。据《朔方备乘》记载：“俄罗斯学有二，名虽同而职掌不同。国子监之俄罗斯学为俄罗斯来京读书子弟而设，所以柔远人也；内阁理藩院之俄罗斯学为八旗习俄罗斯字学生而设，所以通象译也。”[①]这里所提及的“俄罗斯来京读书子弟”，就是指俄罗斯来华留学生。

(一)俄罗斯来华留学生

俄罗斯派遣留学生来华，始于俄国东正教驻北京布道团。

1711年，康熙皇帝欲派图理琛等访问土尔扈特部，需过境沙俄，沙俄乘机提出派遣在京教士接替者为交换条件。清朝政府经过审慎思量，最终同意。图理

① 何秋涛.朔方备乘：卷十三.光绪三年畿辅通志局刊本.

琛等在访问结束回国时，带回了第一届俄国东正教驻北京布道团。此外，1728年，俄政府又坚持把在北京建立教堂、派遣传教士和留学生的内容写入主要解决中俄贸易和边界问题的《恰克图条约》。《恰克图条约》第5条规定：沙俄可派6名学生来中国学习满语和汉语，每10年轮换一届。此项规定，明确了沙俄政府可以向清政府派遣的留学生数量和时间，揭开了近代欧洲国家留学中国的序幕。

1715—1794年，俄国共派遣了8届布道团，其中7届有随团学生，即俄国来华留学生。这些俄国来华留学生多为在读学生，分别来自莫斯科的斯拉夫-希腊-拉丁学院和托博尔斯克宗教学校等学校，共计25名。19世纪后，俄国政府开始提高随团学生素质，有意识地选派大学生作为来华留学生，1808年第九届布道团至1864年第十四届布道团共派出23名来华留学生，[①]其中大部分来自圣彼得堡神学院等大学，特别是第十二届传教团的王西里是蒙古语硕士，第十三届传教团的乌斯宾斯基和晃明是神学硕士。[②] 根据《中俄北京条约》，1861年俄国设立驻华公使馆行使外交职能，取消了布道团的外交使命。1863年，俄国政府规定：自1864年1月1日，第十四届传教团的全体神职人员转由宗教部门管理，并由其决定北京人员的去留问题，将世俗人员召回亚洲司。

因此，第十五届布道团至第二十届布道团，其成员完全由神职人员组成，并不包括来华留学生等人员。

俄国共派出20届布道团，其中13届有来华留学生，共计48名。截至1864年俄国来华留学生名单如下：

第一届布道团（1715—1728）：沃耶伊科夫、普哈尔特、费奥多尔·特列季亚科夫。

第二届布道团（1729—1735）：罗索欣、舒里金、波诺 马廖夫、阿列克塞·弗拉德金、贝科夫。

第三届布道团（1736—1745）：列昂季耶夫、卡纳耶夫、切卡诺夫。

第四届布道团（1745—1755）：萨赫诺夫斯基。

第六届布道团（1771—1782）：巴克舍耶夫、帕雷舍夫、阿加福诺夫、科尔金。

第七届布道团（1781—1795）：萨列尔托夫斯基、安东·弗拉德金、菲洛诺夫、阿·彼·波波夫。

第八届布道团（1794—1808）：卡缅斯基、克鲁格洛波洛夫、利波夫措夫、马雷舍夫、诺沃肖洛夫。

第九届布道团（1808—1821）：拉弗罗夫斯基、齐马伊洛夫、西帕科夫、格罗

---

① 肖玉秋，岳巍．中俄文化交流史：中华人民共和国卷[M]．天津：天津人民出版社，2016：180．

② 肖玉秋，岳巍．中俄文化交流史：中华人民共和国卷[M]．天津：天津人民出版社，2016：180-181．

莫夫。

第十届布道团(1820—1831):克雷姆斯基、列昂季耶夫斯基、阿勃拉莫维奇。

第十一届布道团(1830—1841):罗佐夫、库尔梁采夫、科万科、瑟切夫斯基。

第十二届布道团(1840—1850):戈什克维奇、戈尔斯基、杂哈劳、王西里。

第十三届布道团(1849—1859):晃明、乌斯宾斯基、尼古拉·涅恰耶夫、孔气。

第十四届布道团(1858—1864):柏林、巴甫里诺夫、孟第、姆拉莫尔诺夫。①

在布道团出使中国之初,并没有明确规定俄国来华留学生在华的学习期限,直至1755年,俄国外务院才规定:对派赴北京学习汉语的学生,自他们到达北京之日算起,学习期限为12年,期满后即行返回俄国。② 1858年,中俄签订《中俄天津条约》时,中国同意缩短俄国来华留学生学习期限,规定"俄国人习学中国汉、满文义居住京城者,酌改先时定限,不拘年份"。③

1864年以后,虽然俄国东正教驻北京布道团不再随团派遣俄国来华留学生,但是俄国派遣留学生来华方式更加多样,生源更加多元。主要包括以下几种类型。

1. 地方留学生

19世纪中叶以后,中俄贸易不断发展,特别是具有地缘优势的恰克图,作为中俄边境重镇,贸易更是日益频繁。繁荣的边境贸易,催生了大量翻译人员需求,对于俄国来说,无论是汉语还是满语,都是他们亟须掌握的语言。时任恰克图边境长官的杰斯波特-泽诺维奇指出,为解决制约中俄贸易的语言问题,应将恰克图华文馆的学生派到北京学习。1858年,恰克图选拔了两名学生,分别是布里亚特族的布达和伊万,随第十四届布道团前往北京学习汉语和满语,八个月后随第十三届布道团返回恰克图。自此,拉开了恰克图地方当局派遣留学生去中国留学的序幕。

1861年,恰克图政府从恰克图华文馆选拔优秀学生赴中国学习,最终舍维廖夫、舍尔库诺夫、切列帕诺夫和安德罗诺夫4名学生获得了此次留学中国的机会,同年3月11日从恰克图启程赴北京学习。1861年3月25日,恰克图政府又派遣2名留学生前往北京学习。此后,恰克图政府不断派遣留学生去北京学习。

恰克图留学生与1864年以前俄国留学生的主要区别在于:前者的派出机构

① 肖玉秋,岳巍.中俄文化交流史:中华人民共和国卷[M].天津:天津人民出版社,2016:181-182.

② 尼古拉·班特什-卡缅斯基.俄中两国外交文献汇编:1619—1792[M].中国人民大学俄语教研室,译.北京:商务印书馆,1982:291-292.

③ 王铁崖.中外旧约章汇编:第1册[M].北京:生活·读书·新知三联书店,1957:88.

是恰克图地方政府，后者则是俄国外交机构；前者具备一定的汉语基础，甚至有华文馆优秀毕业生，后者则基本上没有汉语基础；前者虽由布道团管理，但不属于布道团正式成员，后者则是布道团专属成员；前者由布道团成员或雅克萨俄人负责教学，后者则由国子监派遣满汉助教教习或私聘教习；前者毕业后直接服务于恰克图地区的中俄贸易，后者则由俄国外交部门安排具体工作。

2. 私人资助生

19 世纪 80 年代，出现了领取奖学金的俄国来华留学生。奖学金的设立者是帕尔加切夫斯基，他原是一名乡村教师，后在中俄贸易中积累了大量财富。1884 年，他在莫斯科立下遗嘱，声明将资助来自东西伯利亚的世俗中学和宗教中学的毕业生前往北京学习汉语，并附带学习亚洲和欧洲其他国家的语言。

获得帕尔加切夫斯基奖学金的来华留学生主要包括以下几位：

多勃罗维多夫，阿穆尔州人，父亲是教堂辅祭，在北京学习 3 年后在中俄边界地区担任翻译。

格里戈里耶夫，伊尔库茨克工业机械技术学校毕业生，留学 3 年后在汉口的一家贸易公司工作。

帕尔舒诺夫，来自恰克图的普通公民，因病而在学习汉语方面无所作为，两年后根据第十七届传教团领班鲁托维诺夫的呈文被除名。

乌斯丘扎尼诺夫，特罗伊茨科萨夫斯克教师之子，1894 年从特罗伊茨科萨夫斯克来到北京，一年后去世。

坎金斯基，赤塔中学毕业生，1896 年获准前往北京，1899 年学成后在汉口的一家贸易公司工作。

乌弗丘扎尼诺夫，先后在托木斯克实科中学和伊尔库茨克工业学校学习，1896 年成为帕尔加切夫斯基奖学金获得者。

奥西波夫，特罗伊茨科萨夫斯克实科中学的毕业生。

帕尔加切夫斯基奖学金获得者的共性在于：首先，奖学金虽然来自私人捐赠，但奖学金的实际颁发者和管理者是俄国外交部。其次，这些俄国来华留学生的生源地都是东西伯利亚。最后，这些俄国来华留学生都在俄国东正教驻北京布道团中学习和生活，受布道团领班的监督和管理。

3. 短期实习生

19 世纪末，俄国政府在中国东北地区的侵略活动逐渐增加，对汉语翻译人才的需求骤增。因此，1899 年，俄国政府在海参崴建立了东方学院，专门培养东方语言人才。

东方学院自创立，每年暑假都派遣学生来华实习，力图提升学生的汉语实践能力。1901 年，东方学院派遣鲁达科夫教授带领学生来北京实习。1903 年，东方学院又派出12名学生来中国各大城市实习。在华期间，这些短期实习生居住在俄国东正教驻北京布道团、俄国驻华领事馆或华俄道胜银行在各地的分号中。

东方学院要求学生在从中国实习结束后撰写书面实习报告，要求一年级学生应该具备解释所研究民族生活现象的能力，二年级学生则需具有独立翻译文章或书籍的水平。

（二）中国赴俄留学生

俄罗斯来华留学，是沙俄政府实施扩张侵略的积极政策；而中国留学生赴俄，是清政府抵抗入侵的被动选择。因此，在时间上，中国留学生赴俄要晚于俄罗斯留学生来华很多。

中国留学生赴俄，经历了一个从不成熟到成熟的发展过程，包括四个阶段：随使游历、翻译学生、住馆学生和学堂学生。

1. 随使游历

随使游历是清朝派遣赴俄留学生初期所采用的一种短期游历留学方式。具体方式是，总理各国事务衙门在向俄国派遣使团时，会从京师同文馆选拔学生跟派遣使团同行。学生到达俄国后，需考察俄国地理、风俗、政治、经济、社会、文化等各方面情况，提高外交能力和俄语语言能力。

(1)斌椿考察团

斌椿，乃前任山西襄陵知县，后加捐副护军参领衔，是海关总税务司赫德的中文文案和中文教师，同多位来华外国教师时有往来，例如美国外交官卫廉士、京师同文馆总教习丁魅良等。

同治五年正月二十日(1866年3月6日)，斌椿考察团从北京启程，途经上海，乘坐法国轮船“布拉德内号”，先后考察访问了法国、英国、荷兰、德国、丹麦、瑞典、芬兰、俄国和比利时等欧洲国家，历时5个多月，于同治五年九月十八日(1866年10月26日)返回北京。

斌椿考察团里有3位随使游历的同文馆学生，分别是：

同文馆英文馆八品官，赏加六品顶戴，正黄旗蒙古籍凤仪(夔九)；

同文馆英文馆八品官，赏加六品顶戴，镶黄旗汉军张德彝(在初)；

同文馆法文馆学生，赏加七品顶戴，镶黄旗汉军慧彦(智轩)。

同治五年六月初五(1866年6月29日)，斌椿考察团到达俄国首都彼得堡，在彼得堡访问6天，于六月初十离开。考察期间，斌椿考察团还接见了俄国留华学生孔气和瓦西里耶夫。

(2) 普安臣使团

普安臣是美国原驻华公使。当时清朝权臣既缺少外交谈判经验，又面临各类障碍,因此,清政府任命普安臣为办理中外交涉事务大臣,率领使团于同治六年十二月十一日(1868 年 1 月 5 日)至同治九年十月二十六日(1871 年 11 月 18 日)访问日本、美国、英国、法国、德国、俄国、比利时、意大利和西班牙等国。

随普安臣使团出使游历的还有同文馆英、俄、法三馆 6 位学生,这些随使游历学生被要求担当翻译,丰富阅历,学习外交谈判。这 6 位随使游历的留学生是:

英文馆八品官正黄旗蒙古凤仪(夔九);

英文馆八品官镶黄旗汉军张德彝(在初);

俄文馆八品官正蓝旗驻军塔克什讷(木庵);

俄文馆八品官镶蓝旗汉军桂荣(冬卿);

法文馆九品官正蓝旗蒙古廷俊(辅臣);

法文馆九品官镶白旗汉军联芳(春卿)。①

2. 翻译学生

光绪三年五月二十三日(1878 年 6 月 23 日),清政府任命总理各国事务大臣崇厚为出使俄国钦差大臣,率团出使俄国首都彼得堡,交涉两国边境伊犁地区的归属问题。崇厚使团于光绪三年八月二十五出发,历时近两个半月,于当年十二月初八日(1878 年 12 月 31 日)抵达俄国首都彼得堡。

崇厚使团内有翻译 7 人,包括京师同文馆俄文馆的俄文教习夏干,以及京师同文馆英、法、俄三馆的学生 6 人,即:

二等翻译官、兵部员外郎,英文馆的张德彝(在初);

二等翻译官、员外郎衔工部主事,法文馆的庆常(霭堂);

三等翻译官、户部郎中,俄文馆的桂荣(冬卿)

三等翻译官、工部员外郎,俄文馆的塔克什讷(木庵);

同文馆八品官,俄文馆的康善(吉甫);

同文馆九品官,俄文馆的觉罗福连(远峰)。②

这些学生到达俄国后,一边要在中国驻俄钦差公署承担一定的职务,见习外交和翻译工作,一边又要努力深入学习俄国语言文字,了解俄国的风土人情,提高自身的俄语语言能力,因此,这些学生被称为"翻译学生"或"学习翻译"。这些翻译学生同使臣、参赞住进彼得堡米奚娄斯嘎亚大街的多洛布宾馆,并陪同使臣和参赞开展在俄的各种外交工作,例如出席俄方宴会、与俄国外交官会晤、接见俄国来华留学生代表和驻华外交官等,为崇厚使团顺利开展和完成出使任务提

① 张德彝.欧美环游记[M].长沙:岳麓书社,1985:617.

② 张德彝.随使英俄记[M].长沙:岳麓书社,1986:640.

供了语言服务支撑。

“翻译学生”这种留学方式，比随使游历进步很多，主要表现在以下三个方面：

第一，俄国本土的语言环境，为这些“翻译学生”提供了绝佳的俄语语言实践场所，他们可以一直使用俄语进行日常交际，并可随时获得俄国官员和居民的直接俄语指导，克服国内“专习文字”缺少俄语实践机会的弊端，促使自身快速提升俄语语言技能，实现“应答驳诘”皆爽利的目标。根据总理各国事务衙门的要求，驻俄钦差大臣要按时检查这些“翻译学生”的学习情况，定期发布俄语课卷，然后按照分数评定等级。根据曾纪泽的记载，在其兼理驻俄钦差时，每月初或月末都会批阅“学习翻译”的课卷，并排定名次。①

第二，“翻译学生”要承担中国驻俄国钦差公署的特定工作，因此，他们会获得一手的外交翻译实践机会，切身体验真实的外交工作程序和特点，熟知俄国外交高官的性格特点，为未来完成翻译和外交工作打下坚实的实践基础。

第三，“翻译学生”可以充分利用在俄的时间，调查研究俄国的政治、经济、社会、文化、军事等各方面情况，准确掌握俄国国情，并形成书面记载。这些记载，既可以为外交机构，譬如总理各国事务衙门提供决策指导，也可以为外语教育机构，例如京师同文馆提供教学素材，更可以为后人认识和了解俄国提供参考文本。

“翻译学生”这种半工半读的留学方式，一直持续到光绪十五年(1889年)左右，为清政府培养了一些可以从事俄语翻译和对俄外交的人员。但这种留学方式，因要承担驻俄使馆的大量工作任务，不能花费足够的时间去学习钻研俄语，因此，俄语语言能力提升有限。

3. 住馆学生

甲午中日战争之后，清政府面临各国列强瓜分我国领土的困境，外交事务日趋频繁，对外交和翻译人员的需求，在数量和质量方面都提出了更高的要求。在这种情况下，“翻译学生”这种俄语人才培养方式已经不能满足清政府的要求。于是，培养外交和翻译人才的留学方式随之发生变化。

光绪二十一年十二月二十四(1896年2月7日)，总理各国事务衙门奏请，建议出使英、俄、德、法四国的使团，每届派遣2名同文馆学生，这些学生住在使馆，不负责馆务，专门学习语言文字和算法，这就是“住馆学生”。该奏请获得批准，清政府同意向俄国派遣两批“住馆学生”。第一批为邵恒浚、桂芳、陈嘉驹和李鸿谟4人；第二批为张庆桐、傅仰贤、陈瀚和郝树基4人。②为了方便这些留学

① 曾纪泽. 出使英法俄国日记[M]. 长沙：岳麓书社，1985：357-414.

② 朱有瓛. 中国近代学制史料[M]. 上海：华东师范大学出版社，1983：51，144.

生学习俄语，总理各国事务衙门既联系了派驻俄国的中国使臣，又同俄国驻京使馆交涉，要求他们转达给本国外交部，为中国留俄学生学习俄语提供便利和条件。

"住馆学生"的特点表现在以下几个方面：

第一，"住馆学生"是以学习为主要任务的学生，不再担任驻俄使馆的馆务工作。

第二，"住馆学生"的学习内容不仅仅局限于俄语，还包括算法等自然科学。

第三，"住馆学生"虽然住在使馆，但是要在驻俄大臣选择的学校里就读，同俄国师生一起学习。

第四，"住馆学生"有明确的学习期限和严格的奖励办法，规定"学期三年，果有成效者，在国外由出使大臣按洋教习所评等第予以奖励，每等奖格不逾十两。回国后由总理各国事务衙门复行考验，然后奏请奖叙。如不堪造就，即行咨送回国；倘若徒事游嬉且沾染外洋习气者，则予遣散，不给川资。其回国后也不准再入同文馆学习"①。

4. 学堂学生

光绪二十四年(1898 年)七月，光绪皇帝谕旨总理衙门议定章程，派遣留学生出国学习农业、商业、工业和矿业等实业科学，以便发展清朝实业。

光绪二十六年(1900 年)八月，光绪皇帝再次谕旨各省督抚，选派留学生出国学习实业。

光绪二十八年(1902 年)九月，光绪皇帝又诏谕各省选派留学生出国学习专门学业。

光绪皇帝的连续谕旨，在清政府的年轻学子中引发了强烈的反响，学子们纷纷响应号召，踏上留学之路。同时，光绪二十六年(1900 年)八月的谕旨中提到，若留学生学成"领有凭照回华，即由各省督抚学政分门考验，咨送外务部复加考验，奏请奖叙，分别赏给进士、举人各项出身，以备任用而资鼓舞"②。留学生回国后可以获得"进士"和"举人"之类的功名，这在很大程度上迎合了年轻学子想要功成名就的心理，使他们心甘情愿地踏上留学之路、寻求富国强国的方法。此外，明朝以来，资本主义在中国开始萌芽，洋务运动催生的军火工业和民用工业加快了中国民族资本主义工业的建立进程，急需大量掌握自然科学和实用工业的技术人才，因此，出国留学成为清政府年轻学子们追赶的一种潮流。

在这种情况下，"住馆学生"已经不能满足留学需求，与此相适应，"学堂学

① 郝世昌，李亚晨.留苏教育史稿[M].哈尔滨：黑龙江教育出版社，2001：18-19.

② 郝世昌，李亚晨.留苏教育史稿[M].哈尔滨：黑龙江教育出版社，2001：20.

生"这种留学方式应运而生。所谓"学堂学生",就是留学生在出国后不再住在中国驻外使馆,而是住在学校或学校附近的居民家里,与俄国师生或居民频繁进行日常交际的留学方式。严格来讲,只有"学堂学生"才接近我们今天所说的留学生。

清朝的官费留俄"学堂学生"见表 3-1。

表 3-1 清朝的官费留俄"学堂学生"

时间	派遣方	留俄学生	留学学校	留学专业
光绪二十五年(1899 年)	清总理衙门	范其光	俄京道路学堂	桥工铁路、海岸河工、机器电学、营造等
光绪二十六年(1900 年)	清总理衙门	张庆桐、傅仰贤、陈瀚、郝树基	彼得堡铁路学堂等	铁路工程等
光绪二十六年(1900 年)		胡世泽	圣彼得堡中学堂	普通科
光绪二十九年(1903 年)十一月	清总理衙门	柏山、魏渤	彼得堡皇家大学堂	政法专科
光绪二十九年(1903 年)五月	湖北省政府	萧焕烈、严式超、夏维松、刘文彬	彼得堡皇家大学堂	政法专科
光绪三十二年(1906 年)、三十三年(1907 年)	黑龙江省政府	朱世昌	森堡矿务学堂	勘探专业
		车席珍	森堡矿务学堂	矿务专科
		唐宝书	森堡大学堂	格致科
		车仁恭	森堡大学堂	法政科
		王佐文	森堡大学堂	法政科
		王忠相	森堡实业学堂	商务法政科
		朱绍阳	森堡商业学堂	商务专科
		刘雯	森堡矿务学堂	矿务专科
		李毓华	森堡大学堂	法政科
		钟镐	陆军马队学堂	
光绪三十三年(1907 年)	吉林省政府	李垣	彼得堡皇家大学堂	
光绪三十二年(1906 年)	江苏省政府	魏立功	圣彼得堡中等实业学院	商务专业
宣统元年(1909 年)三月	江苏省政府	李宝堂	彼得堡铁路学堂	铁路专科

注:根据以下资料整理:郝世昌,李亚晨.留苏教育史稿[M].哈尔滨:黑龙江教育出版社,2001:21-22;肖玉秋.中俄文化交流史清代民国卷[M].天津:天津人民出版社,2016:195-197。

清朝时期，权贵中还涌现出了一些自费留俄学生，包括黑龙江将军程德全之子程世模、驻俄公使胡惟德之子胡世泽和蒙古八旗霍隆武佐领下人乌铭濬和乌益泰，汉军镶蓝旗春奎佐领下人毕文彝、毕文鼎等。此外，还有刘泽荣和刘娟等华侨子女、山西汾阳的牛文炳、广东南海的关鹤朋、新疆的伊里春和音德善等(见表 3-2)。

表 3-2　清朝的部分自费留俄"学堂学生"

年份	留俄学生	留学学校	留学专业
光绪三十一年(1905 年)	刘泽荣	俄南省白通府城中学堂	普通科
光绪三十二年(1906 年)	程世模	森堡实业学堂	商务法政科
光绪三十三年(1907 年)	毕文彝、毕文鼎	拟改赴比利时游学	兼学俄法文
光绪三十三年(1907 年)	牛文炳	森堡大学堂	物理专科
光绪三十三年(1907 年)	关鹤朋	工艺学堂	造舰科
光绪三十三年(1907 年)	乌铭濬	森堡商务高等学堂	商务专科
光绪三十三年(1907 年)	乌益泰	森堡商务高等学堂	物理科

注：根据以下资料整理：肖玉秋. 中俄文化交流史清代民国卷[M]. 天津：天津人民出版社，2016：195-197.

为了加强对赴俄留学生的管理，清政府规定所有留学经费需由中国驻俄公使管理支配。宣统元年(1909 年)九月二十五日，清政府任命章申祖为"留俄学生监督"，专门负责留俄学生的指导、考核、管理和监督工作。

二、教师流动

(一) 俄罗斯来华教师

俄罗斯教师来华始于清朝建立的中国第一所培养俄语翻译人才的机构——俄罗斯文馆。俄罗斯文馆始创于 1708 年，是"为八旗习俄罗斯字学生而设"的"内阁理藩院之俄罗斯学"，是中国俄语教育的发端。

俄罗斯文馆的俄罗斯来华教师包括俄罗斯商人、俄罗斯战俘及其后裔以及俄国东正教驻北京传教团的神职人员和学生。

俄罗斯文馆的第一位俄罗斯教师是瓦西里，是胡佳科夫率领的俄国商队成员，授课时间十分短暂，仅有两个多月，之后就随商队返回俄罗斯。[1]

① 高文风. 我国的第一所俄语学校——俄罗斯文馆[J]. 黑龙江大学学报(外语版)，1979(2)：104-107.

由于俄罗斯商人来华的时间不固定且不能长期留在中国任教，俄罗斯文馆开始聘请雅克萨战俘后裔，即在北京出生的第二代俄罗斯人，担任俄语教师，先后聘请了库兹马①、披甲伊凡、雅科夫②、尼堪四名俄罗斯教师。其中，只有库兹马和雅科夫在俄罗斯文馆长期执教，其余二人因没有接受过正规的俄语教育导致俄语水平有限，不能胜任俄语教师工作。由此可见，在俄罗斯文馆初创时期，俄罗斯来华教师数量不多，俄语师资十分匮乏。

1715 年，康熙皇帝批准第一届俄国东正教驻北京传教团来华，为俄罗斯传教士开始成为俄罗斯文馆的俄语教师提供了机会，在一定程度上缓解了俄罗斯文馆俄语教师不足的困境。1725 年，理藩院聘请了两名传教团神职人员，继后又聘请了三名传教团学生到俄罗斯文馆任教。

两名传教团神职人员分别是：(1) 第一届传教团修士司祭拉夫连季，其随第一届传教团来华，第二届传教团时留任，第三届传教团到达北京后于 1737 年返回俄国。(2) 第一届传教团教堂差役奥西普（约瑟夫）·季亚科诺夫，他在担任俄罗斯文馆俄语教师的同时，还负责翻译理藩院和俄国枢密院之间往来公文。

三名传教团学生分别是：(1) 罗索欣，第二届传教团学生，是众多俄罗斯来华教师当中贡献较大的一位，不仅教授俄语，还与满人富勒赫合作编译教材《俄罗斯翻译捷要全书》的大部分内容，用以满足俄语教学需求，此外，他还完成译作三十余部，包括《三字经》《亲征平定朔漠方略》《资治通鉴纲目前编》《八旗通志初集》《异域录》等，被称为俄国汉学第一人。(2) 阿列克塞·弗拉德金，第二届传教团学生，在俄罗斯文馆任教期间，参与了《俄罗斯翻译捷要全书》的编译工作。(3) 列昂季耶夫，第三届传教团学生，在华期间，同样担任了理藩院通译和俄罗斯文馆俄语教师，并参与完成《俄罗斯翻译捷要全书》的编译工作。这三位传教团学生将俄罗斯的俄语教材引入中国，与满人富勒赫合作所编的《俄罗斯翻译捷要全书》是中国第一本俄语专业教材，对中国俄语教学具有重要意义。

乾隆二十九年（1764 年）开始，俄罗斯文馆停止聘请传教团人员担任俄语教师，而是聘用"本学人员"从事教学和翻译工作，致使俄罗斯文馆的俄语教学水平大幅度下降，中俄两国公文翻译受到阻碍。因此，自道光五年（1825 年）

---

① 又作"库西玛""库锡玛"和"库希玛"，参见《清代中俄关系档案史料选编》（第 1 编上下册）；《清实录》（第一五册），《清高宗实录》卷五三九；《雍正朝满文朱批奏折全译》（下册）。

② 又作"雅稿"和"雅郭布"，《清代中俄关系档案史料选编》（第 1 编上下册）；《清实录》（第一五册），《清高宗实录》卷五三九；《雍正朝满文朱批奏折全译》（下册）。

起，俄罗斯文馆再度聘请传教团成员担任俄语教师。俄国为了通过理藩院翻译公文获取情报，以及接近清朝官员，开始指派传教团领班担任俄罗斯文馆俄语教师。

担任俄罗斯文馆俄语教师的传教团领班有四位，分别是：(1) 魏若明，1820 年第十届传教团修士司祭，第十一届传教团领班，自 1825 年开始在俄罗斯文馆担任俄语教师，担任俄语教师的时间将近 15 年。(2)佟正笏，第十一届传教团修士辅祭，第十二届传教团领班，1841 年担任俄罗斯文馆俄语教师。1844—1845 年，佟正笏建议并参与了中俄政府之间首次大规模互赠图书活动，俄国赠送图书的对象就是俄罗斯文馆。(3) 巴拉第，第十二届传教团修士辅祭，第十三届传教团和第十五届传教团领班，1849 年担任俄罗斯文馆俄语教师。(4) 固礼，第十二届传教团修士辅祭，后晋升为修士大司祭，1859 年担任俄罗斯文馆俄语教师。

同前几位传教团俄语教师相比，这四位传教团领班知识储备和能力水平更胜一筹，并且都在中国长期居住，了解中国当时的国情，可以被称为“中国通”。但是，鸦片战争后，俄国已经成为瓜分中国诸位列强的一分子，不再是平等的外交关系，因此，这些传教团领班肩负更多的是政治使命，是如何从当时的清朝和诸位列强手中获取更多的利益，而不是为中国培养出合格的高水平的俄语翻译人才，最终使清政府聘请传教团领班“协同教授”的愿望化为泡影。

同治元年(1862 年)，京师同文馆建立。同治二年(1863 年)，又增设了法文馆和俄文馆。京师同文馆的俄文馆是留学俄国的预备学校，很多俄文馆学生毕业后都赴俄留学。

据记载，在京师同文馆俄文馆任教的俄罗斯来华教师共有十位，分别是：

柏林，同治二年(1863 年)到馆。

伟贝，同治十年(1871 年)到馆。

第图晋，同治十一年(1872 年)到馆。

夏干，同治十一年(1872 年)到馆。

班铎，光绪七年(1881 年)到馆。

柯乐德，光绪十四年(1888 年)到馆。

劳腾飞，光绪二十年(1894 年)到馆。

单尔，光绪二十二年(1896 年)到馆。

都悌爱，光绪二十三年(1897 年)五月到馆。

葛诺发，光绪二十四年(1898 年)三月到馆。

除俄语教师以外，京师同文馆还从有官职的学生中选任副教习。副教习既是学生，同时也承担新生的教学辅助工作和翻译西书工作。据《同文馆题名录》

记载，光绪五年（1879 年）和光绪十三年（1887 年）俄文副教习是巴克他讷，而光绪二十二年（1896 年）和光绪二十四年（1898 年）则是萨荫图。

广州同文馆创办于同治二年正月二十二日（1863 年 3 月 11 日），是广州最早的外国语学校。1897 年，广州同文馆设立俄文馆，聘请的俄文教师包括乐满福（光绪二十三年到馆）、萨泽基（光绪二十四年到馆）和善迈尔（光绪二十九年到馆）。

此外，俄国人卜郎特和阿理克曾在东省铁路俄文学堂和俄文专修馆任教。卜郎特，1869 年出生于萨拉托夫，1892 年自圣彼得堡大学东方语言系毕业，1901 年来华。阿理克，1881 年出生，1902 年毕业于圣彼得堡大学东方语言系，从 1906 年起在中国考察和学习，1908 年 1 月起在东省铁路俄文学堂教授俄语。

（二）中国赴俄教师

为了适应俄国对外扩张的语言需求，1855 年圣彼得堡大学东方语言系建立。在之后将近半个世纪的时间里，圣彼得堡大学东方语言系一直是俄国的中国研究中心和汉语人才培养基地。

圣彼得堡大学旧译为圣彼得堡皇家大学堂。从 19 世纪中叶开始至 20 世纪初，共有 11 位中国教师在此任教。这 11 位中国赴俄的教师是：

(1) 阿布-卡里莫夫，1800 年生于中国甘肃省，在圣彼得堡大学工作了 10 年，1863 年成为编内讲师。

(2) 桂荣，字冬卿，曾在同文馆随俄文教习柏林学习俄文。1884 年 2 月 8 日，桂荣被聘为东方语言系汉语口语教师，在圣彼得堡大学工作了一年时间，第二个在圣彼得堡大学教授汉语的中国人。

(3) 苏忠，生于 1831 年，是 19 世纪下半期逃到俄国的东干人，加入了俄国国籍，取俄国姓苏阿洪诺夫。他于 1885 年 4 月 22 日开始在东方语言系任教，任教期间还编写了两部口语教材，一部是《口儿念心儿记》，另一部叫《俗言话条札》，分别于 1886 和 1887 年出版。

(4) 高英齐，天津人，秀才，做过伊犁翻译学校的教师。1891 年 7 月 1 日，他在东方语言系讲授口语和书法。

(5) 邵恒浚，字筠农，1870 年生，幼读私塾，为清朝监生，1897 年，邵恒浚受邀在圣彼得堡大学教授了半年汉语。次年俄国国民教育部正式颁令批准邵恒浚在圣彼得堡大学担任汉语口语教师一职。

(6) 桂芳，镶蓝旗汉军，本姓毕，又称毕桂芳，京师同文馆俄文馆学生。从 1898 年 9 月 15 日起，桂芳受聘在圣彼得堡大学教书，1899 年圣彼得堡学区督学官下令延长桂芳任期至 1900 年 6 月 1 日。实际上，桂芳在圣彼得堡大学一直工作到1904年9月1日，前后持续了六年时间。桂芳对俄国的汉语教育作出了重要贡献。第一，他任教时期是圣彼得堡大学汉语专业历史上最困难的时期，1900—1902年汉语教师只剩俄人孟第一人，桂芳的任职极大地缓解了教学压力；第二，桂芳承担多门课程的教学任务，可以讲授口语实践课、低年级基础课、汉语语音课等多门课程。同时，桂芳还编写了一部教材——《华语初阶》，用于汉语语音和口语教学。鉴于桂芳对圣彼得堡大学汉语教育的重大贡献，他被俄政府授予斯坦尼斯拉夫二级勋章。

(7) 孟锡绶，字范九，直隶人，岁贡生，自称孟子苗裔，曾在华俄道胜银行和中东铁路管理局为俄国人教授过两年中文。1904年9月15日，担任圣彼得堡大学东方语言系汉文教习。据苏联汉学家维·彼得罗夫考证，孟锡绶实际上课时间为1904年11月，1905年9月离职。

(8) 程耀臣，字鸿基，出身于安徽程氏望族，东省铁路俄文学堂毕业，1906年起在俄国东方学会汉语班授课，1907年1月起在圣彼得堡大学东方语言系教授汉文两载余，与俄国教师柏百福和伊凤阁共事，1909年7月离开。

(9) 朱武，1911年上半年，伊凤阁推荐其在圣彼得堡大学任教。

(10) 权世恩，字锡三，直隶省良乡县人，京师大学堂译学馆毕业。1912年，开始在圣彼得堡大学任教。

(11) 张英，1913年开始在圣彼得堡大学任教，直至1915年。

三、元至清朝中俄跨境高等教育合作特点

（一）学生流动特点

1. 中俄两国互派留学生活动，都具有浓厚的外交属性

俄国方面，在向中国派遣留学生的过程中，始终立足于俄国对华的外交战略，力图实现对中国的侵略、研究与影响。在国内，通过建立汉语和满语研究机构、选派来华留学生等策略，培育能够承担了解中国国情的外语人才；在国外，通过派遣宗教使团、赞助中国俄语教育机构、向中国赠送图书等方式，利用宗教活动和资源支撑实地探查中国国情，并对中国大众施加影响，实现俄国对中国的“隐性”外交。

中国方面，留学目标、留学方式和留学生归国就业等，都体现了明显的外交属性。留学目标上，清政府为满足对俄外交需求，希望培养出精通俄语和熟悉外交事务的人才；留学方式上，因受服务外交制约，经历了非正式的“随使游历”、半正式的“翻译学生”和“住馆学生”到完全正规化的“学堂学生”四个阶段；留学生归国就业上，几乎所有赴俄留学生回国后，要么直接担任对俄外交相关工作，要

么加入清政府中央外交机构，要么任职驻俄外交官员，要么在地方政府承担对俄外交工作事务，体现了中国赴俄留学生“依赖于外交、又服务于外交”的鲜明特点。

2. 中俄两国互派的留学生，都以官派为主

俄国方面，1864年以前，俄国来华留学生都是受俄国官方政府指派，跟随俄国东正教驻北京布道团来华学习汉语和满语。1864年以后，尽管俄罗斯来华留学生方式开始变得多元化，官方指派仍然是其典型特点。譬如，地方留学生，由地方政府或俄国外交机构派出；私人资助生，奖学金虽然来自私人捐赠，但奖学金的实际颁发者和管理者是俄国外交部；短期实习生，虽然由学校派出，但在华期间需居住在俄国东正教驻北京布道团、俄国驻华领事馆或华俄道胜银行在各地的分号，接受官方的监督和制约。

中国方面，官方选派特点也极为显著。早期的随使游历，共有9名随团赴俄留学生，都是同文馆的学生，并具有清政府授予的官职；之后的翻译学生，共计6人，也是具有清政府授予官职的同文馆学生，在到达俄国之后，还要承担驻俄使馆的工作；再往后的住馆学生，共计8人，由总理各国事务衙门同文馆学生中选派；晚清的学堂学生，虽然可以自费留俄，但是官费留俄仍然是主体，根据前面提及内容可知，官费留俄“学堂学生”共计26人，自费留俄“学堂学生”仅8人，官费留俄“学堂学生”占留俄总人数的76.5%。此外，自费生也大多具有官方背景，例如，程世模是黑龙江总督程德全之子，胡世泽是清政府驻俄大臣胡惟德之子，毕文彝、毕文鼎、乌铭濬、乌益泰都是清政府官员的属下。

3. 中俄两国互派留学生的留学地点，都相对集中

俄国方面，1864年以前，随俄国东正教驻北京布道团来华的俄国留学生，都在北京的国子监学习。1864年以后的地方留学生、私人资助生和短期实习生也都是在北京学习。可见，俄国来华留学生的学习地点都集中在清政府所在地北京。

中国方面，“随使游历”过程中，无论是斌椿考察团还是普安臣使团，访问的都是俄国首都彼得堡。之后的“翻译学生”“住馆学生”和“学堂学生”，也都选择在俄国首都彼得堡学习。可见，同俄国来华留学生一样，中国赴俄留学生的学习地点也都相对集中在俄国首都彼得堡。

4. 中俄两国互派留学生的留学专业，都相对单一

俄国方面，无论是随东正教驻北京布道团来华的俄国留学生，还是后来地方留学生、私人资助生和短期实习生，他们都只是来中国学习汉语和满语，提高自身的语言能力，同时力图满足自己侵略、瓜分和殖民中国的外交需求和语言

需求。

中国方面，初期的“随使游历”“翻译学生”也是主要学习俄国语言文字，了解俄国的风土人情，提高自身的俄语语言能力；“住馆学生”主要学习语言文字和算法；“学堂学生”所选择的科目，以法政和工科为主，在前文统计的34位清朝派出的“学堂学生”中，有6人学习法政，占19%，有12人学习铁路、勘探、矿物、物理、造舰科等工科类，占37.5%，有4人学习商务，占12.5%。虽然“学堂学生”比“随使游历”时期的赴俄留学生可以在俄国选择更多的就读专业，但与留学美国、欧洲和日本的留学生相比，赴俄留学的中国留学生所能选择的专业数量极少，且只集中在法政和工科这两类应用领域，缺少对自然科学、人文社会科学高层级的理论学习和系统研究，所学专业仍显现出明显的单一特点。

（二）教师流动特点

1. 中俄两国互派教师的规模都比较小

俄国方面，根据前文整理，1708—1897年，俄罗斯文馆聘请的俄国来华教师包括：俄罗斯商人1人、雅克萨战俘后裔4人、俄国东正教驻北京布道团成员5人、传教团领班4人，共计14人；京师同文馆俄文馆聘请俄国来华教师10人；广州同文馆聘请俄国来华教师3人；东省铁路俄文学堂和俄文专修馆聘请俄国来华教师2人。在将近200年的时间里，俄国来华教师才总共29人，数量十分稀少。

中国方面，根据前文整理，从19世纪中叶开始至20世纪初，在圣彼得堡皇家大学堂也就是圣彼得堡大学任教的中国教师共有11人，可见，中国赴俄的教师规模也是十分小的。

2. 中俄两国互派教师的教学内容都只集中在语言方面

清朝俄语教育机构，包括俄罗斯文馆、京师同文馆俄文馆、广州同文馆、东省铁路俄文学堂和俄文专修馆，聘请的俄国来华教师都只讲授俄语语言知识，并不涉猎其他学科门类，教学内容比较单一。

俄罗斯圣彼得堡大学东方语言系聘请的中国教师，也只讲授汉语语言知识和书法，不涉及其他学科内容。

第二节　民国时期的中俄跨境高等教育合作

1912—1949年，民国时期的中俄跨境高等教育进入活跃阶段。特别是1917年俄国十月革命成功后，1922年建立了世界上第一个社会主义国家苏联，这一人类历史上的伟大创举，给广大寻求救国救民道路的中国志士仁人们指明了方向。随着马克思主义在中国的传播,中国革命青年十分渴望学习革命的理论和经验,留学苏联迅速发展壮大起来。

民国时期的中苏跨境高等教育合作与交流范围更广泛,形式更丰富,且中苏双方更具有主动性。这一时期的中苏跨境高等教育合作与交流直接或间接地推动了该时期中国社会的变革,为新中国成立后中苏两国大规模的跨境高等教育合作奠定了基础。这一时期,由于苏联具有革命成功和民族解放的经验,中国是这些经验的学习和借鉴者,因此,中俄跨境高等教育方面,苏联是输出国,中国则是输入国的角色。具体来说,人员流动中,学生的流动主要体现为中国学生赴俄留学,教师的流动主要体现为俄国教师来华,鉴于此,下文主要探讨这两个方面。

一、人员的流动

(一)中国赴俄(苏)留学生

民国时期大规模的中国学生赴俄(苏)留学开始于中国共产党成立前后。按照时间,民国时期中国学生赴俄留学可以分为以下四个发展阶段:中国共产党成立前后(1920—1924 年)、第一次国共合作时期(1924—1927 年)、土地革命战争时期(1927—1937 年)、抗日战争和解放战争时期(1937—1949 年)。

1. 中国共产党成立前后(1920—1925 年)

1921 年,中国共产党正式成立后,就开始组织中国青年学生去俄(苏)留学,直至 1925 年,中国学生赴俄(苏)留学都是秘密进行的。中国共产党成立后,在国内派遣赴俄(苏)学生的工作主要是由中央宣传教育委员会负责;在国外则由中共旅欧总支部具体负责。此阶段,中国共产党共派遣了两批学生赴俄(苏)留学,且这些中国留学生都进入东方大学学习。

第一批中国赴俄(苏)留学生是上海共产主义小组领导下的上海外国语学社负责选送的,有刘少奇、罗亦农、任弼时、萧劲光、曹靖华、吴葆萼、彭述之、卜士奇、吴芳、胡士廉、廖划平、任岳、任作民、谢文锦、华林、韦素园、梁柏台、蒋光慈、陈为人、汪寿华、周昭秋、傅大庆、袁达时等 30 余人。这些留学生大部分在 1924 年按期毕业回国,少数因工作需要提前回国(如刘少奇)或留在了莫斯科(如罗亦农)。①

第二批中国赴俄(苏)留学生有的是国内选派,有的来自旅欧支部,他们在东方大学的学习时间从半年到五年不等,大部分于 1925 年五卅运动后回国。

① 张锡玲.莫斯科东方大学中国班和中共旅莫支部[J].党史资料通讯,1988(1).

1923—1924 年从国内派到东方大学留学的有吴丽石、叶张浩、李求实、严信民、吴化元、朱克靖、张宝泉、龙大道、颜昌颐、肖明、陈碧兰、秦贻君、武止戈、关向应、江震寰等百余人。1923 年 3 月 18 日，首批由旅欧支部派遣的留学生赴莫斯科东方大学学习，有赵世炎、陈延年、陈乔年、王若飞、熊雄、王圭、余立亚、袁庆云、王凌汉等 12 人。11 月，旅欧支部派刘伯坚、李合林等 10 余人赴苏联。1924 年 9 月，派遣聂荣臻、李富春、蔡畅、李林、熊味耕、胡伦、范易、傅烈、穆青、饶竟群、彭树敏、廖光仁、陈家珍等 20 多名学生赴东方大学学习。①

2. 第一次国共合作时期(1924—1927 年)

1924 年 1 月，在苏联和中国共产党的帮助下，国民党第一次全国代表大会召开，确立了“联俄、联共、扶助农工”的三大政策，标志着第一次国共合作正式建立。此阶段，包括两批东方大学学习的赴苏留学生、进入莫斯科中山大学学习的赴苏留学生和苏联军事院校招收的赴苏留学生。

(1) 这一阶段，两批东方大学学习的赴苏留学生是指第三批和第四批中国共产党选派的中共党员和共青团员。

东方大学第三批中国赴苏留学生仍以国内选派和从旅欧支部转来为主，大多数留学生于 1925 年秋来到莫斯科，从国内来的彭干臣、罗世文、向警予、赵毅敏、施益生、李一纯、涂作潮、胡子原、汤正清、左正南、罗寿如、王子祥、荣法庭、张士强、王亚梅、丁昌文、漆景林、朱怀瑞、连德生、罗井、李福生等(自涂作潮以下皆为工人)。从旅欧支部转来的有朱德、刘鼎、邢西屏、武兆镐、熊正心、林修杰、乔培成、王士嘉、潘锡光、任竹先等 61 人(经旅莫支部与共产国际协商，其中 22 人入东大，3 人参加短训班，9 人回国)。②

东方大学第四批中国赴苏留学生是在 1927 年 7 月选送的，此时正值中国第一次大革命失败时刻，共产国际和中国共产党为了能在短期内培养出一批军事干部，可以立刻参与武装革命斗争，从全国选拔了六七百人(有些是已经暴露身份的中共党员)到东方大学军事速成班学习，预计六个月毕业。其中，大约有数十人被选进东方大学二年制专修班学习。

(2) 进入莫斯科中山大学学习的留学生共有四批，而这一阶段，进入莫斯科中山大学学习的留学生有两批，是国共两党联合派遣的。

(3) 苏联军事院校招收的赴苏留学生，主要有：

莫斯科红军军事学校。1925 年 2 月，共产国际从东方大学中国班抽调了一批学生到莫斯科红军军事学校中国班学习军事，包括聂荣臻、叶挺、熊雄、范易、

① 张锡玲. 莫斯科东方大学中国班和中共旅莫支部[J]. 党史资料通讯，1988(1).

② 黄利群. 中国人留学苏(俄)百年史[M]. 北京：中国文史出版社，2002：42-43.

颜昌颐、张善铭、杨善集、纪德福、李林等共二三十人。

伏龙芝军事学院。主要培养高级军事人才，从事军事科学研究。第一次国共合作时期，左权、陈启科、李拔夫、萧赞育 4 人作为优秀军官直接保送去苏联陆军大学（即伏龙芝军事学院）学习军事。但一年后，蒋介石保送的贺衷寒、杜从戎、周明和王懋功顶了他们 4 人的名额，因此，李拔夫转入基辅军官学校，左权、陈启科、萧赞育与下一届保送的刘云、屈武、黄第洪、王首道等人于 1927 年一同进入伏龙芝军事学院的中国班学习。1927 年冬，南昌起义失败后，刘伯承先进入莫斯科苏联红军步兵学校学习，1928 年转入伏龙芝军事学院中国班学习。此时国民党学员已经遣送回国，中国班只剩下刘伯承、左权、陈启科、刘云、屈武、黄第洪 6 名中共党员。

3. 土地革命战争时期（1927—1937 年）

1927 年 7 月 15 日，武汉国民政府的汪精卫也同蒋介石一样，大规模逮捕和杀害共产党员和革命群众，第一次国共合作彻底失败了。中国共产党为保存革命实力，将已经暴露身份的革命党人送到苏联去留学。莫斯科中山大学接收的第三批和第四批中国留学生，绝大多数属于这种情况，具体详见后文中俄跨境高等教育机构的活动中对莫斯科中山大学情况的介绍。

列宁格勒军政学院，于 1927 年设立中国班。第一期中国学员共 13 人，包括莫斯科中山大学的毕业生刘鸣先、朱务善、卢贻松、傅钟、李俊哲、高维翰、翰洗波、蒋经国 8 人，莫斯科东方大学毕业生武止戈、宗甫和一名廖姓学员，基辅军官学校的李特、莫斯科红军军事学校的萧劲光。1928 年入学的第二期学员有鲁易、李侠公、孔祥鲁、董良史、李秋萍等人。1929 年军政学院又招收了来自莫斯科红军军事学校的 10 余名中国留学生。此后，军政学院停止招收中国学员。

1930 年，莫斯科中山大学停办，赴苏留学陷入低谷。后来，一方面苏联希望为中国共产党培养更多的人才以遏制日本对苏联的威胁，另一方面中国革命也需要苏联的援助，这两方面因素为中国共产党派出赴苏留学人员提供了机会。这一时期，接收中国赴苏留学生的大学有莫斯科东方大学、莫斯科国际列宁学院、伏龙芝军事学院与东方大学合办的短期军事速成班。

(1) 莫斯科东方大学

东方劳动者共产主义大学，简称莫斯科东方大学，为中国共产党提供干部培训活动。1928 年 5 月 24 日，莫斯科东方大学并入莫斯科中山大学，不再招收中国赴苏留学生。直至 1933 年 5 月，莫斯科东方大学才重新设立中国班，称为满洲班，为东北抗日联军的干部实施短期培训。第一批共招收了 20 人，至 1935 年年底增加至 70 人，1936 年中国赴苏留学生达到 185 人。1938 年，莫斯科东方大学停办，但中国班仍然招生，直至1941年，莫斯科东方大学中国班才取消。

(2) 莫斯科国际列宁学院

莫斯科国际列宁学院，简称列宁学院，创建于1925年年末，是专门培训各国共产党高级干部的党校。1930年中山大学停办至1933年莫斯科东方大学中国班成立，这期间，列宁学院是招收中共赴俄留学生的主要机构。列宁学院也建立了中国部。1930—1934年，陈郁、吴克坚、卢竞如、林铁、何一民、杨秀峰、李立三、吴诚、曹轶欧、刘长胜、洪波、李春田等人陆续进入中国部留学。1934年秋，列宁学院成立了中国军事班，招收许光达、滕代远、阎红彦、周平、陈平、高自立、李子良、胡虎清、李金荣等一批红军指战员入学。① 1935年，共产国际第七次代表大会和青年共产国际第六次代表大会结束后，中共的11名代表全部进入列宁学院留学，组成1个特别班，包括陈潭秋、曾山、孔原、滕代远、高自立、陈云、欧阳生、林育英、杨松、林达森。② 1938年3月，共产国际中共党校成立，列宁学院不再招收中共赴苏留学生。

(3) 伏龙芝军事学院与东方大学合办的短期军事速成班

为适应当时的军事需求，伏龙芝军事学院和莫斯科东方大学联合举办军事班，为中共培养游击队的专门人才，例如指挥员、报务员、爆破人员等。军事班原计划招收100名中国红军指战员，但当时中国红军各级指战员属于稀缺人力资源，中国革命实际不允许大批指战员赴苏留学，直至西安事变后，中共才选派留学生去军事班学习。1938年，伏龙芝军事学院与共产国际中共党校合办军事班，刘亚楼、林彪(化名李进)、卢东生、杨至成、钟赤兵、李天佑、谭家述等人曾在此留学。

4. 抗日战争和解放战争时期(1937—1949年)

1936年西安事变后，国共实现第二次合作，向苏联派遣留学生又实现了发展。艰辛的土地革命战争和两万五千里长征，严重损害了大批共产党员干部的身体健康，产生了大批烈士和革命领导人遗孤。自1935年始，党中央为了保护这些身体受损的干部和培养革命先烈的后代，先后派遣这些受伤同志赴苏留学。一些革命先驱者的后代也被送去苏联国际儿童院接受正规的初等和高等教育，1945年前后，大多数孩子在中学毕业后，分别进入莫斯科大学、工业学校、动力学院、钢铁学院和医学院等高等学校进行学习。

1948年，解放战争进入收尾阶段。为支持新中国的经济和文化建设，恢复东北地区的经济发展，中共中央东北局决定选拔部分烈士子女和领导干部子女，

① 张泽宇. 二十世纪三十年代中共党员留学苏联述论[J]. 党的文献，2010(4)：56-61.

② 中共中央文献研究室. 陈云年谱：1905—1995[M]. 北京：中央文献出版社，2000：191.

派赴苏联留学，学成后回国参与国家建设。1948 年，选拔结束，共有 21 名革命烈士和领导干部的子女入选，具体情况见表 3-3。

表 3-3　1948 年东北局选派 21 名留苏学生情况表

姓名	性别	出生年份	学校名称	系别	毕业年份	备注
贺毅	男	1928	莫斯科莫洛托夫动力学院	水力发电	1954	贺晋年之子
崔军	男	1927	莫斯科莫洛托夫动力学院	水力发电	1954	崔田夫之子
罗西北	男	1926	莫斯科莫洛托夫动力学院	水力发电	1953	罗亦农之子
李鹏	男	1927	莫斯科莫洛托夫动力学院	水力发电	1954	李硕勋之子
林汉雄	男	1929	莫斯科莫洛托夫动力学院	水力发电	1954	张浩之子
肖永定	男	1932	莫斯科莫洛托夫动力学院	电动力系	1956	肖劲光之子
刘虎生	男	1927	莫斯科鲍曼高等工业学校	机械制造	1955	刘伯坚之子
邹家华	男	1926	莫斯科鲍曼高等工业学校	机械制造	1955	邹韬奋之子
张代侠	男	1928	莫斯科鲍曼高等工业学校	机械制造	1955	张宗适之侄
叶正大	男	1927	莫斯科航空学院	飞机制造	1955	叶挺之子
叶正明	男	1931	莫斯科航空学院	飞机设计	1956	叶挺之子
罗镇涛	女	1929	莫斯科财经学院	信用贷款	1953	罗炳辉之女
杨廷藩	男	1927	莫斯科财经学院	国民经济 财政关系	1954	杨棋烈士之子
项苏云	女	1932	莫斯科纺织学院	棉纺	1955	项英之女
任岳	女	1927	莫斯科古比雪夫建筑学院	工业及民 用建筑	1956	任卓明侄女
江明	男	1925	莫斯科农业学院	农业经济系	1955	高岗外甥
任湘	男	1926	莫斯科地质勘探学院	地质勘探		任作民之子
高毅	男		莫斯科莫洛托夫动力学院	水电系		高岗之子
朱忠洪	男		莫斯科航空学院	飞机制造		王稼祥义子
叶楚梅	女	1928	莫斯科大学	经济系		叶剑英之女
谢绍明	男	1924	莫斯科大学	飞机制造		谢子长之子

资料来源：根据欧美同学会留苏分会《学子之路》大型画册整理。

由于新中国还未成立，苏联政府与国民党政府仍然保持着外交关系，这 21 名赴苏留学生持有东北解放区护照，属于中国共产党派遣的秘密学生，其中，李鹏、贺毅、崔军、罗西北、林汉雄、肖永定、高毅进入莫斯科动力学院学习；邹家华、刘虎生和张代侠进入莫斯科鲍曼工学院学习；叶正明、叶正大和宋忠洪进入莫斯科航空学院学习；罗镇涛、杨廷藩进入莫斯科财经学院学习；江明进入莫斯科农业学院学习；任岳进入莫斯科建筑学院学习；项苏云进入莫斯科纺织学院学习；任湘进入莫斯科地质学院学习；谢绍明、叶楚梅进入莫斯科大学学习。

（二）苏联来华教师

20 世纪 20 年代，苏联来华教师主要集中在两所高校，一所是北京大学，另一所是黄埔军校。

1922 年 12 月，学者叶勒索夫（博士）来北京大学讲学，演讲主题为俄国文化及 18、19 两世纪的哲学。20 世纪 20 年代，北京大学聘请的苏联来华教师情况，如表 3-4 所列。此外，1926 年，汉学家瓦西里耶夫（王希礼）来华，北伐战争时期担任苏联军事顾问团翻译，苏联作家皮尔略克也曾来中国访问。1924 年前后，北京大学的苏联来华教师占外籍教师总数的四分之一，说明北京大学走在中俄跨境高等教育合作的前列。

表 3-4　20 世纪 20 年代北京大学聘请的苏联来华教师

年份	姓名	职别	担任科目	订立合同年期	年限	到岗年月
1917—1927	阿·阿·伊凡诺夫（中国笔名伊文）					
1922	爱罗先珂					
1924	铁捷克	教授	俄国文学	民国 13 年 2 月	民国 14 年 6 月底	民国 13 年 2 月
1924	钢和泰	教授				民国 9 年 1 月
1924、1926	伊法尔	讲师	俄国史、现代俄国、欧洲文学史、近代世界、欧洲近代文学、法国文学史		有聘书无限期	民国 8 年 9 月
1924	柏烈伟	讲师				民国 10 年 1 月
1924	加兹	导师				民国 11 年 10 月
1926	游司克	讲师	俄文			民国 14 年 10 月到校未发聘书
1926	苏高金	讲师	俄国文学史、俄国作文			

1924 年，在苏联工农红军参谋学院的 50 名军事顾问的帮助下，孙中山建立了黄埔军校。黄埔军校开学后，陆续到黄埔军校工作的苏联军事顾问有贝斯查斯特洛夫（炮兵顾问）、古列夫（军需顾问）、德拉特夫（交通顾问）、毕拉卓夫（政治顾问）、里贝列夫（步兵顾问）、瓦林（工兵顾问）、罗加乔夫（政治顾问）、阿赫茂多夫（卫生顾问）、阿利（交际顾问）等 10 多人。此间先后担任黄埔军校首席顾问的有沃里金、波利亚克、切列潘诺夫、舍瓦尔金、阿基莫夫、库马林、纳乌莫夫和叶弗列夫莫夫等。他们帮助黄埔军校制订教学计划、修订各科教程，包括提供和介绍政治思想工作的各种经验、参加军事教学并亲自示范和教练。

20 世纪 30 年代，苏联作家特列甲科夫曾在北京大学俄文系任教，讲授苏维埃文学达两年之久。1937 年 8 月，中苏双方签订了《中苏互不侵犯条约》，苏联给予中国大量信用贷款，并提供武器装备，甚至派苏联飞行员来华作战。此时，中苏跨境高等教育合作逐渐集中在军事领域。从 1937 年秋到 1942 年年初，来华的苏联军事专家和志愿者超过 5 000 人。仅在 1941 年，来华的苏联军事顾问就有 140 人，其中大部分在中国高等军事学校任教。早在南京沦陷以前，在国民政府的陆军大学里，就有苏联人史达维斯基讲授要塞筑城课目、多马舍夫斯基讲授高等战术、布尔宁讲授情报业务，苏联顾问团也派有教官在该校讲课。1938 年 5 月底至 6 月初，苏联第一批军事顾问来到中国，大约有 27 人。到 1939 年 10 月，作为军事顾问在中国军队里工作的苏联专家共有 80 名。派到中国的苏联军事顾问大多拥有丰富的战斗经验和军事理论素养，被分派在国民党中央参谋部、机关、学校或战区司令部工作。

1942—1946 年，苏联教师在西南大学任教。在中国抗战的艰苦岁月里，苏联教师仍然来华任教，从某种程度上来说已超出了单纯的“学术交流”范围，而具有“白求恩”式的国际主义意义。

二、机构的流动

第一次国共合作时期，苏联政府和中国国民党联合在苏联创办了莫斯科中山大学。莫斯科中山大学是首个中俄跨境高等教育合作办学机构，系苏联、中国国民党和共产党三方合作背景下的产物，是为当时国共合作的中国大革命培养政治理论骨干的特殊学校。

1925 年 10 月，在国民党中央政治会议第 66 次会议上，鲍罗廷正式宣布在莫斯科建立中山大学，建议国民党选派留学生赴俄学习，培养更多的中国国民革命干部。会议结束后，马上成立了由谭延闿、古应芬、汪精卫组成的招生委员会。

莫斯科中山大学的管理，在名义上采取苏共中央和中国国民党中央双重管理。1926 年夏，邵力子来到莫斯科，代表国民党进驻该校负责监理工作，成为莫斯科中山大学理事会成员。但实际上的管理工作，包括教学、财政、校务等各方面均由苏方负责，办学经费也主要来自苏联。莫斯科中山大学兼收国民党人和共产党人入学，是一所带有鲜明统一战线性质的高等革命学府，这是其与东方大学、列宁学院等大学的明显区别。

1925 年，莫斯科中山大学成立。1927 年秋，国民党命令取消中山大学的名义，禁止派遣学生去中大学习，因此，学校改名为“中国劳动者共产主义大学”。1930 年，学校因国民党中央执行委员会宣布取缔而被迫停办。

进入莫斯科中山大学学习的赴苏留学生共有四批，而这一阶段，进入莫斯科中山大学学习的赴苏留学生有三批，第一批和第二批是国共两党联合派遣的，第三批则完全由中共中央独立秘密派遣。

第一批赴莫斯科中山大学留学生，共计 268 人，于 1925 年冬选派，主要来自国内。其中，广州选派者绝大部分是国民党员；北京、上海、武汉、长沙和西安等地选派者则多为共产党员和共青团员，只有少数国民党员；此外，还包括国民党要人的保送名额。

广州选派的赴俄留学生，毛泽东同志《政治周报》第二期曾以“子任”的笔名记载了莫斯科中山大学在广州第一批招生的情况，并将入选的 140 余名留苏学生的名单发表出来。计有：梁福文、梁干桥、钟树棠、黄永伟、朱国贞、区就宪、邹士恬、林耀寰、刘泮珠、白瑜、郭明生、朱瑞、谢振华、龙其光、陈复、陈壁光、林爱民、邓公武、缪任衡、钟其本、汤学海、梁少强、刘驾欧、黄甘棠、郑重民、林侠、林协文、叶恩溥、周学鎏、廖化机、邵页昌、吴仲良、黄发、李林、方陶、聂甘弩、冯德恭、曾任良、陈正业、徐康、沈苑明、冯声南、陈造新、杨华波、张民权、翟荣基、林叔山、林道文、李文达、甄兆权、董良史、郑奇、董正兴、李文琯、黄大钧、董煜、韩亮兼、郑介民、杨家腾、梁振鸿、唐君粹、邓文仪、马维禹、刘慕强、徐莹、李惠芳、阮篪、张任权、黄仲理、岑延藻、张思安、曾上、黄毅民、萧豪、叶君好、刘达元、李彦良、黄永宏、黄菊、黄文杰、张星、刘福鑫、方檀、罗英、王志鸿、吴鲁、张引岚、陆那杰、邓汉钟、郑仁波、廖开、钟琨瑜、冯洁芬、韦碧辉、刘鳗舒、黄鼎新、周爱、赵愚、陈道守、吕魁文、黄夷白、萧爱贤、康泽、骆德荣、吴肃、王光樾、万徐如、张元良、李冠英、郑国琛、王觉源、陈声孚、张远猷、邓敦厚、徐君虎、余鹳、余楚帆、李焜、彭寿高、杨震西、杨震藻、胡铭勋、周泳南、高云裳、蔡日秋、段世援、陈海洲、潘新卫、段平、王佐才、吴国谦、吴君实、陈志陆、黄昌光、温忠、赖芳庚、陈显尚、张思南、刘琥昆等人。

其中，男 139 人，女 8 人；广东 71 人，湖南 28 人，江西 10 人，云南 7 人，四川 7 人，江西 5 人，湖北 5 人，浙江 3 人，贵州 3 人，福建 2 人，江苏 1 人，山东 1 人，山西 1 人，未详 3 人。[①]

上海、北京和西安等选派的赴苏留学生，名单整理如下：

北京的赴苏留学生有：朱务善、石道睿、康根成、乌兰夫、于树功、荣照、邹岱云、李沛泽（女，又名李培之）、于楞（女，又名于芝秀）、马骏、张锡瑗（女）、屈武、庄东晓、周达文、罗方中、徐作云、王学文、王长熙、张岫岚（女）、胡斌、皮以书、何瑞琪、唐健子、候鸿业、贾鸿猷等人。

上海等地的赴苏留学生有：俞秀松、张闻天、沈泽民、张琴秋、王稼祥、卜世奇、蒋经国、陈绍禹、董亦湘、孙冶方、杨放之、祝连璋（祝百英）、西门宗华、屠庆祺（杜畏之）、洪易、吴黎平（吴亮平）、郭绍棠、周天僇、邵子昂、沈观澜、傅胜兰[②]、胡彦彬、伍修权、贝云峰、熊效远、梁仲民、潘文育、濮世铎、高衡、黄励（女）、杜琳（女）、宋伟（女）[③]、陈源道、潘问友、方颖、陈家康和李敬永等人。

国民党要人的保送名额包括：蒋介石的儿子蒋经国；冯玉祥的子女冯洪国、冯弗能、冯弗伐；李宗仁的妻子韦淑英，内弟韦允成；张发奎的弟弟张发明、张民权；邓演达的弟弟邓秋明；陈树人的儿子陈甫；于右任的女儿于芝秀、女婿屈武，亲信王陆一；邵力子的儿子邵志刚等。

1925 年，中共旅欧支部还从留学德、法、比等国的学生中选派了邓小平、傅钟、李卓然、邢萍舟（徐冰）等人去中山大学学习。任卓宣（叶青）也因被法国政府驱逐出境而去莫斯科，后来进入中山大学。当时在德国留学的谷正纲、谷正鼎兄弟也接受国民党的派遣前往莫斯科中山大学留学。

第二批赴莫斯科中山大学留学生于 1926 年入学，有 220 人。这批赴苏留学生也以国内派遣为主，通过地方考试录取或经地方直接推荐的方式选拔，也包括一些海外留学生。

国内赴苏留学生包括：广州选派的赴苏留学生，有百余人，根据史料，至少有三批，第一批包括金戈、盛岳、吴家钰等约 60 人，第二批包括屠义方、叶楠（保送生）等 24 人，第三批包括黄光锐、杨官宇（教师）、毛邦初、张廷孟、余世沛等 10 余人，后转入列宁格勒军事航空技术学校就读。上海派遣的 60 多位赴苏留学生，主要来自上海大学及其附中。经中央指定，其中刘仁静 1 人进列宁学院，张仲实等 6 人进东方大学，其余都进莫斯科中山大学。湖南通过招生考试，最终选拔了 19 名赴苏留学生，包括来自湖南大学的姜凤威、雷通鼎、杨道南、于均祥（女）、谷家儒、程大森等 8 人，来自湖南其他院校的刘之盘、易定三、马景山、张佑忠、蒋锡

① 郝世昌，李亚晨. 留苏教育史稿[M]. 哈尔滨：黑龙江教育出版社，2001：71-72.

② 孙耀文. 风雨五载：莫斯科中山大学始末[M]. 北京：中央编译出版社，1996：12-14.

③ 伍修权. 我的历程[M]. 北京：解放军出版社，1984：20.

宠、周光亚、周砥(女)、章章(女)、萧范(女)、曾月琴(女)和何汉文。武汉选派20名赴俄留学生,有袁溥之、吴绍益、张国庶、彭道之、彭克定、黄慕兰、薄之贯、王一鸣、吴警钟、刘先觉、张述周、晏碧芳等人。他们大多为共产党员、共青团员,少数为国民党员。不过,武汉选派最后成行者实为19人,因为黄慕兰到上海后又被电召回武汉,未去苏联留学。北方选派的赴苏留学生,因受北洋军阀控制的影响,仅有北京女子师范大学的刘亚雄、雷瑜、郑德音和蒲振声(蒲秋潮)4人。

中共旅欧总支部派遣的赴苏留学生有:在比利时的江泽民和谢泽源,在法国的方志刚(方释之)、胡大智、杨品荪、覃远猷、汤震坤、海荆州(华工)、张茂林、袁惇怀等,这10人全是中共党员或共青团员。

此外,还有一些赴苏留学生无法确定生源地,包括:李国柱、胡锡奎、伍仲文、王兰英、刘思慕、稽文甫、安娥、顾淑型、李敬永、林仲、李一凡、林友梅、叶淑勋、沈千常、侯玉琦、王幼直、缪云淑、吴清友、瞿云白(瞿秋白的二弟)、樊英、李汉辅、顾我、李元杰、高承烈、于佩贞、俞重华、赵云容、刘月华、顾谷宜等。

第三批赴莫斯科中山大学留学生于1927年秋入学。同年由于蒋介石、汪精卫先后背叛革命,国民党禁止向莫斯科中山大学派遣留学生。1927年下半年,中山大学改名为中国劳动者共产主义大学,全部招收共产党人。这届学生多半是从武汉、上海疏散下来的干部和革命工人。其中有陈尚友(陈伯达)、陈修良、钱瑛、陈祥生、毛齐华(毛子芳)、孟庆澍、刘群仙、袁仲贤、谭国富、李国、李剑如、余笃三、方洛舟、褚有仁、褚有能、帅孟奇、郭妙根、何能、张仲德、张仲文、杨安卿、杨莲卿、吴近、张茜元、章芋苍、傅继尧、杨素兰、朱阿根、袁家镛、殷鉴、柳步青、周迪、章克、万志凌、李俊夫、王宝礼、刘楚衍、徐祖辉、毛琴仙、陆梦衣、李采莲、杜作祥、史璜、熊天荆、徐世惠、江元青、宋三妹、裴济华、解叔达、朱自舜、瞿景白、陈铁真(孔原)、冯定、冯俞相、恽雨棠、唐义贞、曹世祥、黄海明、吴福海、胡淑英、郑育才、徐以新、韩铁声、王云程、姚淑贞、费侠、费克勤、钟鉴、何子述、应修人、胡南生、刘子载、李锡元、刘英、王文元、吴裕民、王人璇、黄浩、高萦久、王剑秋、赵如芝、王盛荣、王理文、王明仙、宋盘民、贺昌炽等人。此外,还有从法国去的陈微明(沙可夫)、郑一俊、徐孝祥、谢清、汪盛荻、柳圃青和从美国去的冀朝鼎、章汉夫、章晋江、罗静宜等人。

第四批莫斯科中山大学赴苏留学生于1928年秋入学,这批学生中有一百余人是从东方大学中国班合并过来的,其中有马辉之、王观澜、杨春、陈一诚、李欣荣、杨幼麟等人。国内派去的有参加广州起义的唐有章等人,还有上海派去的工人,也有个别人是从德国派去的,如潘芳等人,此外还从法国派去了一批华工。

中山大学还有一批特殊的"荣誉学生",主要是一些到中山大学看望赴苏中国留学生的国民党领导人,包括胡汉民、于右任、冯玉祥、邵力子和宋庆龄等人。

冯玉祥及其部下鹿钟麟、李湘英、张克侠、何基沣和浦化人还曾在中山大学进行短期学习。

三、民国时期中苏跨境高等教育合作特点

（一）政治、革命色彩浓重

民国时期的中苏跨境高等教育，无论是留学生、教师的流动，还是机构的流动，都具有明显的政治和革命色彩。

从历史背景来看，民国时期中苏跨境高等教育合作的兴起，主要是由于当时中国资产阶级民主革命已处于山穷水尽和走投无路的情况，而俄国十月革命获得成功，政治秩序稳定、经济稳步发展，加之中国共产党的诞生，激发了广大中国青年赴俄留学寻求救国之道的热情。之后随着国共合作的形成，国共两党同时与苏联开展跨境高等教育合作；蒋介石、汪精卫叛变后，中国共产党进入了独立领导革命的新时期，为了保存革命力量、培养更多革命骨干，大批革命青年、共产党干部赴苏学习；抗日战争和解放战争时期，苏联作为强有力的盟国，更使中苏跨境高等教育合作成为必然。可见，民国时期中苏跨境高等教育合作与中国革命发展息息相关。

从教育内容来看，民国时期中苏跨境高等教育合作的学习任务很明确，就是学习马列主义理论和俄国革命经验，而不是学习西方的声光化电、机械制造、矿冶气象或尖端科学技术、生产管理等先进技术。这是由于中国革命任务极为艰巨，若想取得革命胜利，必须具备以马列主义为指导的专事革命专业的人才。因此，中苏跨境高等教育的学习内容主要以政治尤其是苏联式革命理论为主。例如，东方大学中国班给赴苏留学生开设的课程主要包括：联共（布）党史、国际共运史、俄语、中国革命运动史、东方革命运动史、西方革命运动史、社会发展史、政治经济学、列宁主义理论（以斯大林所著《论列宁主义的基础》为教材），真正涉及马克思、恩格斯经典著作的课程很少，绝大多数课程是苏联式马克思主义理论的灌输，尤其是将联共（布）党史作为重点授课内容。

从教育成果来看，民国时期中苏跨境高等教育合作为中国革命培养了大批党政军革命干部。据统计，在118位20年代至40年代从国外回国的中共领导人中，有80位经苏联培养，占总数的68%。其中多半在以后成为中共中央委员和候补委员、中央政治局委员。他们为新中国的诞生和发展作出了卓越贡献，对中国革命和建设的影响是显而易见的。

（二）苏联包办一切

民国时期中苏跨境高等教育合作，苏联处于绝对的主导地位，可以说包办

一切。

在经济方面，苏联承担中国赴苏留学生的一切费用，包括办学经费、教职员工工资、学生奖学金、派遣毕业生回国的路费等等，而且还包括那些已在苏联成家、家属留苏而自己回国参加革命工作的毕业生家庭的生活费，甚至包括一部分留学人员远在中国的家庭的困难救济金。苏联方面对中国留苏人员的物质文化生活作了尽其所能的安排，如在中山大学的学生们既可以得到无偿供给的各种服装，还可以享用到各种配给的日常生活用品；既可以吃到数量和质量都相当不错的伙食，还可以免费得到医疗服务等。此外，学校还经常组织一些优秀的艺术团体到校内演出，组织学生们参观莫斯科的博物馆和纪念馆，以丰富他们的精神生活，陶冶他们的情操。放假期间则安排他们到郊区或农村参加大学生夏令营，甚至到列宁格勒、高加索等地观光游览。[①]

在教学方面，苏联包办了整个教学工作，包括教学内容、学习期限、学习方式等。莫斯科中山大学规定，一般学生的学制为 2 至 3 年的普通班，特殊对象可参加特别设置的短训班、速成班、军事班、工人预科班、特别班、理论班等。讲授内容和课程设置方面，教条主义严重，脱离中国革命实际。但凡讲解革命经验，言必称苏俄，弘扬以城市暴动为中心的模式，这与中国正处于土地革命的实际情况严重脱节，致使赴苏学生回国后投入革命工作遭遇各式困难。

在政治方面，苏联也包办一切。例如，莫斯科中山大学的前期领导工作还属于共同管理，国民党参与其中，国共分裂后，中国共产党被完全排除在领导工作外。杨尚昆同志在其回忆录中说，按道理讲，为中国共产党培训干部的学校，中共中央应该有代表参与领导，事实上并不如此。学校领导机构中没有中共的代表，只有一名学生代表当副校长，先是苏州的工人王保礼，后来是王明推荐的李竹声，实际上是有职无权的"摆设"。学校的课程设置、教学内容、学员的鉴定、分配等权限都集中在校长手中。党的六大以后，成立了以瞿秋白为首的中共驻共产国际代表团，但他却无权过问中大的事务。1926 年 5 月莫斯科中山大学将中共旅莫支部撤销，党员一律编入联共支部，降为预备党员，受莫斯科区委领导，连中共一大代表董必武和何叔衡也不例外。[②] 中国赴苏留学生毕业时的政治鉴定、工作分配，中共代表团没有话语权，部分中共党员和共青团员在赴苏留学期间还被迫中断了与中国共产党的联系。

（三）推进马克思主义在中国的传播

民国时期的中苏跨境高等教育合作，加速了马克思主义在中国的传播进程。

---

① 方志纯．难忘的回忆[M]．北京：中央文献出版社，1992：111．

② 杨尚昆．回忆旅莫岁月[J]．党史天地，2002(1)：16-19．

一些赴苏留学青年在学习了俄文和马克思主义理论之后，首先就想把这些理论介绍给中国的革命者。翻译和编译马克思主义著作、传播马克思主义理论成为赴苏留学生开展的首要工作。东方大学的蒋光慈首开先例，利用在苏联的方便条件，编写了《列宁年谱》，翻译了列宁和斯大林的一些文章。之后，张伯简把《社会发展史》利用图解和表解的方法，简明扼要地介绍给中国读者；张闻天、吴亮平等人翻译了《社会主义从空想到科学的发展》《共产党宣言》《两个策略》和《国家与革命》等经典著作；李立三、陈昌浩、张锡畴、谢唯真和韩铁声等翻译和编辑了《马克思恩格斯文选》《列宁文选》《马克思恩格斯论中国》《马克思恩格斯论游击战争》《列宁主义问题》《马克思、恩格斯及马克思主义》和《联共（布）党史简明教程》等；张仲实翻译了《费尔巴哈论》《费尔巴哈与德国古典哲学的终结》《家族、私有财产及国家的起源》《列宁斯大林论中国》《马克思、恩格斯、列宁、斯大林论妇女解放》等；沈志远翻译了《雇佣劳动与资本》；钱亦石翻译了《德意志农民战争》；章汉夫与许涤新合作翻译了《恩格斯论〈资本论〉》《马克思〈资本论〉第一卷提纲》；等等，为马克思列宁主义在中国的传播奠定了基础。

第三节　新中国成立初期的中苏跨境高等教育合作

1949 年新中国成立初期，以美国为首的西方国家对中国实施封锁包围，国家百废待兴，各类建设人才十分匮乏。面对不能同西方进行教育合作的现实，结合新中国建立初期“一边倒”的国家战略，中国开始同苏联开展大规模的跨境高等教育合作，通过学习苏联的技术和经验，解决中国社会主义建设初期人才短缺的问题。

早在 1949 年 7 月，刘少奇带领中国共产党代表团访问苏联，就提出希望派遣留学生或考察团赴苏学习的愿景，并期望在中华人民共和国成立后得到苏联科技援助的设想，尤其是苏联专家的派遣工作，苏联方面原则上表示了同意。1950 年 2 月，新中国和苏联签订了《中苏友好同盟互助条约》，中俄关系发展到了一个新的历史阶段，新中国历史上第一次大规模的中俄跨境高等教育合作悄然拉开了序幕。

一、人员的流动

（一）留学生的流动

1. 苏联来华留学生

新中国成立初期，同轰轰烈烈的中国赴苏留学相比，来华的苏联留学生并不多。虽然我国从 1950 年就开始了来华留学生教育，但直到 1954 年，苏联才第一次向中国派遣留学生，且学习的专业基本上集中在中国文学、汉语或历史、地理等人文学科。

1954—1965 年，共有 208 名苏联来华留学生，具体见表 3-5。同期，我国共接收了 60 多个国家的 7 200 名来华留学生，苏联来华留学生仅占同期来华留学生总数的 2.89%，是我国政府向苏联派出留学生 8 310 人的 1/42。[①] 中苏两国留学生人数派遣比例上的不相称，反映出同中国人民学习苏联的热情相比，苏联对中国教育文化的兴趣并不高。

表 3-5　1950—1965 年来华苏联学生人数　　单位：人

年份	1954	1955	1956	1957	1958	1959	1960	1961	1962	1963	1964	1965	合计
人数	18	4	3	80	10	21	/	21	20	/	13	18	208

1966—1977 年，中苏关系恶化，中国与苏联的教育交流全部停止。

2. 中国赴苏留学生

新中国成立初期，中苏关系在经历了短期的试探后，逐步走上了结盟的道路。中国驻苏联大使张闻天与苏联外交部副部长普希金正式签订《关于中华人民共和国公民在苏联高等院校学习之协定》，自 1951 年起，中国政府开始向苏联派遣留学生，1951—1965 年中国向苏联派遣留学生的情况如表 3-6 所示。

表 3-6　1951—1965 年中国赴苏留学生人数　　单位：人

年份	派出人数	归国人数
1951	375	—
1952	220	—
1953	583	—
1954	1 375	7
1955	1 932	103
1956	1 933	250
1957	483	339
1958	378	645
1959	460	1 287

① 中华人民共和国教育部外事局. 中国教育概况：第 1 卷[M]. 武汉大学出版社，1985：4.

表 3-6(续)

年份	派出人数	归国人数
1960	317	2 072
1961	74	1 249
1962	55	828
1963	20	207
1964	3	122
1965	54	115
总计	8 414	7 224

1951—1965 年,中国赴苏留学生星罗棋布般地分散在苏联莫斯科、列宁格勒、喀山、基辅、哈尔科夫、高尔基城的 20 多个城市的 220 多所大学和科研机构里学习,所学科目涉及机械、水电、石油、钢铁、航空等 40 多个国内奇缺人才的专业。

新中国成立初期的中国赴苏留学生教育,深受中苏关系的影响,可以分为以下几个阶段。

(1) 中国赴苏留学的开始阶段(1949—1953)

1949 年,新中国成立,当时在苏联的中国留学生有 40 余人,具体情况如表 3-7 所示:

表 3-7　1949 年在苏联的中国留学生名单

序号	姓名	性别	出生年份	学校名称	年级	系别	毕业时间
1	贺毅	男	1928	莫斯科莫洛托夫动力学院	4	水力发电	1954
2	崔军	男	1927	莫斯科莫洛托夫动力学院	4	水力发电	1954
3	罗西北	男	1926	莫斯科莫洛托夫动力学院	5	水力发电	1953
4	李鹏	男	1927	莫斯科莫洛托夫动力学院	4	水力发电	1954
5	林汉雄	男	1929	莫斯科莫洛托夫动力学院	4	水力发电	1954
6	肖永定	男	1932	莫斯科莫洛托夫动力学院	4		1956
7	刘虎生	男	1927	莫斯科包曼高等工业学院	4	机械制造	1955
8	邹家华	男	1926	莫斯科包曼高等工业学院	4	机械制造	1955
9	张代侠	男	1928	莫斯科包曼高等工业学院	4	机械制造	1955
10	叶正大	男	1927	莫斯科飞机制造学院	3	飞机制造	1955
11	叶正明	男	1931	莫斯科飞机制造学院	2	飞机设计	1956
12	罗镇涛	女	1929	莫斯科财经学院	4	信用贷款	1953
13	杨廷藩	男	1927	莫斯科财经学院	4	国际经济	1954

表 3-7(续)

序号	姓名	性别	出生年份	学校名称	年级	系别	毕业时间
14	项苏云	女	1932	莫斯科纺织学院	3	棉纺	1955
15	任岳	女	1927	莫斯科古比雪夫建筑学院	2	工民建筑	1956
16	江明	男	1925	莫斯科季里亚席夫农学院	3	农业经济	1955
17	冯理达	女	1924	列宁格勒公共卫生学院	4	公共卫生	1955
18	罗元铮	男	1924	列宁格勒大学			
19	乔克湘	女	1930	莫斯科大学	4	历史	1954
20	徐俊生	女	1931	莫斯科大学	4	经济	1954
21	罗沙	女	1934	莫斯科大学	2	化学	1956
22	韩模宁	男	1930	莫斯科莫洛托夫动力学院	5	水力发电	1953
23	师大	女	1935	莫斯科莫洛托夫动力学院	1	水力发电	1958
24	陈印	男	1928	莫斯科莫洛托夫动力学院	4	电力	1954
25	陈惠	女	1931	莫斯科工程经济学院	4	机械制造	1954
26	朱敏	女	1928	莫斯科列宁师范学院	4	教育	1953
27	廖鸣九	男	1927	莫斯科车床工具学院	4	机械设计	1954
28	王小朱	男	1931	莫斯科建筑学院	2		1956
29	王达亚	男	1931	莫斯科第一医学院	1	医疗	1957
30	刘允斌	男	1925	莫斯科大学	研		
31	张志明	男	1938	莫斯科大学	研		
32	蔡娟娟	女		莫斯科第二医学院		医科	
33	蔡特特	女		莫斯科农专			
34	李含英	女		莫斯科二医大			
35	普罗列塔里娃	女		莫斯科电气通讯专校			
36	师小	男		莫斯科中学			
37	刘马洋	男		莫斯科财经学院		会计	
38	沈麟如	男		列宁格勒工专		冶金	
39	刘义	男		莫斯科一医大		外科	
40	任湘	男		莫斯科地质大学		地勘	
41	高老虎	男		莫斯科动力学院		水电	
42	张玛娅	女		莫斯科电力技术专门学校		电信	
43	朱忠洪	男		莫斯科航空学院			

中国政府在对新中国成立前赴苏的中国留学生进行妥善安置的基础上，开始谋划继续向苏联派遣留学生的具体举措，目标是学习苏联的先进技术和管理经验，为新中国的各项建设提供人才支撑。

1951 年，新中国第一批留学生被派往苏联留学，这批留学生共 375 人，从全国的高等学校、科研机关和应届高中毕业生中选拔，其中，大学生有 239 名，占 63.7%，以培养一般专家为目标，是派遣的主力；研究生 136 名，占 36.3%，以培养高级教师和科学研究工作者为目标。从派遣部门看，如表 3-8 所示，教育部、重工业部、燃料工业部派出赴苏留学生最多，分别是 77 人、56 人、50 人，三部门派出的赴苏留学生占 1951 年赴苏留学生总数的 48.8%。从性别比例看，男生 313 人，占赴苏留学生总数的 83.5%，女生 62 人，占赴苏留学生总数的 16.5%。从学科情况看，如表 3-9 所示，赴苏留学生学习工科的人数最多，共 261 人，占 1951 年赴苏留学生总数的 69.6%，其次是理科，共 35 人，占 1951 年赴苏留学生总数的 9.33%。从分布地区看，如表 3-10 所示，莫斯科是中国赴苏留学生分布最多的城市，1951 年共有 225 名中国赴苏留学生在莫斯科学习，占同年中国赴苏留学生总数的 60%，列宁格勒次之，有 106 名，占 28.3%。

表 3-8 1951 年中国赴苏留学的派遣部门和性别分布 单位：人

派遣部门	研究生			大学生			总计		
	男	女	合计	男	女	合计	男	女	合计
重工业部	1	1	2	43	11	54	44	12	56
第一机械工业部				20	5	25	20	5	25
轻工业部	6		6	1	2	3	7	2	9
燃料工业部	10	2	12	33	5	38	43	7	50
水利部	26		26	21	1	22	47	1	48
铁道部	20	—	20	4		4	24		24
交通部	10		10	5		5	15		15
地质工作委员会	3		3	1		1	4		4
卫生部	25	5	30				25	5	30
中国科学院	5	1	6		1	1	5	2	7
教育部	20	1	21	38	18	56	58	19	77
出版总署				1	1	2	1	1	2
政法系统				10	2	12	10	2	12
外交部				10	6	16	10	6	16
总计	126	10	136	187	52	239	313	62	375

表 3-9　1951 年中国赴苏留学生学科情况表　　单位：人

部门	理科	工科	农科	医学	文教	政法	财经	总计
重工业部	4	52						56
第一机械工业部	2	23						25
轻工业部		9						9
燃料工业部	3	46					1	50
水利部	2	46						48
铁道部		21					3	24
交通部		15						15
地质工作委员会	4							4
卫生部				28			2	30
中国科学院	5				1		1	7
教育部	15	48	9		5			77
出版总署		1			1			2
政法系统						12		12
外交部					3	9	4	16
总计	35	261	9	28	10	21	11	375

表 3-10　1951 年中国赴苏留学生分布情况表　　单位：人

城市	莫斯科			列宁格勒			喀山			基辅			萨拉托夫			诺沃契尔卡斯克			总计	
性别	男	女	共	男	女	共	男	女	共	男	女	共	男	女	共	男	女	共		
研究生	79	4	83	46	6	52							1		1				136	
大学生	105	37	142	46	8	54	13	4	17	10	3	13	2		2	11		11	239	375
总计	184	41	225	92	14	106	13	4	17	10	3	13	3		3	11		11	375	

1952 年，中国驻苏大使张闻天和苏联副外长普希金签署了《中苏两国政府关于中华人民共和国公民在苏联高等学校学习之协定》，条约中明确规定苏联应中国的要求，同意接受中国公民作为大学生和研究生赴苏联各高等学校留学，为我国向苏联派遣留学提供了制度保障。

为了提高赴苏留学教育的质量，有关留学生教育和管理的规定相继出台：

第一，明确了赴苏留学的目的、指导原则和选拔方法。在总结 1951 年选派赴苏留学生的基础上，1952 年，中国明确提出了赴苏留学目的，即“培养高级建设人才以适应今后国家建设需要”，同时，也确定了赴苏留学生选拔的指导原则，即“严格选拔，宁少毋滥”。此外，细化了赴苏留学生的选拔方法，即教育部转发了各大区选拔留苏学生章程，规定主要由各大行政区教育部联合人事部严格选拔，但是当时还没有形成全国统一的留学生选拔标准。

第二，建立了留苏预备生教育机构。1952 年初，经国务院批准，在北京俄语专科学校设立了留苏预备部，专门为赴苏留学生提供留学前的综合培训，内容包括俄语和思想政治教育，而俄语教育是培训的首要内容。1952 年 3 月 31 日，首批 419 名留苏预备生进入留苏预备部正式上课。之后，每年选拔的留苏预备生都要集中到留苏预备部进行统一培训，只有培训合格者才能赴苏留学。

第三，设立了专门的赴苏留学生管理机构。1952 年初，我驻苏大使馆成立了留学生党委和留学生管理处，其主要职责是：与国内各有关部门保持经常联系，负责考察、了解留学生的学习情况，定期到各城市巡视，并向国内有关部门报告；与苏联高等教育部及有关部门联络，办理入学、转系手续，并协同处理其他有关留学生的事宜；研究苏联各高等学校的情况，具体了解其科系、课程、设备等，以便提供给国内作为将来派遣留学生及改进我国高等教育的参考；保管、研究留学生的履历表、学习成绩表及其他有关资料，建立档案；同中央人事部联系，处理有关留学生人事方面的问题；执行学习上的奖惩制度，对回国留学生进行鉴定，并提出分配的意见供有关部门参考；管理留学生党团组织，加强对留学生的政治领导；指导留学生学生会工作及其必要的对外活动；解决留学生学习和生活上的困难。

此外，还成立了莫斯科留苏学生总会，其任务主要有：一是在留学生中建立组织，如党支部、党小组以及行政小组，党支部都是以学校为单位建立。二是以学生会的名义出面，同苏联的有关方面进行联系、交涉，办理需要办的事情，包括组织较大的联谊活动。三是组织留学生进行学习，学习国内发来的党和国家的有关文件、政策，国际时事等。

1952 年进行了两次赴苏留学生的选拔工作，分别在 1952 年 3 月和 8 月。为了提高赴苏留学生的俄语水平，1952 年 3 月选拔的第一批留学生大都在 1953 年赴苏，因此，1952 年 8 月派出的赴苏留学生数量较少，仅有 220 人，其中大学生 209 人，研究生 11 人。从留学专业看，理科 6 人，工科 151 人，农科 8 人，医科 4 人，文教 31 人，政法 6 人，财经 12 人，师范 2 人。

1953 年，中国赴苏留学生的派遣仍然执行“严格选拔，宁少毋滥”的指导方针。同年，教育部制定了《1953 年留苏预备生选拔办法》，自此，留学生选拔开始有了全国统一标准。从选拔条件来看，主要包括政治条件、学历条件、身体条件和年龄条件四方面，还在学历条件中新增加了关于高中毕业生留学的有关规定。

1953 年 5 月 26 日，教育部、高教部和人事部联合发出《关于 1953 年选拔留苏预备生的指示》，指出“选拔留苏学生是直接向苏联学习，培养高级专门人才最有效的方法。各部门、机关和学校的负责同志应视此为重大的政治任务，认真按选拔办法的规定，亲自领导，严格审查，保证做好选拔工作。”按照最初的设想，1953 年计划派遣赴苏留学生 1 000 人，但由于苏联方面存在实际困难，1953 年中国实际派遣了 583 名赴苏留学生，其中大学生 523 人，研究生 60 人。专业分配方面，工科 426 人，理科 33 人，农科 23 人，财经 29 人，政法 25 人，医科 23 人，人文科 14 人，师范 2 人，艺术 8 人。工科留学生占整体留学生总数的 73%，主要集中在特殊工种、采矿、冶金、机械制造和建筑 5 个专业。

(2) 中国赴苏留学的繁荣阶段(1954—1956)

这一阶段，中国正处于全面经济建设和向社会主义过渡的时期，整个国家正在实行向苏联“一边倒”的政策，各个领域全面引入苏联模式。同时，赫鲁晓夫上台后，主动加强中苏友好关系建设，中苏关系进入“蜜月期”，而中国赴苏留学也随之呈现出了繁荣状态。1954—1956 年，在赴苏留学生派遣方面，我国政府采取的政策是“严格审查、争取多派”，三年间共派出 5 392 人，具体如表 3-11 所示。这一阶段也是我国留苏教育的收获阶段，截至 1956 年已有 354 名毕业生回国(包括研究生 127 人、大学生 227 人)，其中有 2 人获得苏联博士学位、111 人获得苏联副博士学位。

表 3-11　1954—1956 年赴苏留学生统计表　　单位：人

	大学生	研究生	进修教师	合计
1954 年	1 226	149		1 375
1955 年	1 660	239	33	1 932
1956 年	1 343	493	97	1 933

1954 年 8 月，经过北京留苏预备部的培训，共有 1 375 名留学生赴苏学习，其中大学生 1 226 人，占当年赴苏留学生总数的 89.2%，研究生 149 人，占当年赴苏留学生总数的 10.8%，总派遣人数是 1953 年的 2.36 倍。在学科分布方面，工科留学生最多，达到 1 020 人，占当年赴苏留学生总数的 74.2%，主要集中在采矿、冶金、机械制造、电机、化工、建筑和特殊工种等专业。此外，还包括理科 73 人，农科 56 人，财经 38 人，政法 21 人，医科 80 人，文科 42 人，师范 7 人，艺术 22 人，还首次派出了体育类留学生 16 人。

1954 年 2 月，当年赴苏留学生选拔工作指示下发，该指示主要有以下几个特点：

一是规定高校抽选赴苏留学生占该校一年级学生的比率为4.15%，保证高校正常教学的开展。

二是规定报考留苏预备生的应届高中毕业生比例，一般占该校应届毕业生总数的2.8%～10%。

三是规定了研究生选拔原则，即实行“干部返还”制度，也就是从高校教师中选拔的赴苏留学生，原则上毕业回国后需返回原校任教。

四是规定了性别比例和落选安排。针对当时的实际情况和专业限制，规定赴苏留学生中女性比例控制在20%以内，还对落选的留苏预备生作出了具体的安排。

1955年8月，共有1 932人赴苏留学，其中大学生1 660人，占当年赴苏留学生总数的85.9%，研究生239人，占当年赴苏留学总数的12.4%，进修教师33人。从专业分布看，工科1 386人，占当年赴苏留学生总数的71.7%，主要集中在采矿、动力、冶金、机械制造、电机、化工、运输、建筑等专业；理科127人、农科145人、财经58人、政法45人、医科66人、文科63人、师范14人、艺术23人、体育5人。

1955年起，我国赴苏留学生的派遣方针转变为：“争取多派研究生，少派或不派高中生”，但在具体执行过程中，由于国内建设的需要，这一方针在1955年赴苏留学生选拔中并未完全执行。1955年赴苏留学生的选拔基本上同1954年的一致，但也有一些变化：

一是认识到前面几次选拔存在关注政治条件而忽视学科成绩和身体素质的问题，在1955年赴苏留学生选拔中强调要同时考察政治条件、学科成绩、身体素质。

二是首次提出选派教师赴苏留学。为提高高校师资水平，从1955年始，向苏联派遣短期进修教师，进修时间为半年到一年，不超过两年，进修课程以一门为限。

1956年8月，共有1 933人赴苏留学，其中大学生1 343人，占当年赴苏留学生总数的69.5%，研究生493人，占当年赴苏留学生总数的25.5%，进修教师97人。从专业分布看，工科1 274人，占全部赴苏留学生的65.9%，主要集中在采矿、动力、冶金、机械制造、电机、化工、无线电、建筑等专业；理科215人、农科188人、财经44人、政法28人、医科72人、文科80人、师范13人、艺术13人、体育6人。

(3) 中国赴苏留学的调整阶段(1957—1960)

1957年4月27日，毛泽东在给陈云关于派遣赴苏留学生的批示中指出，“严格控制，统一解决，并指(定)一个机关统一管理。以后应当少派，派去的要精。已去而品格恶劣或程度太低的，可否考虑调回。”可见，国家派遣赴苏留学生的方针已经发生了改变。1957 年 9 月 28 日，国务院常务会议批准《高等教育部关于改进留学研究生派遣工作的报告》。该报告中指出，自本年起，只派出研究生，不再派高中毕业生出国。每年选派留学研究生的总名额(每年至多 550 名，其中派往苏联 400 名)，由高教部会同各有关部门，提出分配给高教部、科学院及各产业部门所占比例的控制数字，报国家经委审定。

根据调整后的留学生派遣方针，1957 年以后，赴苏留学生人数急剧减少，1957 年仅派出 483 人，全部都是研究生和进修教师。其中工科 157 名，占全部留学生的 41.9%。

1958 年，赴苏留学生共有 378 人，也全部是研究生和进修教师。其中，工科学生 148 人。

1959 年，在总结新中国派遣赴苏留学生经验和教训的基础上，结合我国高等教育发展情况以及中苏关系现实，中央政府提出了新的留学生派遣方针，包括：① 保证重点，兼顾一般。根据国内的需要和国外的可能，派人出国学习“高精尖缺”(即高级、精密、尖端、缺门)的学科和专业。② 保证学生质量，特别是研究生质量，在保证质量的前提下，争取多派。③ 既要注意长远的需要，派一定数量的研究生和大学生作长期培养，又要派人出国短期进修或实习，以满足当前的需要。1959 年，共派遣赴苏留学生 460 人，其中，工科学生为 266 人，占当年赴苏留学生总数的 65%。

20 世纪 60 年代初期，中苏关系日益恶化，我国赴苏留学生的学习条件和人身安全已不能保障，甚至出现了中国留学生被“驱逐”回国的现象。为了应对国际形势的变化，1960 年 9 月 13—21 日，中共国家科委党委、教育部党组、外交部党委联合召开了第二次留学生工作会议，讨论了今后留学生的派遣方针、国外管理工作及 1961 和 1962 两年的派遣规划。会议决定，赴苏留学生的派遣应遵守中央提出的“发奋图强、增强信心、自力更生、埋头苦干”精神，明确“减少数量、提高质量、宁缺毋滥”的派遣方针，主要派遣大学毕业及有 2 年以上实际工作经验的人员出国做研究生、进修生或实习生，高中毕业生原则上不派。1960 年，中国共派遣 317 人赴苏留学。1960 年 10 月 25 日，周恩来批示同意主持回国留学生工作领导小组请示的两个问题：一是将留学生每两年回国一次改为每年回国一次参加政治学习；二是将北京外国语学院留苏预备部改为留学生部，把预备出国和回国留学生的工作全部管起来。

(4) 中国赴苏留学的冷却阶段(1961—1965)

20 世纪 60 年代初，中苏双方爆发了公开的、激烈的论战。1960 年 7—8 月，苏联政府单方面撕毁协议，召回在华的全部苏联专家。中苏关系恶化，导致赴苏留学生数量急剧下降,1961 年下降到 74 人,1962 年为 55 人,1963 年为 17 人,1964 年仅有 3 人,1965 年为 53 人,1961—1965 年共计 261 人。1961 年,教育部提出赴苏留学生的派遣原则是:① 切实贯彻“留学生必须保证政治上绝对可靠,业务条件、外文水平和身体均符合出国要求”的规定。② 出国学习专业或研究方向必须符合国家的需要,并结合有关国家的专长和接受的可能。③ 着重派一些尖端科学技术和基础理论学科的专业人员,适当照顾全国性重点学校和科研工作的需要。④ 尽量先从已储备的在职教师和干部中挑选。⑤ 就教育系统来说,出国进修教师的比例应增大一些,有必要派一些人前往科研机构学习。⑥ 编制计划须留有余地,以供调整和增补。教育部在《关于 1963 年选拔留学生工作的通知》中,重申了“选拔留学生工作,必须保证和提高派出人员的质量。”1964 年,中共中央批准施行《中华人民共和国派往国外留学生管理工作的规定(草案)》,规定出国留学生管理教育工作的方针是:政治方面积极提高,严格要求;业务方面自觉加强检查;思想作风方面抓紧教育,严格管理。因此,这一时期,基本上取消了大学生的派遣,赴苏留学生大多为进修教师和研究生,学习年限也大为缩短,所学专业多为非重点行业和语言翻译等专业。

(4) 中国赴苏留学的停滞阶段(1966—1977)

1966 年 5 月,“文化大革命”爆发。1966 年 6 月 30 日,高等教育部发出《关于推迟选拔、派遣留学生工作的通知》,决定“今年派遣留学生的工作决定推迟半年进行,在外留学生向校方交涉休学半年或提前毕业回国参加‘文化大革命’运动,回国后即不再出去。”1966 年 9 月 20 日,苏联的中国留学生开始停课,并计划在 10 至 15 天内回国;1967 年 6 月,最后一批赴苏留学生撤回。自此,中苏高等教育交流进入了长达 17 年之久的停滞阶段。

(二) 教师的流动

中俄教师跨境流动,是中俄双方高等教育引进对方智力、学习对方先进科学技术的重要方式,是提高师资队伍能力和科研水平的重要抓手。新中国成立初期,由于当时苏联处于经济技术比较发达的位置,中苏教师跨境流动更多地表现为苏联教师向中国的跨境流动,中国教师向苏联跨境流动的比例不高。

1. 苏联来华教师

新中国成立初期,苏联教师来华是中国全面学习苏联的重要手段之一,这些苏联来华教师带来了苏联的教育制度、经验、方法和技术等,一定程度上为新中国建设提供智力支持。

从 1949 年新中国成立,到 1960 年苏联专家全部撤回,12 年间苏联来华的各类专家共 2 万余人,如表 3-12 所示。从新中国成立到 1978 年的 30 年里,我国 80 多所高等学校先后聘用了以苏联专家为主的 1 000 多名外国专家。

表 3-12　1494—1960 年苏联来华专家人数　　单位：人

时间	经济援助	文化卫生事业	科技合作	专家总数
1949 年 4 季度	174	60		234
1950 年 1 季度	183	65		248
1951 年 1 季度	168	71		239
1952 年 1 季度	410	89		499
1953 年 1 季度	609	144		753
1954 年 1 季度	728	156		884
1955 年 1 季度	1 245	278		1 526
1956 年 1 季度	1 738	377		2 115
1957 年 1 季度	2 236	403	380*	2 677
1958 年 1 季度	1 170	230	152*	1 552
1959 年 1 季度	1 160	142	230*	1 488

*指按科技合作需求来中国短期工作的苏联专家数①。

苏联专家来华情况与中苏关系密切相关，1949—1960 年苏联来华专家的变化情况如表 3-13 所示。在这些聘请的苏联来华专家中，其中有 848 名苏联顾问和专家在中国教育行政部门、高等学校、中等技术学校工作。其中在高教部、教育部任顾问的有 16 名，在各高等院校的专家有 767 名，在中等技校的专家有 65 名。②

表 3-13　1949—1960 年苏联来华专家情况统计　　单位：人

时间	1950—1953 年	1954—1958 年	1959—1960 年	总计
人数	5 000	11 000	2 000	18 000

资料来源：沈志华. 苏联专家在中国[M]. 北京：世界知识出版社，2003：410.

在教育行政部门，苏联来华专家主要负责：经常参加部务会议和部工作会议；参加各种专业会议及座谈会并作专题报告或发言；部长及各司负责人随时就

① 鲍里索夫，科洛斯科夫. 苏中关系：1945—1980[M]. 肖东川，译. 北京：生活·读书·新知三联书店，1982：191.

② 《新中国对外文化交流史略》编委会. 新中国对外文化交流史略[M]. 北京：中国友谊出版公司，1999.

各种重大问题与个别专家谈话、交换意见；协同部负责人出席各大行政区的专业会议，帮助拟订教育计划；协同部负责人到各级学校了解情况，帮助各校教师提高业务水平，解决教学上的具体问题；与各业务部门联系，在教育业务上提供帮助等。他们对第一次全国高等教育会议的召开、高等学校暂行章程的制定、高等工业院校调整方案的确立、高等学校暂行章程的制定、高等学校课程的拟定等都起到了积极的作用。①

在高等学校，苏联来华专家主要负责：一是讲授苏联社会主义建设成就、教育理论和教学方法与教育改革成果；二是讲授心理学研究的成就与研究方法，为教学研究提供理论依据；三是开设俄语课，以解决高等学校师资严重不足的问题；四是具体的科学技术交流，指导教师进行科学研究；五是指导研究生的教学与科研，集中培养、提高助教的业务能力。②

新中国成立的前 8 年，在高等教育机构任教的苏联来华专家为中国讲授课程 1 197 门，编写教材 685 种，建立实验室、实习工厂 676 个，培养研究生 3 600 多人，培养青年教师 3 200 多人。③

根据表 3-12，苏联来华专家可以分为三个阶段：

(1) 第一阶段：1949—1953 年

在高等教育领域，1949—1952 年聘请的苏联来华专家为 187 人，多为俄语和财经类专家，其中俄语类的有 49 人，占总数的 26%；理工科类 56 人，占总数的 30%；政治财经类 52 人，占总数的 28%；其他方面 30 人，占总数的 16%。④在苏联来华专家的帮助下，我国政府先后创立了中国人民大学和哈尔滨工业大学。1950—1957 年，中国人民大学共计聘请苏联专家 98 人，是当时聘请苏联专家人数最多的高校。⑤ 这些苏联来华专家的主要任务：一是培养中国教师，给中国教师上课，再由中国教师给学生上课；二是培养研究生。1950—1957 年，苏联来华专家为 2 574 名中国人民大学研究生上过课；同时编写教材和讲义，并帮助高校建立一整套高等教育制度和教学方法。

新中国成立前夕，1949 年 8—10 月，苏联就派出了 878 名来华专家，帮助中国建立了 6 所空军航校。1949 年 12 月 1 日，这 6 所空军航校同时开学。按照中苏签订的协议，6 所空军航校的校长都由苏联专家担任。1949 年 11 月 22 日，

---

① 李涛. 借鉴与发展：中苏教育关系研究(1949—1976)[M]. 杭州：浙江教育出版社，2006：131

② 李涛. 借鉴与发展：中苏教育关系研究(1949—1976)[M]. 杭州：浙江教育出版社，2006：131

③ 江苏中苏友好协会宣传部. 苏联教育专家在中国[J]. 江苏教育，1957(21).

④ 胡建华. 现代中国大学制度的原点：50 年代初期的大学改革[M]. 南京：南京师范大学出版社，2001：63.

⑤ 沈志华. 苏联专家在中国：1948—1960[M]. 北京：中国国际广播出版社，2003：112.

新中国第一所高等军事院校——海军大连舰艇学院正式成立，当时即有84名苏联专家在校任教。

1950年3月21日，苏联部长会议通过了一项《关于在中华人民共和国的企业和组织中工作的苏联专家的指示》，责成苏联专家"有义务、始终不渝地维护苏联公民的荣誉，并有意识地让中国的劳动者对苏联及其代表表示爱和尊重"。每个专家有义务"友好地对待中国的专家和中国人民，不得高傲"。[①] 1950年3月22日，中苏两国政府在莫斯科签订了《关于苏联专家在中国工作的条件之协定》。10月25日，中苏双方签订了《关于苏联专家派遣到中国负担技术援助之付款条件的协定》。

新中国成立初期，苏联来华专家在我国教育行政部门也作出了卓越的贡献。1951年3月，苏联教育家达拉巴金来华担任教育部师范和普通教育顾问，他是我国教育部的第一位专职顾问。1952年高等教育部成立后，第一任首席顾问福民到任(1953年6月任满)。1954年2月首席顾问列别捷夫(1957年2月返苏)到任，9月工业教育顾问阿尔西波夫来华任职。

1952年4月以前，高等教育领域内的苏联来华教师主要集中在中国人民大学(47人)、哈尔滨工业大学(18人)、北京俄文专科学校(11人)、北京师范大学(3人)。这四所大学的苏联来华专家占当时来华专家总数的85%以上。北京大学、清华大学是1952年10月以后才有苏联来华专家的。1952年4月，根据周恩来总理的指示，政务院文化教育委员会在已有苏联来华专家140人的基础上，决定再增聘279人，如表3-14所示。此时中国政府聘请的苏联来华专家主要分布在教育部管辖的各个高等教育机构。因此，这段时间聘请的苏联来华专家，是为了发展中国经济建设急需的某些科学技术领域，尚未涉及制度设计和管理层次。

表3-14　1952年政务院文化教育委员会所属各部门拟聘任苏联专家名额　单位：人

人数	文化部	卫生部	科学院	出版总署	广播电台	体育	教育部	总计
增聘	31	31	8	1	2	5	198	279
现有	0	5	0	5	0	0	130	140

除了普通高等学校外，这一时期的军校和北京马列学院(中共中央高级党

① 参见苏联部长会议：《关于在中华人民共和国的企业和组织中工作的苏联专家的指示》(俄罗斯联邦对外政策档案馆，全宗07，目录214案卷221)，转引自"钓鱼台档案"丛书编写组：《中苏(俄)之间重大国事风波》，红旗出版社1998年版，第21-24页。

校)也聘请了一些苏联来华专家。1952 年 10 月 4 日,陈康向中央军委呈送《关于聘请苏联专家顾问问题的报告》,根据哈尔滨军事工程学院的任务及当时的条件,请求向苏联政府聘请 50 位顾问,每人工作两年,到期轮换。1952 年 12 月 18 日,学院成立了建筑委员会,由 7 个委员和 11 个苏联顾问组成,李懋之任主任。1953 年 5 月 13 日,苏联顾问正式到达哈尔滨工作。

(2) 第二阶段:1954—1958 年

1954 年 10 月 5 日,教育部发布了《关于高等学校和专家工作范围的决议》。中国人民大学、北京大学、清华大学、哈尔滨工业大学、北京农业大学、北京医学院等 6 所首批全国重点高校均聘任了苏联来华专家。到 1954 年底,全国已有 35 所高等学校聘请了苏联来华专家共 183 人。1954 年 10 月 23 日,《人民日报》发表《进一步加强向苏联专家学习》的社论。社论指出:"事实证明,向苏联专家学习乃是学习苏联社会主义建设先进经验最实际、最有效的方法。因为苏联专家不仅是苏联先进经验的传授者,而且他们的传授是根据我国的具体情况,根据我国各项具体建设工作的需要来进行的。因此只有各部门的领导干部把向苏联专家学习的工作当作自己领导活动的一个重要方面,只有各部门党的组织密切关心这个工作,把向苏联专家学习作为自己经常思想政治工作的主要内容之一,才能带领全体人员更加珍惜苏联专家们所带给我们的无比丰富的财宝,并努力学习它,推广它,使它有力地推动我国建设事业的前进。"① 自此以后,我国聘请苏联来华专家的高校都高度重视苏联来华专家职能的发挥情况,检查苏联来华专家的学习情况以及苏联来华专家建议的执行情况。

1955 年 2 月 17 日,国务院任命赖祖烈、张行言、屈志流、吴凡吾、李梦华为国务院专家工作局副局长,力图对苏联来华专家实行规范化管理。此后,苏联来华专家的聘任工作进入了规范化发展阶段,苏联来华专家的人数大幅度增加。1955 年 2 月,综合大学顾问格里斯谦柯,中等专业教育顾问顾思明、克拉斯诺杰姆斯基,农业教育顾问叶尔绍夫,政治教育顾问德古今,军事教育顾问斯拉夫诺夫相继来华任职。

抗美援朝战争结束后,苏联来华专家人数猛增,仅 1956 年即有 3 113 人之多,其中文教领域有 403 人,一时达到高潮。② 1956 年底,苏联政府共派遣了 583 位专家来我国高等教育院校工作。1956 年后我国取消了聘请苏联专家担任教育部顾问的制度,但仍在教育部设专家组组长一人。

---

① 特约评论员:进一步加强向苏联专家学习,载《人民日报》1954 年 10 月 23 日第 1 版。

② 教育部:高等学校苏联专家的工作(教育部档案,1952 年永久卷,卷 42),转引自毛礼锐、沈灌群:中国教育通史(第 6 册),山东教育出版社 1989 年版,第 103 页。

1957年2月6日，陈云在国务院常务会议上指出，我们需要苏联专家，但有些部门过去请得多了些，以后要严格控制。[①]紧接着，国务院正式发布通知，指出聘请的苏联来华专家存在非必须、聘期过长等问题，规定在聘请专家方面必须严格掌握精简的原则，凡可聘可不聘的坚决不聘，凡能缓聘的坚决缓聘[②]。由于聘请苏联专家政策的调整，1957年以后，苏联来华专家的人数逐渐减少。

1958年1月18日，中苏两国高教部、农科院在莫斯科签订了《关于共同进行重要科学技术研究及苏联科技援华协议》和《关于科学技术合作和进行科学技术研究工作协议》，这两个协议对中苏专家交流发挥了重要作用。根据协议，1958年苏联科学院向中国派遣199名科学工作者，其中有5名科学院院士、13名科学院通讯院士、55名学科博士、65名学科副博士。这一年访问中国的苏联学者和专家就某些问题提供过咨询，参加过学术会议，做过报告，他们讲课和做报告达500多次。[③]

(3) 第三阶段：1959—1960年

1958年，中苏关系恶化，中国聘请苏联来华专家的政策也随之发生改变。1960年5月，国务院明确指出我国聘请苏联来华专家需坚持“自力更生为主、争取外援为辅”的方针，聘请的专家仅限于现代高、精、尖技术人员及高等学校开设新专业及新课程的师资。因此，1958年至1960年7月间，我国高校共聘请苏联来华专家107名，多属理工科尖端学科，或是教学和科研上急需的，例如北京地质学院聘请的是地球物理探矿专家，北京钢铁学院聘请的是冶金机械装备专家，清华大学聘请的是土木工程专家。

1960年7月16日，苏联政府宣布将撤走在中国的全部专家，包括中国高校的苏联来华教师。1960年7月25日，苏联政府通知中国政府，全部苏联专家必须在7月28日至9月1日期间返回苏联，同时中止两国协议中派遣900名专家来华的计划。此后，苏联教师的来华流动进入了停滞阶段。

2. 中国赴苏教师

新中国成立初期，与苏联来华教师相比，中国赴苏教师的人数并不多。最早的中国赴苏教师，是1953年我国派出的4名汉语教师。

选派进修教师赴苏留学，始于1955年，1955—1965年我国选派赴苏留学教师的人数如表3-15所示。

---

① 中共中央文献研究室. 陈云年谱：1905—1995[M]. 北京：中央文献出版社，2000：367.

② 参见1957年2月25日国务院批转外专局关于对苏联专家关系中一些问题报告的通知，福建档案馆，全宗号136，目录号9，卷宗号294，第4-5页。

③ 薄一波. 若干重大决策与事件的回顾：上卷[M]. 北京：中共中央党校出版社，1991：300.

表 3-15 1955—1965 年我国选派赴苏留学教师人数统计 单位:人

年份	1955	1956	1957	1958	1959	1960	1961	1962	1963	1964	1965
人数	33	97	115	55	61	93	36	16	1		28

转自:李鹏.留学与建设:新中国初期留学教育研究[M].上海:上海交通大学出版社,2016:169.

1955 年 2 月 28 日,教育部下发了《1955 年度选拔高等学校教师赴苏进行短期专业研究的通知》,指出,为了“迅速培养我国高等学校目前迫切需要的师资,以提高教学质量与科学研究水平”,我国拟派遣教师赴苏留学进修,“赴苏进修年限根据所学课程内容及本人的业务条件决定,一般为半年至一年半,最多不超过两年,进修课程以一门为限,归国后仍回原校继续工作。”[①] 1955 年 9 月 8 日,新中国首次派出的 33 名高校教师启程赴苏留学,这批教师是教育部从中国人民大学、北京大学、清华大学、北京农业大学、浙江大学、交通大学等 18 所高等学校抽调的,进修时间为 1～2 年。[②]自此拉开了中国高校教师赴苏留学的篇章。

1956 年 1 月,中国选拔 100 名高校教师到苏联学习各种专业知识。1956 年 8 月 2 日,教育部出台了《教育部关于派遣出国教师的规定》,进一步加强了对我国赴苏交流教师的管理。此后,派遣我国高校教师赴苏进行短期学习和研究成为我国派遣出国留学人员工作的重要组成部分。

1957 年,驻苏使馆留学生管理处针对我国赴苏留学教师存在的问题,提出了修正意见:

第一,对于讲师以下的进修教师可用研究生的名义派出。当时的情况是,1956 年派出的赴苏留学教师先后改为研究生的已有 18 人,后面陆续还有一批人更改。为优化流程,不如统一按照研究生计划派遣。

第二,缩减中国高校赴苏留学教师的人数。每年赴苏进修教师、研究生(特指进修教师改变身份)的派遣总数应控制在 500 人以内。

第三,少派或不派社会科学、语言学专业的赴苏留学教师。驻苏使馆留学生管理处指出,近年来我国派遣的赴苏留学学习俄语的教师有 20 人左右,人数比较多,基础比较差,学习目的不清晰,普遍要求延长留学期限,造成很多问题。

留学生管理处提出,目前赴苏留学的中国高校教师主要有以下三类,由于每类进修教师的要求和任务不同,所以,每类赴苏留学教师的学习方式也应有所不同。

---

① 教育部:关于 1955 年度选拔高等学校教师赴苏联进行短期专业研究的通知。转引自何东昌:中华人民共和国重要教育文献(1949—1975),海南出版社 1998 年版,第 418 页。

② 金铁宽.中华人民共和国教育大事记[M].济南:山东教育出版社,1995:280.

第一类是青年讲师。要求这类教师具备一定的专业基础，大学毕业后担任过一定时间的实际教学工作，赴苏留学毕业时须获得副博士学位。这些青年讲师的派遣安排与全国研究生派出统一考虑，赴苏留学毕业后，仍回原学校工作。对于这类赴苏留学教师，鉴于苏联具有非常成熟的经验，可以完全按照苏联的方法办理。

第二类是年资较高的讲师与年资较轻的副教授。这类教师赴苏留学是为提高科学研究水平，主要完成研究生学习工作的后半部分，即科学研究论文的写作工作（不参与答辩），学习期限一般不超过两年。派遣这部分教师赴苏留学，一是因为国内研究生培养师资力量不足，二是因为这类教师处于"不成熟"向"成熟"的过渡阶段，赴苏留学可以较快成长，回国承担研究生培养任务。这类赴苏留学教师主要精力需放在论文撰写上，听课、参加指导实验等学习类工作任务不应安排太多，在苏联留学时，可以固定在某一高校或研究机构里，学位评定可回国后再办理。

第三类是教授与年资较高的副教授。这类赴苏留学教师都具有一定的研究基础和研究专长，赴苏留学进修的科目需与国内科学研究现状紧密结合，了解该领域内苏联及世界最新研究水平、研究方向、研究方法，整理和收集相关研究资料，以便回国后继续深入进行研究。这类赴苏留学教师在苏联需完成考察报告，留学期限一般为一年左右，照顾到年龄、体力、生活习惯，甚至更短一些。[①]这类赴苏留学教师主要采用专家组这类比较灵活的学习方式，不必固定在某一高校或科研机构，项目研究内容的专家在哪，他们就去哪进行学习。就同一研究内容，可以组建一个项目小组共同进行研究，并配备必要的翻译工作人员。

1958 年 3 月，根据教育部发布的《关于 1958 年选派赴苏联进修教师工作计划的报告》，1955 年至 1957 年间，中国政府共派出 231 名教师赴苏联留学，这些教师赴苏留学回国后，在各自的工作岗位上表现出色，1958 年，中国政府决定再派出 104 名学术上有造诣的讲师或副教授赴苏联留学。

1958 年，驻苏使馆留学生管理处对赴苏留学教师的管理工作，提出如下建议：

第一，进修教师中的所有共产党员，必须认真参加所在支部的组织生活，服从支部领导。

第二，在苏进修教师的主要任务，参加暑期集中政治学习，力争参加体力劳动；按照要求结束学习；与研究生一起进行学年鉴定；经常注意调查研究。

第三，明确规定进修教师结束学习，回国后进行的一些工作，主要有认真进

① 驻苏使馆留学生管理处对选拔进修教师赴苏的建议[Z]. 教育部档案：98-1958-C-314. 0004.

行鉴定工作，内容围绕政治思想、学习态度、中苏关系、生活作风等方面；学习总结，内容围绕来苏后学习情况、学习收获、经验教训等。[①]

1960年12月，第二次留学生工作会议决定，今后中国将主要派遣有经验的研究生、进修教师和实习生赴苏留学，其中研究生和进修教师占据了60年代留苏学生的绝对多数。1961年，教育部下发选拔留学研究生、进修教师工作的通知，明确当年选拔计划为400人，其中研究生200人、进修教师200人。然而，受中苏政治关系恶化的影响，很多研究生后来被改为进修生派出，以缩短学习时间，而且随着中苏关系的恶化，选派计划和实际派遣数量差别很大。

到1963年，我国已经派出赴苏留学教师及科研实习人员700人，占到了这一时期留苏学生总数的13%，多于同期派出的本科留学生数量。

二、项目的流动

新中国成立初期，中苏之间的项目流动主要包括三种方式：专家讲学、互派教育代表团和高等学校校际交流。

（一）专家讲学

这一时期的专家讲学，主要表现为苏联专家来中国讲学，介绍苏联在教育工作方面的经验。这些来华讲学的苏联专家，在华时间虽然短暂，但在宣传和介绍苏联教育理论、教育经验等方面发挥了重要作用。

1949年10月，以法捷耶夫为团长、西蒙诺夫为副团长的苏联文化艺术科学工作代表团来我国访问。代表团团员、俄罗斯联邦共和国人民教育部副部长杜伯洛维娜在北京、上海等地参观了一些学校，向首都各机关团体教育工作者1 000多人作了“关于苏联教育制度及教育措施”的报告。她是新中国成立后第一个向我国教育工作者介绍苏联教育经验的苏联专家。代表团团长法捷耶夫在北京大学作了“苏联文化建设”的讲演；代表团团员、莫斯科东方大学副校长富辛格教授在华北人民革命大学作了题为“苏联大学生的政治教育”的讲演。1949年12月，苏联科学院遗传学研究所副所长斯托列托夫在北京农业大学作了关于“生物科学中的论战”的讲演。

1950年，中苏友好协会先后邀请了著名生物学家努日金、历史学家吉谢列夫、经济学家马卡洛娃、财政学家包德烈夫、苏联科学院哲学研究所副所长车斯诺柯夫、莫斯科大学法学系副主任阿斯凯洛夫，在北京、上海、杭州、广州、汉口、西安作了题为《苏联从资本主义到社会主义的过渡时期》《论苏联逐步过渡到共

① 关于加强进修教师工作的指示[Z].教育部档案：98-1958-C-356.0012.

产主义》《东欧和中南欧各人民民主国家的社会主义建设》等演讲，[①]这 7 人在我国主要城市演讲 209 次，听众 225 233 人。1953 年 3 月 10 日，教育部召开中南区学校教育讲习会，特邀苏联专家普希金来武汉讲学。普希金全面介绍了苏联社会主义教育的性质、任务、原则及教育行政部门管理教学的原则和方法。湖北省教育厅将其讲稿编印成《普希金教授讲演录》。1950 年 9 月，苏联教育学专家卡尔波娃、学前教育专家戈林娜应邀来华，在北京师范大学教育系讲学。10 月，他们应教育部和全国妇联邀请在北京作了关于苏联小学教育及幼儿教育的系列报告，每次听讲者都有近千人。

1949—1952 年，除了在教育机构任职的专家外，这一时期短期来华访问的苏联学者也通过讲演会、座谈会等形式向中国人民介绍苏联各个领域的建设经验和成就。例如：1957 年 1 月 23 日，苏联对外文化协会代表团团长、俄罗斯联邦共和国教育科学院院长凯洛夫来华访问二十几天，作了一系列报告。

（二）互派教育代表团

互派教育代表团是中苏跨境项目流动的另一个主要方式。中苏双方互派教育代表团，尤其是教育行政部门高层领导间的互访，对于促进中苏跨境高等教育合作具有重要作用。

1. 我国代表团赴苏联访问

1955 至 1964 年，我国每年都派出教育代表团赴苏联参观访问学习。1955 年 9 月，高教部派出了以清华大学校长蒋南翔为团长，周培源、钱伟长、胡济民为成员的中国高等教育代表团访苏考察苏联培养原子能人才和干部的有关情况，回国后蒋南翔向高教部呈交了《高等教育考察团访苏报告》，这份报告为 1956 年清华大学、北京大学等高校建立原子能专业打下了基础。

1955 年 10 月 9 日至 12 月 18 日，教育部副部长陈曾固率领中小学教师代表团访问苏联，在莫斯科、列宁格勒、基辅、第比利斯等地参观访问。据陈曾固 1956 年 2 月 8 日在教育部第 40 次部务会议上的报告，代表团听取苏联教育部门及有关方面负责人的报告 18 次，与他们进行谈话 30 多次，参观学校 25 所，听课 90 多节，同校长、教导主任、教师、学生谈话共 150 多次。代表团在苏联重点考察了苏联综合技术教育教学工作、师范教育和教育行政等方面的工作，回国后在北京等 16 个城市作了专题报告，《人民教育》1955 年 4 月号、5 月号先后出版中小学教师访苏代表团报告特辑，包括教育部副部长陈曾固的《关于赴苏访问考察的总报告》，中小学教师访苏代表团撰写的《在苏联普通学校里如何实施综合

① 钱俊瑞．两年来中苏友好协会做了什么[J]．中苏友好，1951，3(18)。

技术教育》《苏联普通学校生物学课堂教学的几点体会》《苏联的教师进修学校》《苏联师范学校教育的特点》《苏联普通学校的校长领导工作》《苏联普通学校的思想教育工作》《苏联普通学校的历史教学和历史教学小组》《苏联四年制师范学校"教育学"教学的主要特点》等，在全国范围内掀起了学习苏联教育经验的高潮。①

1957年7月，高教部副部长曾昭抡率领30多人的高教代表团访问苏联，走访了苏联十多个城市的高等院校，对苏联教育进行了比较全面深入的了解。

1958年5月，复旦大学副校长陈建功赴苏联出席全苏复函数讨论会。1958年12月，南京大学副校长高济宇等14人组成的科技考察团赴苏联考察。

1960年12月，教育部办公厅主任崔仲远率领中国教育工作者代表团赴苏考察并参加了国际综合技术教育问题讨论会。

1961年7月和1966年3月，教育部副部长刘皑风两度率团赴苏参加全苏高等教育工作会议。

1962年9月，周培源率团参加了在莫斯科大学召开的国际高等技术和人文教育问题讨论会，作了题为《高等教育的目的和任务》的报告，并介绍了中国高等教育的发展历程。

2. 苏联代表团来我国访问

这一时期，苏联也向我国派出了教育代表团，但同中国派赴苏联的教育代表团数量相比，其数量并不多。

1949年，受邀参加开国大典、由苏联教育部副部长杜伯洛维娜率领的苏联文化艺术科学工作者代表团，也担负着教育交流的使命，他们在我国做了有关苏联教育经验介绍的讲座，前面已经提及，在此并不赘述。

1956年4月18日，作为对1955年中国中小学教师代表团访苏的回访，苏联向中国派出了第一个真正意义上的教育代表团。该团由俄罗斯苏维埃联邦社会主义共和国教育科学院院长马尔古舍维奇率领，代表团成员包括苏联教育科学专家、教育行政部门负责人、校长和教师，在中国访问了一个多月，目的是帮助中国研究和解决普通教育和师范教育中遇到的一些问题。访华期间，代表团参观了北京、南京、上海、广州等地学校，举办了多场讲座，还向北京和天津两市的教育局赠送了81箱中学教学仪器和直观教具，其中包括物理演示仪、生物标本、教学幻灯片等206种、837件及5套无线电转播设备。②

---

① 陈曾固. 赴苏访问考察的经过和收获：2月8日在教育部第40次部务会议上报告[J]. 江苏教育，1956(7)：4-7.

② 方德溥：苏联同行的珍贵礼物，载《教师报》1956年7月10日第3版。

1957年11月18日至12月2日，以苏联文化部部长米哈伊洛夫为首的苏联文化代表团和以凯洛夫为首的苏联对外文化协会代表团访问中国。中国文化部部长沈雁冰、副部长钱俊瑞，高等教育部部长杨秀峰，教育部部长张奚若，卫生部部长李德全，外交部副部长姬鹏飞和中苏友好协会副会长吴玉章等文艺、教育界人士与代表团进行了广泛座谈。11月19日，刘少奇接见了苏联文化代表团和苏联对外文化协会代表团的全体人员。[①]在华期间，他们访问了北京、重庆、昆明、广州、南昌、上海等城市，凯洛夫的教育理论当时在中国影响很大。凯洛夫访华期间，应邀作了关于苏联教育科学研究工作的演讲，以及关于改进和提高苏联普通学校的教育质量问题的报告。

1960—1967年，中苏两国在意识形态领域的分歧，对双方的跨境高等教育合作也产生了影响，这一时期，中苏互派代表团呈现减少的趋势。在中苏跨境高等教育合作减少的背景下，基于外交工作之需，我国与苏联仍采取了“少而不断”的教育交流方针。1960年在中苏人员往来方面，中方派出13起，苏方派来8起，1961年双方人员来往16起、104人。经过1960年下半年的努力和莫斯科会议前后的妥协，中苏关系出现了缓解的趋势，教育代表团互访也随之出现。

1962年，以全苏高等与中等专业教育部第一副部长普罗科耶夫为团长的苏中友协代表团来华访问，代表团参加了我国举行的“十月革命”45周年庆祝大会，之后，董必武副主席、陈毅副总理、吴玉章副会长等分别接见了该代表团的全体成员。

1962年9月，由世界科学工作者协会、莫斯科大学、莫斯科包曼高等工业学院和列宁师范学院发起的国际高等技术和人文教育问题讨论会在莫斯科大学开幕。中国代表团团长、北京大学副校长周培源在大会上就“高等教育的目的和任务”作了报告，并专门介绍了新中国高等教育的成长历程。中苏两国跨境高等教育合作似乎出现了破裂后局部修复的可能。虽然中苏双方都对这种情况给予了积极评价，苏联方面认为中苏双方已恢复了“友好、信任和兄弟般的关系”，中方也表示“中苏分歧是社会主义大家庭内部问题，可以通过协商解决”。[②]但实际上，中苏双方的基本矛盾和分歧并没有解决，因此，中苏之间互派教育代表团的跨境高等教育交流活动开始陷入停顿阶段。

---

① 新华社：苏联文化代表团和对外文协代表团回国，载《人民日报》1957年12月3日第1版。

② 周文淇．特殊而复杂的课题：共产国际、苏联和中国共产党编年史（1919—1991）[M]．武汉：湖北人民出版社，1993：530．

（三）高等学校校际交流

中苏高等学校之间的校际交流也是中苏跨境高等教育项目交流的一种重要方式，是我国向苏联学习其高等教育经验的重要途径之一。

1954 年，莫斯科大学校长彼得罗夫斯基来华访问并与北京大学洽谈建立校际交流关系的问题。10 月 18 日，经周恩来同意，两校开始建立直接联系。这是新中国成立后第一个与我国高等院校建立校际交流关系的学校，并由此开始了我国与苏联高等学校的校际交流活动。

1955 年，清华大学与苏联列宁格勒加里宁工学院、莫斯科包曼高等工业学院建立了直接联系。当时仅苏联的莫斯科莫格托夫动力学院就有 22 位教授到中国讲学，还有一部分人在中国任教，并与清华大学、交通大学、哈尔滨工业大学、成都电讯工程学院建立了联系。①

1956 年 3 月，国务院批准高等教育部《关于执行中苏两国高等教育部间建立直接联系的暂行规定》和《中国高等学校、中等专业学校和苏联高等学校、中等专业学校直接联系的暂行规定》。这两个规定是根据 1955 年 9 月 19 日中国政府同苏联政府关于中苏两国间若干文化往来事项经由双方国家机关及其负责人直接联系的建议制定的。两个规定要求：中国高等教育部和苏联高等教育部“要定期交换各种书籍和其他出版物”，“中国高等教育部和所属的高等学校所编印的出版目录或出版计划，随时寄赠苏联高等教育部作参考，同时建议苏方也能将苏联高等教育部和苏联高等学校编印的出版目录或出版计划，随时送我方作参考”。双方所交换的出版物包括：中国高等学校和中等专业学校教学所必要的教学资料，如教科书和教学参考书、教学大纲，学生做的课程设计和毕业设计、课程论文、毕业论文，教师写的讲学论文报告、直观教材、教学用的电影片和幻灯片，实验设备资料、仪器设备图样、生产实习说明等。凡在中国国际书店能够买到的，不列入交换范围。1956 年 7 月 5 日，中苏双方在莫斯科签订了两国文化合作协定，明确校际交流的目的是“促进和发展高等学校之间的直接联系，交流教学经验并交换教学资料和出版物”。

1957 年 12 月 1 日，高等教育部在《关于加强我国高等学校和苏联等人民民主国家高等学校之间建立联系工作的通知》中指出：“目前我国各高等学校已有 63 所和苏联等人民民主国家建立了直接联系。双方在各专业培养目标及专业范围、各门课程的设置及变动、教学方式、运用直观教材、开设专门化课程及实验、培养研究生、有关教研室工作和提供实验室及研究室资料等 10 大方面建立

① 本刊编辑部. 苏中友谊日益巩固：发展苏中两国学者的创造性合作[J]. 苏中友好，1959(3)：26.

了业务联系。”

1958 年 1 月，中苏两国高等教育部的代表在莫斯科签订了《中华人民共和国高等教育部和苏维埃社会主义共和国联盟高等教育部关于双方高等学校合作进行科学研究工作的议定书》。1958 年 3 月，双方商定了两国高等学校第一批 85 个合作进行科学研究的具体项目，并规定一般有效期为 4 年。同月，郭沫若率中国政府代表团访问苏联，并签订了《关于中苏两国政府共同进行最重要的科学技术研究以及在研究中苏联向中国提供援助的协定》。协定规定，到 1962 年双方共同研究 122 个重要科学技术问题。以上文件的签署极大程度地促进了双方高等学校在教育科研领域的交流与合作。9 月，教育部通知有关学校检查合作项目执行情况并提出新的合作项目。至此，我国已有 63 所高等学校和苏联高等学校之间建立了直接联系。

到 1960 年，我国共有 66 所高等学校与苏联 85 所高等学校建立了直接交换教学和科研资料的关系，苏联供应给我国的高校教材有 6 000 种。在此期间，中国一些大学管理人员也应邀到苏联进行访问、考察或参加校庆等国际教育活动。1955 年 5 月，为庆祝莫斯科大学成立 200 周年，中国人民大学和北京大学均派出学校的负责人前往莫斯科祝贺，并带去了图书、科学研究作品及其他各种礼品。[①] 1955 年 9 月，清华大学校长蒋南翔率中国教育代表团访问苏联。此后还有复旦大学校长陈望道、厦门大学校长王亚南、南京大学校长郭影秋、清华大学副校长张炜、山东大学校长成仿吾、武汉大学副校长张勃川、西安交通 大学副校长苏庄等先后率团出访。[②]

三、新中国成立初期中苏跨境高等教育合作的特点

新中国成立初期，为解决国家建设人才短缺问题，满足全国各项建设的人才缺口，我国积极拓展同苏联的跨境高等教育合作，学习苏联在人才培养方面的经验。新中国成立初始，苏联就派出了代表团赴华传授苏联教育经验。中苏跨境高等教育合作有效地缓解了我国经济建设各类人才短缺的问题，对我国国民经济发展和社会主义建设起到了重要的推动作用。总的来说，新中国成立初期，中苏跨境高等教育合作有以下几个特点：

（一）与国家战略密切相关

新中国成立初期的中苏跨境高等教育合作，一方面，与国家外交战略相关。当时，我国处于冷战尖锐对立的国际环境中，以美国为首的西方资本主义国家对

① 彭明.中苏友谊史[M].北京：人民出版社，1957：282-283.

② 李涛.借鉴与发展：中苏教育关系研究（1949—1976）[M].浙江教育出版社，2006：69.

我国实行孤立封锁的敌视政策，与之进行教育交流的大门被封闭，因此，我国实行是“一边倒”外交战略，新中国将对外开放合作的目标国家指向了苏联和东欧国家，特别是社会主义阵营之首的苏联，打开另一扇教育交流的大门，是历史的必然选择。另一方面，与国家发展战略相关。新中国的建设目标是把我国建设成具有现代科学和文化水平的国家，为实现这一目标，就需要有一支强大的自然科学和社会科学人才队伍，这也需要我们积极向苏联和其他兄弟国家学习先进的科学技术。

无论是向苏联派出的留学生、教师、教育代表团，还是苏联来华的专家和交流团，以及中苏之间的校际交流，都是为当时我国的社会主义经济建设国家战略服务，积极学习苏联先进的教育经验和科学技术，特别是当时经济建设急缺的专业。比如：第一批赴苏留学生的学习专业主要集中在卫生、水利、轻重燃料工业、教育、交通运输等国家经济建设急需的工科领域；在首批 375 名赴苏留学生中，工科留学生 261 名，占当年赴苏留学生总数的 70%，如果加上理科留学生，比例则接近 80%。

（二）政府行为占据主导

新中国成立初期，中央政府相当重视中苏跨境高等教育合作问题，赴苏留学生和赴苏教师选派的人数、专业比例，赴苏代表团的指派，都受国务院的统一领导，并协同国家科委、教育部、外交部、人事部、卫生部、公安部及派出单位等多个部门共同确定。这些派出人员的花销、装备都由国家无偿供给，同时，为了解决已婚的留学研究生和进修教师的后顾之忧，国家明确规定留学研究生和进修教师留学期间，发放其工资的 70%作为对其家属的补贴。

新中国成立初期的中苏跨境高等教育合作中，政府占据主导地位，两国之间的跨境高等教育交流是在中苏两党和两国政府的领导和主导下完成的。这一时期的中苏跨境高等教育合作在很大程度上是中国向苏联学习的过程，苏联高等教育对中国高等教育产生了极其深远的影响。通常情况下，一种国家或地区文化传播到其他国家或地区并产生影响，是国民自我意识之间发生变化的结果；而这一时期的中苏跨境高等教育合作，仅在新中国成立不足十年的时间就达到高峰，并对中国社会带来全面影响，这是通过自上而下的政府行为实现的，是在强烈的政治背景和行政干预下以政治运动的形式完成的，强大的政治权威和计划经济体制下的社会动员力量使苏联文化在中国的流行成了一种政府主导行为。苏联文化在中国的传播，是中国政府实行全面学习苏联的结果，加上苏联政府的大力配合和引导，使 20 世纪 50 年代的中苏跨境高等教育合作达到了空前的繁盛。

新中国成立初期，中苏跨境高等教育合作中提倡学习苏联经验，政府也进行了行政干预，导致许多领域出现了脱离国情机械照搬照抄苏联模式和经验的情况，学术科学领域出现了完全倒向苏联、排斥不同学派的学术见解的教条主义。当苏联模式弊端逐渐显现后，中国政府开始显现独立自主倾向，提出“以苏为鉴”的方针，开始探索适合中国国情的社会主义道路，中苏跨境高等教育合作中学习苏联的色彩逐渐淡化。20 世纪 60 年代以后，中苏两党爆发论战，中苏关系恶化，中苏跨境高等教育合作规模缩减，在“左”倾思想和阶级斗争的背景下，苏联文化受到了批判。中苏跨境高等教育合作在两国政府的严密监控下，丧失了本来的意义，仅局限于外交和宣传功能，成为两国联系的纽带和象征。回顾新中国成立后中苏跨境高等教育合作的历程，可以看出，政府在两国高等教育交流中发挥了重要作用。

（三）具有浓厚的政治意识形态色彩

新中国成立后的中苏跨境高等教育合作，具有浓厚的政治意识形态色彩。当中苏两国的政治和意识形态一致时，中苏跨境高等教育合作就表现为特别顺利，在全面学习苏联的政治氛围中，中苏两国跨境高等教育在人员和项目方面实现深入交流，中国大规模全方位地引进苏联教育模式。

新中国中苏跨境高等教育合作内容，也体现了明确的政治目的和政治倾向。对于中国来说，同苏联开始跨境高等教育合作，目的是服务和服从于国内政治和意识形态需要，服务于新中国政权的建立和巩固，也服务于新中国大规模的经济建设和社会主义建设。

当中苏两国在政治和意识形态领域出现分歧时，苏联思想在中国被当作修正主义加以批判。这一时期的中苏跨境高等教育合作也体现出了政治意识形态色彩。例如，1958 年以后，一方面，苏联限制机密专业留学生的接收名额，原子能、导弹和火箭等国防机密专业则不接收中国留学生。苏联还利用一切可能的手段试图蛊惑、策反我国留学生留居苏联；另一方面，苏联利用中国留学生异国婚恋对留学生加以影响，而我国政府则号召跨境流动人员不要和苏联人谈恋爱，如确已经发生恋爱，则坚决调回国内。[①] 在这种情况下，中苏双方都加紧了意识形态领域的控制和斗争，中苏跨境高等教育合作受到很大影响，仅仅作为两国联系的纽带和象征而存在。

（四）具有不平衡性

新中国成立初期的中苏跨境高等教育，无论是人员流动，即中苏留学生和教

① 中央批转国家科委党组、教育部党组、外交部党组：关于今后一个时期的留学生工作的意见[Z]. 教育部档案：98-1960-Y-26.0001.

师的互相流动，还是项目的流动，即专家讲学、互派代表团和校际交流，都呈现出“一边冷、一边热”的不平衡特征，即苏联在中苏跨境高等教育中，处于输出的位置，更多表现为中国留学生和教师赴苏学习、中国教育代表团赴苏考察访问、苏联专家来华的讲学等，而苏联来华留学生和教师代表团则不多。例如，1951 至 1956 年苏联专家大量来华的同时，仅有 25 名苏联学生在中国留学。至 1965 年底，中国共接收的苏联学生人数仅为 208 人，他们大多数学习中国的历史、地理和文学。[①]

造成这种现象的一个原因就是，新中国要从第一个社会主义国家苏联那里学习社会主义建设的经验，社会主义国家苏联的建立，让中国人民开始尝试以俄为师、走俄国人的路。在浓厚的学习苏联的氛围中，中苏跨境高等教育合作也呈现出“一边倒”的态势，在高等教育领域向苏联全面而深入地学习，使苏联高等教育理念和模式如潮水般涌入中国并对中国产生了深远的影响。

跨境高等教育输入和输出的规律总是这样：从高等教育水平发达的国家和地区向低水平的国家和地区输出。新中国成立初期，苏联高等教育处于世界领先水平，而中国刚刚走出半殖民地半封建社会，高等教育几乎处于零起点的状态。这也是造成新中国成立初期中苏跨境高等教育呈现出不平衡特点的原因。

（五）具有大起大落性

由于中苏两国都实行高度集中的计划经济体制，相应的高等教育管理体制也高度集中，这也使两国政府更能有效控制中苏跨境高等教育的发展。随着国内外形势的发展变化，特别是中苏两党和两国政治关系的变化，党和政府就像一个调节阀，随时调整着中苏跨境高等教育合作的进程。随着中苏两党和两国关系的大起大落，新中国成立初期的中苏跨境高等教育具有明显的大起大落的特点。

20 世纪 50 年代，中苏跨境高等教育合作可以用空前绝后来形容。1949—1956 年，我国实行“全面学习苏联”的政策，中苏跨境高等教育空前繁荣；1956—1958 年，我国实行“以苏为鉴”的政策，苏联观点受到质疑，苏联来华专家数量开始锐减，但是我国在经济建设、国防和高新技术等领域，仍离不开苏联的帮助，中苏跨境高等教育合作尽管出现了不和谐，但仍然继续发展；1958—1960 年，随着中苏矛盾加剧，我国又开始“大跃进”运动，中苏跨境高等教育开始缩减。

进入 20 世纪 60 年代，随着中苏两党两国关系进一步恶化，苏联撤回来华专家、撕毁协议，中苏跨境高等教育合作急转直下，仅限于一般的工作往来，最后随

① 教育部外事局. 中国教育概况[M]. 武汉：武汉大学出版社，1985：4.

着两党关系的中断,中苏跨境高等教育合作也中断了。新中国成立后的中苏跨境高等教育合作,在短时间内迅速达到高潮,仅仅几年时间内又画上了休止符,可谓大起大落。

第四节　改革开放初期的中俄(苏)跨境高等教育合作

1978 年是中国同其他国家开展跨境高等教育的转折之年,在这一年,中国重新开始向国外派遣留学生,但是中苏之间的跨境高等教育合作还没有完全恢复。1979 年 9 月 27 日,中苏国家关系谈判的预备会议在莫斯科郊区举行。1982 年 2 月 9 日,苏联高等和中等专业教育部副部长索芬斯基同我国驻苏大使会见,提出了恢复两国教育交流的建议,作为第一步,苏方建议双方每年互换为期 10 个月的语言进修生 10 名。1984 年,教育部外事局副局长孙敏率 3 人工作组应邀访苏,并签署了中苏两国教育部 1984/85 学年合作议定书,确定双方互换留学人员 70 名。在后来签订的 1985/86 学年议定书中,双方把互换留学生名额提高到 200 名。1986 年,经国务院批准,在中苏经贸科技合作委员会框架下成立了中苏教育合作工作小组,由中苏两国教育主管部门的副部长任组长。

中苏跨境高等教育合作是在 1987 年出现转机的。1988 年 4 月中苏教育合作小组第一次例会在北京举行,会议签订了《中苏 1988—1990 年教育合作计划》,规定除双方每年互换 150 名留学人员、30 名语言教师外,苏方还将单方面接受中方留学人员 550 名(1988 年 150 名,1989 和 1990 年各 200 名)。1989 年 5 月,中苏两国关系恢复正常化。1990 年中苏两国国家教委副主任互访,在苏联签署了《中苏 1991—1995 年教育合作计划》,规定每年中方派出 500 名留学人员,苏方派出 300 名留学人员,并讨论了进一步加强两国教育交流与合作以及两国高等学校科研合作等事宜。1991 年,中苏两国签订了互相承认学历和学位证书的协议。

1991 年 12 月 25 日,苏联宣布解体。苏联解体后,俄罗斯作为其最大的继承国,继续与中国开展多渠道全方位的跨境高等教育合作与交流,中俄跨境高等教育合作与交流取代了中苏跨境高等教育交流与合作。

1992 年 12 月,中俄两国签订了《中华人民共和国政府和俄罗斯联邦政府文化合作协定》,这是自苏联解体后中俄跨境高等教育恢复交流的开端。关于中俄跨境高等教育,该文件规定:双方将促进教育领域按下列方式进行交流和合作:互派学者、教师和专家,以交流经验,进行学术研究和讲学;相互为对方提供奖学金;研究签订一项关于相互承认对方有关机构授予的学历证书、学位和学术职称的协议的可能性；促进两国高等院校及中等教育部门之间建立直接联系；鼓励两国教育机构交换教科书、教学资料、教学大纲和工作经验，互派学校代表团；为在中华人民共和国学习和教授俄罗斯语言文学及在俄罗斯联邦学习和教授中国语言文学提供协助。双方促进两国高等院校科研机构之间的直接联系，并将在社会科学方面进行交流，包括双方互派社会科学工作者访问、讲学和交换资料等。①

1995 年 6 月，中俄两国签订《中华人民共和国政府和俄罗斯联邦政府关于相互承认学历、学位证书的协议》（以下简称《协议》），为中俄跨境高等教育合作提供了基本遵循，也为后续中俄联合办学奠定了基础。

1997 年 6 月，俄罗斯总理切尔诺梅尔金访华期间，中国外交部副部长孟晓驰和俄罗斯副外长格・卡拉辛签署了《中俄两国政府 1997—1998 年文化合作计划》。1999 年 4 月 27 日，中国驻俄罗斯联邦大使武韬与俄罗斯联邦外交部副部长瓦西里・德米特里耶维奇・斯列金在莫斯科签署了《中俄两国政府 1999—2000 年文化合作计划》。这两个计划都提出要依据 1992 年 12 月 18 日所签协定继续中俄双方的深入合作。

改革开放初期的中俄跨境高等教育合作是一种良性的交流，交流的范围和深度都得到了加强，尤其在中俄高等教育合作办学方面有了明显的突破。这一时期的中俄跨境高等教育中人员和项目流动情况具体如下：

一、人员的流动

1978 年，既是我国经济建设全面恢复的一年，也是我国留学工作发展史上具有划时代意义的一年。邓小平同志提出扩大留学生派遣规模后，中苏之间的人员流动工作开始了新篇章。

（一）留学生的流动

1. 俄罗斯来华留学生

1982 年，中苏关系开始回暖，双方都有恢复跨境高等教育合作与交流的意向。1983 年，中苏开始恢复互派留学生工作，中国接收的第一批苏联来华留学生为 10 人。随着《中华人民共和国教育部和苏维埃社会主义共和国联盟高等和中等专业教育部关于 1984 年至 1985 学年合作协定书》的签订，1985—1986 学年，双方互换留学生 70 名。次年中苏把互换留学生的人数增至 200 人。1983—1992 年，中国共接受了 2 373 名苏联（俄罗斯）来华留学生。

① 顾金玲. 当代中俄高等教育交流研究[D]. 华中师范大学，2012.

苏联来华留学生的迅猛发展，得益于改革开放后有关留学生管理政策的不断完善。1984 年，改革开放以来的第一次全国来华留学工作会议召开。1989 年 6 月，国家教委发布了《关于招收自费外国来华留学生的有关规定》，规定自费生为本人承担在华留学的一切费用（包括学费、住宿费、伙食费、医疗费、教材费及教学计划外的实验、实习、专业参观等），同时明确接受自费来华留学生的普通高等学校，须具备接受来华留学生的教学、生活、受理条件，要有管理来华留学生的机构。1990 年 9 月，国家教委制定了《外国留学生工作通讯》，加强了对来华留学生的管理和指导。1990 年 11 月，国家教委发出了《关于进一步加强来华留学生管理工作的通知》，要求重视来华留学生的思想政治教育工作。1991 年，国务院学位委员会批准下发《关于普通高等学校授予来华留学生我国学位试行办法》，制约我国来华留学生教育发展的学位问题得到解决，为我国来华留学生教育的发展奠定了基础。

1992—2005 年，我国共接受俄罗斯来华奖学金留学生 1 575 人。1995 年 6 月 26 日，中俄两国政府签署了《中华人民共和国政府和俄罗斯联邦政府关于相互承认学历、学位证书的协议》，推动中俄互派留学生人数迅猛增长。根据协议，中俄双方互相承认对方国家高校的学位证书和毕业证书；中俄两国的学生有资格互相报考对方国家的高等学校，从事职业活动、进修、继续学习和攻读学位。该协议促进了中俄跨境高等教育合作的发展，奠定了中俄跨境高等教育进一步发展的基础。根据来华留学生情况统计，俄罗斯来华留学生数量，1997 年为 557 人，1998 年为 651 人，1999 年为 609 人。

2. 中国赴俄留学生

1983 年至 1991 年年底，我国共派出赴苏留学生 2 475 人。根据《中国教育统计年鉴》，1986 年中国派往东欧和苏联的留学生人数为 309 人。1987 年，我国公派赴苏留学生为 338 人，占当年公派留学生总人数 24 000 的 1.4%。1988 年，中国赴苏留学生为 433 人，[①]1989 年，我国共向 61 个国家派遣了国家公费留学生 2 987 人，其中，派往苏联和东欧国家学习的占 14.5%。同年，由部门、地方、单位公费派出的留学生共 5 390 人，其中，派往苏联和东欧国家学习的占 3%。1990 年，中国派往苏联和东欧的留学生为 479 人。1992 年至 2005 年，中国向俄罗斯共派出国家公派留学人员 1 584 名。

苏联解体后，仍有很多中国留学生愿意赴俄罗斯留学。特别是 1995 年，中俄两国签订学历、学位互认协议，更加激发了中国留学生赴俄留学的热情。同时，由于俄罗斯教育模式发生变化和市场经济发展需要，俄罗斯开始接受自费留

① 《中国教育年鉴》编辑部. 中国教育年鉴(1989)[M]. 北京：人民教育出版社，1990，330.

学生。因此，中国开始向俄罗斯除了派遣公费留学生，还鼓励中国公民自费到俄罗斯留学。由于赴俄留学无需考试，留学费用低，同时俄罗斯高校为了生存开始扩大自费留学生名额，再加上“苏联情节”的影响，苏联解体后中国留学生赴俄留学出现了一定的增长。1995 年，中国向俄罗斯共派出 416 名公费留学生，300 多名校际交流人员和 600 多名自费留学生。

1996 年，中国教育部下设国家留学基金管理委员会，用于管理在国外的中国留学生和在国内的来华留学生。委员会制定了各种中国学生到俄罗斯学习的方案。例如，可以获得俄罗斯政府的资助和中国国家留学基金委员会的国际交通费；中国的大学二年级学生可以到俄罗斯高校实习 10 个月。

1992—1999 年，虽然中俄跨境高等教育合作扩大了规模，并签署了一系列协议，为中国留学生赴俄提供了制度基础。但由于这一时期俄罗斯社会处于转型阶段，转型引发的危机和混乱消耗了俄罗斯大量的国家资源，社会动荡，经济衰退，国际地位下降，整个高等教育水平处于下滑的状态，俄罗斯高等教育质量得不到保证，对我国留学生的吸引力严重下降。

（二）教师的流动

1. 俄罗斯来华教师

教师流动方面，从 1960 年苏联专家撤回至 1986 年，中苏两国没有专家和学者的流动。直到 1987 年，中国国家教委所属高校才聘请苏联专家 20 人。1988 年，《中苏 1988—1990 年教育合作计划》开始实施，同年，我国从苏联聘请了 42 名教师和 27 名专家来华任教、讲学。[①]

1990 年至 1999 年的俄罗斯来华专家数量并没有数据统计。但通过同期中国聘请外国专家的情况（如表 3-16 所示）我们也能推断出俄罗斯来华专家的人数是不断增加的。

表 3-16　1989—1998 年中国聘请外籍专家和教师统计表　　单位：人

年份	1989	1990	1991	1992	1993	1994	1995	1996	1997	1998
外籍专家和教师人数	3 965	3 525	3 682	5 600	9 100	13 000	14 798	14 053	14 046	13 538

注：根据《中国教育年鉴》整理。

2. 中国赴俄教师

改革开放后，中国有多少教师赴俄并没有详细的统计。改革开放后，我国公派出国留学的人员，有很大一部分是高校教师，因此，参考这一时期《中国教育年

① 《中国教育年鉴》编辑部：中国教育年鉴（1989）[M]. 北京：人民教育出版社，1990：330，336.

鉴》中公派留学人数，对于中国教师赴俄的趋势也可窥见一斑。

1989 年，我国中央政府派出了 2 444 名公费高级访问学者和进修人员，部门、地方、单位派出了 4 128 名公费访问学者和进修人员，共计 6 512 人。

1990 年，我国中央政府派出了 1 937 名公费高级访问学者和进修人员，部门、地方、单位派出了 4 983 名公费访问学者和进修人员，共计 6 920 人。

1991 年，我国派出了 2 096 名访问学者和进修人员。

1992 年，我国派出了 558 名高级访问学者。

1995 年，国家教委根据“按需派遣，保证质量，学用一致”的选派方针，最终确定国家公费出国留学人员 1 616 人，其中访问学者 1 450 人，攻读博士学位研究生 122 人，博士后研究人员 44 人。

1996 年，国家公派出国留学 1 905 人，单位公派出国留学约 5 400 人。

1997 年，国家公派出国留学 2 110 人，单位公派出国留学 5 580 人，共计 7 690 人。国家教委全面推进公费出国留学选派工作的改革，提高公派留学人员的选派质量。全年按新办法共选拔 1 818 人，其中具有硕士以上学历者 1 317 人(约占 72%)，具有副高级专业技术及以上职务者 1 075 人(约占 60%)。

1998 年，国家公派出国留学 2 639 人，单位公派出国留学 3 540 人，共计 6 179 人。

1999 年，国家公派出国留学 2 661 人，单位公派出国留学 3 204 人，共计 5 865 人。

通过 1989—1999 年中国公派出国留学的数量，我们可以发现，这十年中国出国留学教师的数量并没有太大的变化，这在一定程度上也反映出这一时期中国赴俄教师的数量是比较稳定的。

二、项目的流动

改革开放初期，中俄之间的项目流动主要表现为中俄合作办学、代表团互访两个方面。

1. 中俄合作办学

1995 年 1 月，国家教委发布《中外合作办学暂行规定》，从国家战略角度肯定了中外合作办学的重要性和现实意义。根据《中外合作办学暂行规定》，中外合作办学是中国对外交流与合作的重要形式，是对中国教育事业的补充。在国家支持的背景下，中俄之间借助地缘优势，率先开启了中俄合作办学，如表 3-17 所示。

最先与俄罗斯开展合作办学的省份是黑龙江，自 1995 年开始，黑龙江省内高校就同俄罗斯高校开展合作办学项目。1995—1999 年，中俄之间共有跨境高

表 3-17　1995—1999 年开始招生的中俄合作办学项目

序号	中俄合作办学项目名称	中方合作办学机构	俄方合作办学机构	办学层次和类别	学制	每期招生人数	招生起止年份	开设专业或课程	中方颁发证书	俄方颁发证书
1	东北农业大学与俄罗斯远东国立技术水产大学合作举办工商管理专业本科教育项目	东北农业大学	俄罗斯远东国立技术水产大学	本科学历教育	5 年	50 人(在东北农业大学年度招生规模内统筹安排)	1995—2013 年,2014 年，2015—2022 年(每年 1 期)	工商管理(专业代码：120201KH)	普通高等教育本科毕业证书、学士学位证书	无
2	东北农业大学与俄罗斯远东国立技术水产大学合作举办金融学专业本科教育项目	东北农业大学	俄罗斯远东国立技术水产大学	本科学历教育	5 年	50 人(在东北农业大学年度招生规模内统筹安排)	1995—2013 年,2014 年，2015—2022 年(每年 1 期)	金融学(专业代码:020301KH)	普通高等教育本科毕业证书、学士学位证书	无
3	东北农业大学与俄罗斯太平洋国立大学合作举办国际经济与贸易专业本科教育项目	东北农业大学	俄罗斯太平洋国立大学	本科学历教育	5 年	50 人(在东北农业大学年度招生规模内统筹安排)	1995—2013 年,2014 年，2015—2022 年(每年 1 期)	国际经济与贸易(020102H)	普通高等教育本科毕业证书、学士学位证书	无
4	齐齐哈尔大学与俄罗斯西伯利亚联邦大学合作举办工商管理专业本科教育项目(停止招生)	齐齐哈尔大学	俄罗斯西伯利亚联邦大学	本科学历教育	4 年	100 人(在齐齐哈尔大学年度招生规模内统筹安排)	1999—2013 年,2014 年,2015 年(每年 1 期)	工商管理(专业代码：120201KH)	普通高等教育本科毕业证书、学士学位证书	无
5	齐齐哈尔大学与俄罗斯后贝加尔车尔尼雪夫斯基国立人文师范大学合作举办数学与应用数学专业本科教育项目(停止招生)	齐齐哈尔大学	俄罗斯后贝加尔车尔尼雪夫斯基国立人文师范大学	本科学历教育	4 年	50 人(在齐齐哈尔大学年度招生规模内统筹安排)	1999—2013 年,2014 年，2015—2016 年(每年 1 期)	数学与应用数学(专业代码：070101H)	普通高等教育本科毕业证书、学士学位证书	无

表 3-17(续)

序号	中俄合作办学项目名称	中方合作办学机构	俄方合作办学机构	办学层次和类别	学制	每期招生人数	招生起止年份	开设专业或课程	中方颁发证书	俄方颁发证书
6	齐齐哈尔大学与俄罗斯后贝加尔车尔尼雪夫斯基国立人文师范大学合作举办化学专业本科教育项目(停止招生)	齐齐哈尔大学	俄罗斯后贝加尔车尔尼雪夫斯基国立人文师范大学	本科学历教育	4年	50人(在齐齐哈尔大学年度招生规模内统筹安排)	1999—2013年,2014年,2015—2016年(每年1期)	化学(专业代码:070301H)	普通高等教育本科毕业证书、学士学位证书	无
7	齐齐哈尔大学与俄罗斯后贝加尔车尔尼雪夫斯基国立人文师范大学合作举办生物科学专业本科教育项目(停止招生)	齐齐哈尔大学	俄罗斯后贝加尔车尔尼雪夫斯基国立人文师范大学	本科学历教育	4年	90人(在齐齐哈尔大学年度招生规模内统筹安排)	1999—2013年,2014年,2015—2016年(每年1期)	生物科学(专业代码:071001H)	普通高等教育本科毕业证书、学士学位证书	无
8	齐齐哈尔大学与俄罗斯后贝加尔车尔尼雪夫斯基国立人文师范大学合作举办音乐专业本科教育项目(停止招生)	齐齐哈尔大学	俄罗斯后贝加尔车尔尼雪夫斯基国立人文师范大学	本科学历教育	4年	40人(在齐齐哈尔大学年度招生规模内统筹安排)	1999—2013年,2014年,2015—2016年(每年1期)	音乐学(专业代码:130202H)	普通高等教育本科毕业证书、学士学位证书	无

注:根据中华人民共和国中外合作办学监管工作信息平台公布的本科及以上层次中外合作办学机构和项目名单和高等专科教育中外合作办学机构和项目(截至2022年4月12日)名单整理。

等教育合作项目8个，办学层次都属于本科学历教育，包括东北农业大学与俄罗斯远东国立技术水产大学合作举办工商管理和金融学专业本科教育项目，东北农业大学与俄罗斯太平洋国立大学合作举办国际经济与贸易专业本科教育项目，学制都是5年；齐齐哈尔大学与俄罗斯西伯利亚联邦大学合作举办工商管理专业本科教育项目，齐齐哈尔大学与俄罗斯后贝加尔车尔尼雪夫斯基国立人文师范大学合作举办数学与应用数学专业、化学专业、生物科学专业、音乐专业本科教育项目，学制都是4年。这一阶段开展的中俄合作办学项目每期招生人数都在50人左右，只有齐齐哈尔大学与俄罗斯西伯利亚联邦大学合作举办的工商管理专业本科教育项目每年招收100人，以及齐齐哈尔大学与俄罗斯后贝加尔车尔尼雪夫斯基国立人文师范大学合作举办的生物科学专业本科教育项目拟每年招收90人，可见中俄合作办学的规模并不大。此外，这一阶段的中俄合作办学项目，只能获得中方颁发的普通高等教育本科毕业证书、学士学位证书，不能获得俄罗斯的高等教育毕业证书。

2. 代表团互访

1984年，中苏两国教育部各派由8人组成的高等教育考察团到对方国家进行为期3周的访问，并互换由6人组成的语言教学考察团到对方国家进行为期3周的访问。1985—1986学年中苏两国互换了3个高等和中等专业教育代表团，每个团访问时间是18天。[①]此后，中苏两国之间的代表团交流更加频繁。

中国方面，多次派出高校科研考察团、留学生工作代表团、高校领导体制和干部管理考察团、教育科学工作者代表团访问苏联，而苏联则派出普通教育代表团、职业技术教育考察团和留学生工作代表团来华访问。1988年，国家教委副主任朱开轩率领代表团赴苏联参加了中苏经贸科技合作委员会教育合作小组会议。1990年3月15—29日，中国教育督导工作考察团访问苏联，考察苏联教育督导制度及工作经验。1990年4月，国家教委副主任何东昌率团访问苏联，同苏联签订了《中苏1991—1995年教育合作计划》。1991年，国家教委副主任朱开轩率教育代表团访问苏联。1993年6月3日，国家教委副主任柳斌率领中国部长级教育代表团赴俄罗斯访问，并签署教育合作协议，同时访问俄罗斯的一些大学，如莫斯科矿业大学、圣彼得堡大学、俄罗斯师范大学、白俄罗斯国立大学、白俄罗斯经济大学、基辅工学院、基辅民用航空工程学院等，这次访问为中俄跨境高等教育合作奠定了一定的政治基础。1996年9月16—22日，应俄罗斯科

① 《中国教育年鉴》编辑部：中国教育年鉴（1982—1984），长沙：湖南教育出版社，1986：305，307，308.

学技术委员会的邀请，国家科委副主任邓楠率团访问俄罗斯，俄副总理兼国家科委主任福尔托夫会见了代表团，双方介绍了两国科技领域的改革情况。1999年，中国教育部副部长张天保率团赴俄访问。

苏联（俄罗斯）方面，1988 年 5 月，苏联文化部部长瓦西里·扎哈罗夫率团访问中国，这是中苏跨境高等教育合作与交流恢复以来，苏方派出的文化界最高级别领导人，中苏双方达成交流项目 100 多起，在数量和质量上均有所提升。1989 年 5 月，苏联领导人戈尔巴乔夫访华期间，两国领导人共同宣布实现国家关系正常化。随后，苏联国家教委副主任舒克舒诺夫应我国国家教委的邀请于 7 月访华，双方在京举行了中苏教育合作工作小组第三次例会。会议回顾了以往双边教育交流与合作的情况，展望了实施一项新的五年交流与合作计划的前景。1990 年 2 月 20—27 日，苏联国家教委主任亚戈金率团访问中国，中苏双方回顾了两国教育交流情况，并就进一步发展两国教育合作与交流交换了意见。1990 年 3 月 15 日，苏联国家国民教育委员会外事局副局长雅鲁申率留学生工作团来华访问，两国就互换留学生、文教专家以及苏联来华人员的派出和管理方面进行了磋商。1990 年 11 月 17—23 日，苏联国家教委副主任、中苏教育合作工作小组苏方组长舒克舒诺夫率苏联国家教育科技代表团访问中国，双方就两国高等学校科研合作等事项交换了意见。1992 年，俄罗斯联邦高等学校委员会副主任沙德里科夫率领俄罗斯第一个教育代表团访问中国。1993 年 3 月，俄科学高校和技术政策部第一副部长福诺托夫率领俄罗斯政府科技合作代表团参加在北京举行的中俄科技合作委员会第一次会议，双方签署了会议议定书。1994年，俄罗斯莫斯科大学校长萨多夫尼奇、俄罗斯高教委代表团、俄罗斯国际高等教育科学院院长舒克舒诺夫来华访问，双方就拟合作的高校科技项目进行了磋商，于一些具体协作项目取得了共识。1995 年，俄罗斯国家高等教育委员会外国留学生局局长穆申科夫率俄高教委代表团访问中国，双方就《中华人民共和国国家教育委员会和俄罗斯联邦国家高等教育委员会 1995—1997 年高等教育合作执行计划》达成一致，并于 1995 年 4 月在莫斯科签署该文本。1999 年 9 月 4—17 日，俄罗斯科学院副院长安德烈·科科申应邀访华。

第五节 新世纪的中俄跨境高等教育合作

进入新世纪，随着中俄两国全面战略协作伙伴关系的建立，中俄跨境高等教育合作也进入了一个新的历史时期，中俄跨境高等教育合作实现机制化。

作为成立最早的高级别人文交流机制，中俄高级别人文交流机制是在两国元首共同关心和支持下建立起来的，是中俄政府在人文交流领域开展合作的最高级别对话机制。从建立至今，经历了中俄教文卫体合作委员会(2000—2006)和中俄人文合作委员会(2007至今)两个阶段。

2000年11月，为落实中俄两国元首达成的共识，推动中俄战略协作伙伴关系的全面发展，统筹规划有关领域的合作并使其机制化，经中央批准，在中俄总理定期会晤机制框架内成立了中俄教文卫体合作委员会，下设教育、文化、卫生、体育四个合作分委会，并商定每年举行会晤。同年12月7日，在俄罗斯莫斯科举行了中俄教文卫体合作委员会第一次会议。

2001年8月24日，中俄教文卫体合作委员会第二次会议在北京举行。会上成立了中俄旅游合作工作组，增加旅游领域合作。两国签署《中俄睦邻友好合作条约》，在中俄关系发展史上具有里程碑意义。

2002年7月18日，中俄教文卫体合作委员会第三次会议在俄罗斯莫斯科举行。会议将中俄旅游合作工作组提升为中俄旅游合作分委会。同时，增加了广播电影电视合作领域，并完成机构设置工作。

2003年9月16日，中俄教文卫体合作委员会第四次会议在北京举行。会议由国务委员、委员会中方主席陈至立和俄罗斯副总理、委员会俄方主席卡列洛娃共同主持。

2004年9月14日，中俄教文卫体合作委员会第五次会议在俄罗斯莫斯科举行。会议制定了2008年前的中俄高等教育合作执行计划，并实施执行计划下的五个具体项目：相互增派留学生项目，联合培养硕士、博士研究生项目，语言推广项目，艺术类留学人员培养项目以及联合培养本科生项目。

2005年10月31日，中俄教文卫体合作委员会第六次会议在北京举行。会议首次提出加强中俄在上海合作组织内的协调，共同推动和发展该组织内多边人文领域的互利合作。会议期间，两国首创性地提出互办“国家年”的倡议。

2006年11月6日，中俄教文卫体合作委员会第七次会议在北京举行。双方一致表示，要认真落实两国元首达成的协议，共同努力办好2006年在中国举办的“俄罗斯年”和2007年在俄罗斯举办的“中国年”，使其成为增进两国人民友谊、深化两国各领域合作的重要平台。

2007年9月3日，中俄人文合作委员会第八次会议在俄罗斯圣彼得堡举行。会上，中俄双方签署政府间议定书，将中俄教文卫体合作委员会更名为中俄人文合作委员会。

2008年10月26日，中俄人文合作委员会第九次会议在俄罗斯莫斯科举行。经国务院批准，国务委员刘延东担任委员会中方主席，教育部部长周济担任委员会中方秘书长。

2009年10月10日，中俄人文合作委员会第十次会议在大连举行。经国务院批准，教育部部长袁贵仁担任委员会新一任中方秘书长。

2010 年 11 月 22 日，中俄人文合作委员会第十一次会议在俄罗斯圣彼得堡举行，双方决定成立青年合作分委会，中俄人文合作的火炬开始向两国青年一代传递。2009—2010 年，中俄两国互办“语言年”，掀起两国人民学习对方语言的热情，进一步促进了两国文化的交流。

2011 年 10 月 11 日，中俄人文合作委员会第十二次会议在北京举行。会议增加青年合作领域，研究将档案合作工作组升格为档案合作分委会。

2012 年 12 月 5 日，中俄人文合作委员会第十三次会议在俄罗斯莫斯科举行。

2013 年 9 月 24 日，中俄人文合作委员会第十四次会议在桂林举行。经国务院批准，副总理刘延东继续担任委员会中方主席，教育部部长袁贵仁继续担任委员会中方秘书长。

2012—2013 年，中俄互办“旅游年”。两年内，中俄游客互访达到 330 万人次，秀美山川和人文内涵使两国人民的亲近感进一步加深。

2014 年 9 月 14 日，中俄人文合作委员会第十五次会议在俄罗斯乌里扬诺夫斯克举行。国务院副总理刘延东和俄罗斯副总理戈罗杰茨共同主持会议。

2015 年 10 月 9 日，中俄人文合作委员会第十六次会议在西安举行。国务院副总理刘延东和俄罗斯副总理戈罗杰茨共同主持会议。

2014—2015 年，中俄互办“青年友好交流年”，共计开展 600 余项活动，为两国青年搭建了互动互信、互学互鉴平台，增进了两国青年友谊，使中俄世代友好理念薪火相传。

2016 年 7 月 4 日，中俄人文合作委员会第十七次会议在西安举行。国务院副总理刘延东和俄罗斯副总理戈罗杰茨共同主持会议。

2017 年 9 月 12 日，中俄人文合作委员会第十八次会议在广州举行。国务院副总理刘延东和俄罗斯副总理戈罗杰茨共同主持会议。

2016—2017 年，中俄互办“媒体交流年”。两国媒体积极合作，项目清单中的 227 项重点活动成功举办，为推进中俄各领域互利合作营造了更加有利的舆论环境。

2018 年 10 月 30 日，中俄人文合作委员会第十九次会议在京举行。孙春兰副总理和戈利科娃副总理共同主持召开此次会议。自 2018 年，孙春兰副总理担任中俄人文合作委员会新一届中方主席，戈利科娃副总理担任委员会新一届俄方主席。双方全面总结了中俄人文领域 19 年来的成功合作经验，共同谋划部署未来合作重点。

2019 年 9 月 16 日，中俄人文合作委员会第二十次会议在圣彼得堡举行。

孙春兰副总理和戈利科娃副总理共同主持召开此次会议。会议期间，两国副总理共同出席“俄罗斯—中国庆祝中华人民共和国成立70周年历史档案文献展”、中俄综合性大学校长圆桌论坛等配套活动，并见证了7个合作协议的签署。

2018—2019年，中俄互办“地方合作交流年”，目前各分委会有60项重点项目纳入清单，各地方各级各类合作项目达数万项。

2020年11月25日，中俄人文合作委员会第二十一次会议通过视频连线方式召开。国务院副总理孙春兰与俄罗斯副总理戈利科娃共同出席。20年来，中俄人文交流机制正迈入更加成熟稳固也更有活力的重要阶段，年度双向留学交流人员超过10.4万，成立了12个同类大学联盟、覆盖636所学校，联合实验室、研究中心建设有序推进，北京大学和莫斯科大学牵头成立“中俄数学中心”，成功互办文化节、电影节、旅游合作、青少年运动会、历史档案文献展等项目。会议期间，两国副总理共同签署会议纪要并见证了有关领域5个合作协议的签署。

2021年11月16日，中俄人文合作委员会第二十二次会议通过视频连线方式召开。国务院副总理孙春兰与俄罗斯副总理戈利科娃共同出席。

2021年6月28日，《中俄睦邻友好合作条约》签署20周年，中俄发表联合声明，要在两国元首的战略引领下，共同办好2022—2023年中俄体育交流年，共襄北京冬奥盛会，深化人文合作，为发展中俄新时代全面战略协作伙伴关系注入新的动力。

人文合作是中俄全面战略协作伙伴关系的重要组成部分，在增进中俄两国民众相互了解、夯实中俄关系社会和民意基础等方面发挥了重要作用，彰显出强基固本的独特优势，推动中俄全面战略协作伙伴关系保持高水平运行。新世纪，在中俄人文合作机制的指导下，中俄跨境高等教育合作在规模、范围、质量等方面都实现了提升，直接促成了中俄跨境高等教育交流的跨越式发展。

一、人员的流动

进入新世纪，中俄之间的人员流动更加频繁。由于暂无中俄之间教师流动的数据，本部分将主要探讨新世纪之后中俄之间的留学生流动情况。

（一）俄罗斯来华留学生

1. 俄罗斯来华留学生数量和结构

新世纪，随着中俄国家关系的良性发展，俄罗斯来华留学生数量也呈现逐年上升的趋势。2000—2012年俄罗斯来华留学生数量统计如表3-18所示：

表 3-18　2000—2012 年俄罗斯来华留学生数量统计

年份	排名	俄来华留学生总数/人	俄来华留学生年增长率/%	学历生/人	学历生年增长率/%	非学历生/人	非学历生年增长率/%
2000	8	703	15.44	252	34.04	451	7.13
2001	8	1 056	50.21	186	−26.19	870	92.90
2002	7	1 492	41.29	305	63.98	1 187	36.44
2003	8	1 224	−17.96	315	3.28	909	−23.42
2004	7	2 288	86.93	552	75.24	1 736	90.98
2005	7	3 535	54.50	776	40.58	2 759	58.93
2006	8	5 035	42.43	1 019	31.31	4 016	45.56
2007	6	7 261	44.21	1 649	61.83	5 612	39.74
2008	5	8 939	23.11	2 217	34.45	6 722	19.78
2009	6	10 596	18.54	3 290	48.40	7 306	8.69
2010	6	12 481	17.79	3 912	18.91	8 569	17.29
2011	6	13 340	6.88	4 347	11.12	8 993	4.95
2012	5	14 971	12.23	4 816	10.79	10 155	12.92

注：数据来自 1999—2018 来华留学生简明统计，下同。

从表 3-18 可知，俄罗斯一直是来华留学生的主要生源国之一，在来华留学生生源国中最低排名第八，最高排名第五，排名位置是基本稳定的。

俄罗斯来华留学生总数方面，只有 2003 年出现了负增长，2000 至 2012 年的其他年份，均实现了正增长，增长量最大的 2004 年，涨幅达到了 86.93%。总的来说，2001—2008 年的俄罗斯来华留学生增长率比较大，年平均增长量达到将近 50%。从 2008 年起，俄罗斯来华留学生增长速度变缓，2008 年、2009 年、2010 年的年增长量分别是 23.11%、18.54%、17.79%。2011 年的俄罗斯来华留学生增长率最少，仅有 6.88%。

俄罗斯学历来华留学生方面，仅在 2001 年出现了−26.19%的负增长，其他年份均是正向增长。俄罗斯学历来华留学生，年增长率最高的是 2004 年，达到了 75.24%；其次是 2022 年和 2007 年，年增长率分别是 63.98%和 61.83%；年增长率最低的是 2003 年，仅有 3.28%。

俄罗斯非学历来华留学生方面，也基本上都实现了正向增长，年增长率最高的是 2001 年和 2004 年，达到 92.90%和 90.98%。2005 年、2006 年、2007 年的年增长率也都将近一半，分别是 58.93%、45.56%、39.74%。2009 和 2011 年的增长率较低，分别是8.69%和4.95%。

2. 俄罗斯来华留学生学历结构

按照学历结构，俄罗斯来华留学生可以分为俄罗斯学历来华留学生和俄罗斯非学历来华留学生。俄罗斯学历来华留学生包括俄罗斯专科来华留学生、俄罗斯本科来华留学生、俄罗斯硕士来华留学生、俄罗斯博士来华留学生；俄罗斯非学历来华留学生包括高级进修生、普通进修生、语言进修生和短期进修生。

从表3-19可知，2000—2012年，俄罗斯本科学历来华留学生一直在俄罗斯学历来华留学生中占据主导地位。2000—2007年，俄罗斯本科来华留学生占俄罗斯来华留学生总数的90%以上。2008年开始直至2012年，俄罗斯本科来华留学生所占比例一直呈向下趋势，从2008年的86.57%下降至2012年的68.13%。2000—2012年，俄罗斯硕士来华留学生所占比率一直增加，且增长速度比较快，从2000年的0.79%增加至2012年27.91%，增加超过35倍。俄罗斯博士来华留学生所占比率虽然也在一直增加，但增长的幅度并不大，与2000年相比，2012年仅增加了两个百分点左右。2000—2012年，俄罗斯专科来华留学生所占比率基本上没有变化，徘徊在1%左右。

表3-19 2000—2012年俄罗斯学历来华留学生数量统计

年份	本科/人	本科占比/%	硕研/人	硕研占比/%	博研/人	博研占比/%	专科/人	专科占比/%
2000	248	98.42	2	0.79	2	0.79		
2001	175	94.08	8	4.30	1	0.54	2	1.08
2002	291	95.41	12	3.93	1	0.33	1	0.33
2003	295	93.65	16	5.08	3	0.95	1	0.32
2004	523	94.76	21	3.80	4	0.72	4	0.72
2005	720	92.79	41	5.28	9	1.16	6	0.77
2006	912	89.51	51	5.00	15	1.47	41	4.02
2007	1 527	92.60	75	4.55	16	0.97	31	1.88
2008	1 919	86.57	220	9.92	34	1.53	44	1.98
2009	2 718	82.61	453	13.77	65	1.98	54	1.64
2010	3 039	77.69	745	19.04	81	2.07	47	1.20
2011	3 133	72.07	1070	24.61	102	2.35	42	0.97
2012	3 281	68.13	1344	27.91	137	2.84	54	1.12

从表3-20可知，2000—2012年俄罗斯非学历来华留学生中，高级进修生占俄罗斯非学历来华留学生总数的比例一直比较低，基本上不足1%。2000—

2005年，普通进修生一直占俄罗斯非学历来华留学生总数的一半以上，2006年，由于增加了语言进修生，普通进修生所占百分比开始大幅度下降，从2006年的26.87%下降至2012年的2.44%。自2006年，开始有俄罗斯语言进修生来华留学，同年俄罗斯语言进修生占俄罗斯非学历来华留学生总数的26.47%，2007年增加至53.10%，2008—2012年，基本保持在60%以上的比率。短期进修生占俄罗斯非学历来华留学生总数的比率基本上比较稳定，最高是2001年，达到52.18%，最低是2003年，达到21.12%，2000—2012年的年平均占比为33.67%。

表3-20　2000—2012年俄罗斯非学历来华留学生数量统计

年份	高进/人	高进占比/%	普进/人	普进占比/%	语言/人	语言占比/%	短期/人	短期占比/%
2000	7	1.55	299	66.30			145	32.15
2001	6	0.69	410	47.13			454	52.18
2002	7	0.59	702	59.14			478	40.27
2003	6	0.66	711	78.22			192	21.12
2004	6	0.35	911	52.48			819	47.17
2005	17	0.62	1759	63.75			983	35.63
2006	4	0.10	1 079	26.87	1 063	26.47	1 870	46.56
2007	9	0.16	221	3.94	2 980	53.10	2 402	42.80
2008	16	0.24	415	6.17	4 042	60.13	2 249	33.46
2009	17	0.23	236	3.23	4 670	63.92	2 383	32.62
2010	15	0.18	199	2.32	5 384	62.83	2 971	34.67
2011	11	0.12	164	1.82	5 555	61.77	3 263	36.29
2012	9	0.09	248	2.44	6 348	62.51	3 550	34.96

3. 俄罗斯奖学金来华留学生结构

如表3-21所示，2000年、2001年、2003年，俄罗斯奖学金来华留学生占俄罗斯来华留学生总数的比例分别是28.31%、20.55%、19.12%，2004年之后，俄罗斯奖学金来华留学生占俄罗斯来华留学生总数的比例开始下降，2004—2012年，基本保持在5%～10%之间。奖学金在俄罗斯学历来华留学生和非学历来华留学生中的分配，正好呈现出截然相反的趋势。其中，俄罗斯奖学金学历来华留学生占俄罗斯奖学金来华留学生总数的比例，呈现先降后升的趋势，先从2000年的31.66%下降至2007年的15.41%，后又上升至2012年的80.34%。而俄罗斯奖学金非学历来华留学生占俄罗斯奖学金来华留学生总数的比例，则呈现先升后降的趋势，先从2000年的66.83%升至2007年的84.59%，后又降至2012年的19.66%。

表3-21 2000—2012年俄罗斯奖学金来华留学生数量统计

年份	学历生/人	学历生占奖学金总数比例/%	非学历生/人	非学历生占奖学金总数比例/%	奖学金合计/人	俄奖学金来华留学生占俄来华留学生总数的百分比/%
2000	63	31.66	133	66.83	199	28.31
2001	62	28.57	155	71.43	217	20.55
2003	59	25.21	175	74.79	234	19.12
2004	48	22.02	170	77.98	218	9.53
2005	44	19.47	182	80.53	226	6.39
2006	51	17.83	235	82.17	286	5.68
2007	51	15.41	280	84.59	331	4.56
2008	259	42.18	355	57.82	614	6.87
2009	516	58.70	363	41.30	879	8.30
2010	759	71.27	306	28.73	1065	8.53
2011	991	76.23	309	23.77	1300	9.75
2012	1181	80.34	289	19.66	1470	9.82

如表3-22所示，俄罗斯奖学金学历来华留学生中，本科生所占比例呈现明显的下降趋势，2000年，俄罗斯本科奖学金来华留学生占俄罗斯奖学金学历来华留学生的比例高达95.24%，到2012年，所占比例下降至17.70%，减少了77.54%。俄罗斯奖学金来华硕士留学生所占比例则呈现显著的上升趋势，从2000年的3.17%上升至2012年的74.34%，增加了将近25倍。俄罗斯奖学金来华博士留学生所占比例也有所提升，但提升比例不高，从2000年的1.59%上升至2012年的7.96%，仅上升了6个百分点。俄罗斯奖学金来华留学生学历结构的变化，也反映出我国尝试提升来华留学生教育质量的政策导向。

表3-22 2000—2012年俄罗斯奖学金学历来华留学生数量统计

年份	学历奖学金合计/人	本科/人	本科占比/%	硕研/人	硕研占比/%	博研/人	博研占比/%
2000	63	60	95.24	2	3.17	1	1.59
2001	62	56	90.33	5	8.06	1	1.61
2003	59	52	88.14	7	11.86		
2004	48	39	81.25	7	14.58	2	4.17
2005	44	57	84.09	5	11.36	2	4.55

表 3-22(续)

年份	学历奖学金合计/人	本科/人	本科占比/%	硕研/人	硕研占比/%	博研/人	博研占比/%
2006	51	37	72.55	12	23.53	2	3.92
2007	51	34	66.67	14	27.45	3	5.88
2008	259	102	39.38	138	53.28	19	7.34
2009	516	178	34.50	294	56.97	44	8.53
2010	759	222	29.25	485	63.90	52	6.85
2011	991	223	22.50	701	70.74	67	6.76
2012	1 181	209	17.70	878	74.34	94	7.96

如表 3-23 所示，俄罗斯奖学金非学历来华留学生中，2000—2012 年，高级进修生奖学金获得者占俄罗斯奖学金非学历来华留学生总数的比例一直不高，最高是 2000 年的 4.51%，最低是 2006 年的 0.43%，相差 4 个百分点左右。2000—2006 年，普通进修生奖学金获得者所占比例特别高，连续 4 年达到了 98%左右。2007—2012 年，语言进修生奖学金获得者比例比较高，各年的占比分别是 91.79%、91.83%、90.08%、83.33%、75.73%、85.47%。短期进修生奖学金获得者所占比例一直比较少，且呈现逐年下降的趋势，从 2001 年的 3.23%，下降至 2009 年的 0.83%。

表 3-23　2000—2012 年俄罗斯奖学金非学历来华留学生数量统计

年份	非学历奖学金合计/人	高进/人	高进占比/%	普进/人	普进占比/%	语言/人	语言占比/%	短期/人	短期占比/%
2000	133	6	4.51	127	95.49				
2001	155	6	3.87	144	92.90			5	3.23
2003	175	1	0.57	170	96.57			5	2.86
2004	170	1	0.59	165	97.06			4	2.35
2005	182			180	98.90			2	1.10
2006	235	1	0.43	231	98.29			3	1.28
2007	280	5	1.79	14	5.00	257	91.79	4	1.43
2008	355	11	3.10	15	4.23	326	91.83	3	0.85
2009	363	13	3.58	20	5.51	327	90.08	3	0.83
2010	306	9	2.94	42	13.73	255	83.33		
2011	309	4	1.29	71	22.98	234	75.73		
2012	289	2	0.69	40	13.84	247	85.47		

（二）中国赴俄留学生

从表 3-24 可知，2007—2009 年，中国赴俄留学生新生人数每年有小幅度增长，年增长率是 8%和 14.81%，而 2010—2011 年，中国赴俄留学生新生则呈现下降趋势，年下降率分别是 3.23%和 10.00%；2012 年则比 2011 年增加了 7.41%。

2007—2012 年，中国赴俄留学生总数方面，除了 2008 年和 2012 年分别下降了 1.10%和 7.07%外，其他 4 年都实现了增加，增长率分别是 8.33%、3.33%、5.38%、1.02%。

2007—2012 年，中国在俄留学生毕业人数方面，只有 2009 年下降了 8.00%，其他五年都实现了增长，增长率分别是 11.11%、25.00%、13.04%、7.69%、10.71%。

此外，2006—2010 年，中国在俄留学生的毕业人数低于中国赴俄留学生新生人数，而 2011 和 2012 两年，中国在俄留学生的毕业人数开始超过中国赴俄留学生新生人数。

表 3-24　2006—2012 年中国赴俄留学生数量统计　　单位：万人

年份	入学	中在俄留学生总数	毕业
2006/2007	2.5	8.4	1.8
2007/2008	2.7	9.1	2.0
2008/2009	3.1	9.0	2.5
2009/2010	3.1	9.3	2.3
2010/2011	3.0	9.8	2.6
2011/2012	2.7	9.9	2.8
2012/2013	2.9	9.2	3.1

注：数据根据 2006—2012 年俄罗斯统计年鉴整理。

二、项目的流动

新世纪，中俄跨境高等教育项目合作方面成果更加丰硕，形式更加百变，包括中俄合作办学、教育代表团互访、高校教育展和高教论坛、中俄大学校长论坛、中俄大学生艺术节、建立语言中心、中俄同类高校联盟等。

（一）中俄合作办学

如表 3-25 所示，这一时期的中俄合作办学项目共有 21 个，其中 17 个项目位于黑龙江省，1 个项目位于吉林省，3 个项目位于山东省。

表 3-25　2000—2012 年开始招生的中俄合作办学项目

序号	省份	中俄合作办学项目名称	中方合作办学机构	俄方合作办学机构	办学层次和类别	学制	每期招生人数	招生起止年份	开设专业或课程	中方颁发证书	俄方颁发证书
1	黑龙江	黑河学院与俄罗斯布拉戈维申斯克国立师范大学合作举办美术学专业本科教育项目	黑河学院	俄罗斯布拉戈维申斯克国立师范大学	本科学历教育	4 年	60 人(在黑河学院年度招生规模内统筹安排)	2003—2023 年(每年 1 期)	美术学(专业代码:130401H)	普通高等教育本科毕业证书、学士学位证书	无
2	黑龙江	黑龙江八一农垦大学与俄罗斯符拉迪沃斯托克国立经济服务大学合作举办计算机科学与技术专业本科教育项目	黑龙江八一农垦大学	俄罗斯符拉迪沃斯托克国立经济服务大学	本科学历教育	4 年	100 人(在黑龙江八一农垦大学年度招生规模内统筹安排)	2002—2026 年(每年 1 期)	计算机科学与技术(080605H)	普通高等教育本科毕业证书、学士学位证书	无
3	黑龙江	黑龙江八一农垦大学与俄罗斯符拉迪沃斯托克国立经济服务大学合作举办会计学专业本科教育项目	黑龙江八一农垦大学	俄罗斯符拉迪沃斯托克国立经济服务大学	本科学历教育	4 年	100 人(在黑龙江八一农垦大学年度招生规模内统筹安排)	2002—2026 年(每年 1 期)	会计学(专业代码:120203KH)	普通高等教育本科毕业证书、学士学位证书	无
4	黑龙江	牡丹江医学院与俄罗斯太平洋国立医科大学举办临床医学专业本科教育项目	牡丹江医学院	俄罗斯太平洋国立医科大学	本科学历教育	5 年	40 人(在牡丹江医学院年度招生规模内统筹安排)	2004—2022 年(每年 1 期)	临床医学(专业代码:100201KH)	普通高等教育本科毕业证书、学士学位证书	无
5	黑龙江	黑龙江中医药大学与俄罗斯阿穆尔国立医学院合作举办中西医临床医学专业本科教育项目	黑龙江中医药大学	俄罗斯阿穆尔国立医学院	本科学历教育	5 年	50 人/年	2004—2013 年,2014 年,2015—2019 年(每年 1 期)	中西医临床医学(100505H)	普通高等教育本科毕业证书、学士学位证书	无

表 3-25(续)

序号	省份	中俄合作办学项目名称	中方合作办学机构	俄方合作办学机构	办学层次和类别	学制	每期招生人数	招生起止年份	开设专业或课程	中方颁发证书	俄方颁发证书
6	黑龙江	牡丹江医学院与俄罗斯太平洋国立医科大学举办医学影像学专业本科教育项目	牡丹江医学院	俄罗斯太平洋国立医科大学	本科学历教育	5 年	60 人(在牡丹江医学院年度招生规模内统筹安排)	2004—2022 年(每年 1 期)	医学影像学(专业代码:100203TKH)	普通高等教育本科毕业证书、学士学位证书	无
7	黑龙江	齐齐哈尔医学院与俄罗斯赤塔国立医学院合作举办临床医学本科教育项目	齐齐哈尔医学院	俄罗斯赤塔国立医学院	本科学历教育	5 年	120 人	2000—2026 年(每年 1 期)	临床医学专业(专业代码:100201KH)	普通高等教育本科毕业证书、学士学位证书	无
8	黑龙江	哈尔滨师范大学与俄罗斯莫斯科国立师范大学合作举办历史学专业本科教育项目	哈尔滨师范大学	俄罗斯莫斯科国立师范大学	本科学历教育	4 年	40 人(在哈尔滨师范大学年度招生规模内统筹安排)	2001—2014 年(每年 1 期)	历史学(060101H)	普通高等教育本科毕业证书、学士学位证书	无
9	黑龙江	绥化学院与俄罗斯阿穆尔国立大学合作举办计算机科学与技术专业本科教育项目	绥化学院	俄罗斯阿穆尔国立大学	本科学历教育	4 年	50 人	2012—2013 年(每年 1 期)	计算机科学与技术(080605H)	普通高等教育本科毕业证书、学士学位证书	无
10	黑龙江	黑河学院与俄罗斯布拉戈维申斯克国立师范大学合作举办计算机科学与技术专业本科教育项目	黑河学院	俄罗斯布拉戈维申斯克国立师范大学	本科学历教育	4 年	50 人(在黑河学院年度招生规模内统筹安排)	2003—2023 年(每年 1 期)	计算机科学与技术(专业代码:080901H)	普通高等教育本科毕业证书、学士学位证书	无
11	黑龙江	黑河学院与俄罗斯布拉戈维申斯克国立师范大学合作举办俄语专业本科教育项目	黑河学院	俄罗斯布拉戈维申斯克国立师范大学	本科学历教育	4 年	80 人(在黑河学院年度招生规模内统筹安排)	2003—2023 年(每年 1 期)	俄语(专业代码:050202H)	普通高等教育本科毕业证书、学士学位证书	无

表 3-25(续)

序号	省份	中俄合作办学项目名称	中方合作办学机构	俄方合作办学机构	办学层次和类别	学制	每期招生人数	招生起止年份	开设专业或课程	中方颁发证书	俄方颁发证书
12	黑龙江	黑河学院与俄罗斯布拉戈维申斯克国立师范大学合作举办音乐学专业本科教育项目	黑河学院	俄罗斯布拉戈维申斯克国立师范大学	本科学历教育	4年	50人(在黑河学院年度招生规模内统筹安排)	2003—2023年(每年1期)	音乐学(专业代码:130202H)	普通高等教育本科毕业证书、学士学位证书	无
13		齐齐哈尔大学与俄罗斯伊尔库茨克国立语言大学合作举办俄语专业本科教育项目(停止招生)	齐齐哈尔大学	俄罗斯伊尔库茨克国立语言大学	本科学历教育	4年	50人(在齐齐哈尔大学年度招生规模内统筹安排)	2004—2013年,2014年,2015—2016年(每年1期)	俄语(专业代码:050202H)	普通高等教育本科毕业证书、学士学位证书	无
14		黑龙江科技大学与俄罗斯远东联邦大学合作举办计算机科学与技术专业本科生教育项目	黑龙江科技大学	俄罗斯远东联邦大学	本科学历教育	4年	100人(在黑龙江科技大学年度招生规模内统筹安排)	2004年—2017年(每年1期)	计算机科学与技术(080605H)	普通高等教育本科毕业证书、学士学位证书	无
15		黑龙江科技大学与俄罗斯远东联邦大学合作举办土木工程专业本科生教育项目	黑龙江科技大学	俄罗斯远东联邦大学	本科学历教育	4年	100人(在黑龙江科技大学年度招生规模内统筹安排)	2004—2025年(每年1期)	土木工程(专业代码:081001H)	普通高等教育本科毕业证书、学士学位证书	写实性证书
16		牡丹江师范学院与俄罗斯乌苏里斯克国立师范学院合作举办旅游管理专业本科教育项目(停止招生)	牡丹江师范学院	俄罗斯乌苏里斯克国立师范学院	本科学历教育	4年	100人(在牡丹江师范学院年度招生规模内统筹安排)	2011—2020年(每年1期)	旅游管理(专业代码:120901KH)	普通高等教育本科毕业证书、学士学位证书	无
17		黑河学院与俄罗斯布拉戈维申斯克国立师范大学合作举办体育教育专业本科教育项目	黑河学院	俄罗斯布拉戈维申斯克国立师范大学	本科学历教育	4年	60人(在黑河学院年度招生规模内统筹安排)	2011—2023年(每年1期)	体育教育(专业代码:040201H)	普通高等教育本科毕业证书、学士学位证书	无

表 3-25(续)

序号	省份	中俄合作办学项目名称	中方合作办学机构	俄方合作办学机构	办学层次和类别	学制	每期招生人数	招生起止年份	开设专业或课程	中方颁发证书	俄方颁发证书
18	吉林	吉林建筑大学(原吉林建筑工程学院)与俄罗斯太平洋国立大学合作举办建筑学专业本科教育项目	吉林建筑大学	俄罗斯太平洋国立大学	本科学历教育	5年	100人(在吉林建筑大学年度招生规模内统筹安排)	2011—2024年(每年1期)	建筑学(专业代码:082801H)	普通高等教育本科毕业证书、学士学位证书	无
19	山东	山东交通学院与俄罗斯远东国立交通大学合作举办建筑工程管理专业高等专科教育项目	山东交通学院	俄罗斯远东国立交通大学	高等专科教育	3年	100人	2006—2016年(每年1期)	建筑工程管理(专业代码:5605010H)	普通高等教育专科毕业证书	无
20	山东	山东水利职业学院与俄罗斯莫斯科国立自然资源规划大学合作举办机电一体化技术专业专科教育项目	山东水利职业学院	俄罗斯莫斯科国立自然资源规划大学	高等专科教育	3年	50人	2007—2014年(每年1期)	机电一体化技术(专业代码:580201H)	普通高等教育专科毕业证书	俄罗斯莫斯科国立自然资源规划大学语言水平等级证书
21	山东	山东水利职业学院与俄罗斯莫斯科国立自然资源规划大学合作举办水利工程专业专科教育项目	山东水利职业学院	俄罗斯莫斯科国立自然资源规划大学	高等专科教育	3年	50人	2007—2014年(每年1期)	水利工程(专业代码:570201H)	普通高等教育专科毕业证书	俄罗斯莫斯科国立自然资源规划大学语言水平等级证书

根据中华人民共和国中外合作办学监管工作信息平台公布的本科及以上层次中外合作办学机构和项目名单和高等专科教育中外合作办学机构和项目(截至2022年4月12日)名单整理

黑龙江省的17个中俄合作办学项目的办学层次都属于本科学历教育，学制是4年，招生专业包括美术学、计算机科学与技术、会计学、临床医学、麻醉学、中西医临床医学、医学影像学、历史学、俄语、音乐学、土木工程、旅游管理、体育教育，只能获得中方颁发的普通高等教育本科毕业证书、学士学位证书。

吉林省的1个中俄合作办学项目的办学层次属于本科学历教育，学制是5年，招生专业是建筑学，中方颁发普通高等教育本科毕业证书、学士学位证书。

山东省的3个中俄合作办学项目的办学层次属于高等专科教育，学制是3年，招生专业是建筑工程管理、机电一体化技术、水利工程。其中，山东交通学院与俄罗斯远东国立交通大学合作举办的建筑工程管理专业高等专科教育项目，可以获得中国颁发的普通高等教育专科毕业证书，山东交通学院与俄罗斯远东国立交通大学合作举办的建筑工程管理专业高等专科教育项目，山东水利职业学院与俄罗斯莫斯科国立自然资源规划大学合作举办的机电一体化技术专业专科教育项目，可以获得中方颁发的普通高等教育专科毕业证书以及俄方颁发的俄罗斯莫斯科国立自然资源规划大学语言水平等级证书。

（二）教育代表团互访

2000年普京率团来华，同年，俄罗斯大学联合主席、国立莫斯科大学校长维·安·萨多夫尼奇率俄罗斯大学校长代表团来华考察中国高等教育改革和发展情况。

2001年6月6日，俄罗斯联邦教育部部长菲利波夫、莫斯科大学校长萨多夫尼奇分别率团来华，教育部副部长章新胜在北京大学与之会见，双方进行了亲切友好的会谈，同时表示要在中俄两国良好的教育合作机制的前提下，加强高等教育界的合作。同年，教育部副部长王湛回访俄罗斯。

2002年5月，副总理李岚清、教育部副部长章新胜分别率团访问俄罗斯。

2003年10月，中国教育科学研究所代表团访问俄罗斯。2004年，教育部副部长章新胜率团访问俄罗斯。同年，俄联邦教育署署长巴雷新率团来华访问。

2005年1月25日，教育部副部长吴启迪在莫斯科克里姆林宫出席了莫斯科大学250周年校庆庆祝活动。双方表示，近年来，中俄两国在教育领域的交流与合作取得了一系列成果，为发展两国关系发挥着重要作用。2005年9月，上海外国语大学代表团访问俄罗斯，俄罗斯作协外事委员会协助上海外国语大学与俄罗斯人民友谊大学、高尔基文学研究所、国立诺夫哥罗德大学签署了合作协议，延长了与圣彼得堡大学的合作期限。2005年10月30日，教育部部长周济会见俄罗斯联邦教育署署长巴雷欣，会谈在友好的气氛中进行。双方表示，在教育合作领域，希望持续和加强高层次人才培养、互换留学生、相互支持语言教学等方面的交流与合作，认真实施《中俄教育合作分委会2005—2008年高等教育合作执行计划》《中华人民共和国政府和俄罗斯联邦政府关于在俄罗斯联邦学习汉语和在中华人民共和国学习俄语的合作协议》。

2008年5月3日，教育部部长周济在教育部会见了应邀来华出席北京大学建校110周年庆典活动的俄罗斯莫斯科大学校长萨多夫尼奇院士一行，双方对2006年与2007年的中俄“国家年”活动表示肯定。

2010年5月11日至15日，教育部副部长陈希率中国教育代表团访问俄罗斯，陈希出席了在莫斯科大学举行的中俄理工类大学校长论坛并致辞，代表中国教育部与莫斯科大学校长萨多夫尼奇共同签署了新一期的中国教育部与莫斯科大学合作协议。2010年9月23日，正在俄罗斯出席第三次上海合作组织成员国教育部长会议的教育部部长袁贵仁，与俄罗斯教育科学部长富尔先科举行了双边会谈。双方就中俄人文、教育合作及俄罗斯“汉语年”活动进行了坦诚深入沟通。双方十分重视今后中俄教育领域的合作。

2011年6月18日，俄罗斯教育部助理副部长弗拉基米尔·马尔科维奇，率高校代表团访问金吉列留学公司北京总部，参加由金吉列主办的“世界教育论坛俄罗斯教育推广日”活动，启动“十万留学生”计划，探讨帮助更多优秀的留学生赴俄留学。

（三）高校教育展和高教论坛

中俄自2001年开始举办大学展和高等教育论坛。2001年5月18日，首次中俄大型教育交流活动——“俄罗斯高等教育展”暨“中俄高校合作交流会议”在北京大学举行。此次展览会是中俄双方首次举办的大型教育交流活动。莫斯科国立大学、莫斯科鲍曼理工大学、莫斯科建工学院、莫斯科国立罗蒙诺索夫大学等30余所俄罗斯著名高校共同组团来华设展，开启了中俄高校展的序幕。

2002年5月23日至6月3日，“21世纪中国大学展暨中俄大学校长研讨会”在俄罗斯莫斯科和圣彼得堡举办，展览期间，共有17对中俄高校草签了26个合作与交流协议，10对高校签署了合作协议或意向书。这次也是中国在国外举办的规模最大的高等教育展。

2004年，第九届中国国际教育巡回展在北京中国国际贸易中心展览大厅举行。

2005年，中俄高等教育改革与交流研讨会在暨南大学召开。

2006年8月17日，中俄高等教育哈尔滨论坛在哈尔滨大学举行，这是科技部和国防科工委支持的活动，由哈尔滨工业大学主办，北京航空航天大学、北京理工大学、西北工业大学、哈尔滨工程大学、南京航空航天大学、南京理工大学6所国内院校以及罗蒙诺索夫莫斯科国立大学、鲍曼莫斯科国立技术大学、萨玛拉国立航空航天大学3所俄罗斯大学协办。中俄两国35所大学的校长参加了论坛。论坛围绕中俄高等教育问题展开，并就中俄高等院校的学科建设、科研和工程型人才的培养、国际合作等议题深入交流和探讨。

2007年11月24日至26日，北京外国语大学俄语学院等单位联合举办的第二次俄罗斯文学国际学术研讨会在北京召开。

2008年3月29日，俄中高等教育发展国际研讨会在莫斯科大学举行。参加此次研讨会的有来自莫斯科大学教育系、继续高等教育学院、亚非学院以及俄罗斯科学院远东研究所等机构的学者与研究生，与会者从比较的角度探讨了中俄两国高等教育发展的问题。2008年10月26日，来自20多个国家的200多位专家学者相聚上海外国语大学，参加“中国俄语教育三百年”国际研讨会，会议共同回望中国俄语教育的历史、现状、前景。

2012年7月12日，中国科学技术部和中俄友好、和平与发展委员会在莫斯科大学共同举办了“中俄青年科学家创新论坛”，本次论坛由清华大学和莫斯科大学承办，来自中俄多家高等院校和科研单位的青年科学家代表就两国科技合作、学术交流、人才培养等课题进行了研讨。2012年10月26日，第十届中俄经济社会发展比较论坛在中国青年政治学院召开。论坛为期两天，由中共中央编译局、中国青年政治学院、俄罗斯圣彼得堡国立大学联合主办。

（四）中俄大学校长论坛

中俄自2002年开始举办中俄大学校长论坛。2002年5月27日，“中俄大学校长交流研讨会”在莫斯科举办，讨论三方面议题：一是以“高等院校产学研结合及其在经济发展活动中的作用”为内容的专题研讨会；二是围绕“汉语教学在俄罗斯”及“俄语教学在中国”议题的圆桌会议；三是有关高校间的合作项目洽谈活动。

2006年10月11日，第六届中国东北地区与俄罗斯远东、西伯利亚地区大学校长论坛如期举行，会谈主要就我国加强与俄罗斯的高等教育交流与合作，联合培养高层次高素质人才等议题展开。2006年10月12日，由中国教育部和俄罗斯联邦教育署主办，北京大学和莫斯科大学承办的“中俄重点大学校长论坛”在北京大学开幕，主题是“21世纪的高等教育——中俄两国创新型大学建设”，与会者就“创新型大学与创新型人才培养”“创新型大学的国际竞争力与人才流失和回归”等议题展开研讨。

2008年10月17日，“2008年中俄大学校长论坛”在北京大学举办，北京大学、清华大学等12所国内知名高校和莫斯科大学、喀山大学等13所俄罗斯知名院校的校长出席了论坛，围绕“二十一世纪的高等教育——中俄两国创新型大学建设”和“高层次人才培养和创新型大学建设”等主题进行了深入研讨。

2009 年 9 月 16 日，“第八届中国东北地区与俄罗斯远东及西伯利亚地区大学校长论坛”开幕，来自中国东北三省和俄罗斯远东及西伯利亚地区的中俄双方共 81 所高校的 200 余名校长和专家，围绕“经济全球化背景下的国际型与创新型人才培养问题”和“中俄高校在教学与科研领域合作的理论研究与实践探索”这两大主题进行深入探讨。

2010 年 5 月 12 日，中俄大学校长圆桌会议在莫斯科举办，中国教育部副部长陈希率领由教育部高教司、科技司领导和清华大学、上海交通大学、四川大学等 8 所大学校长(或书记)参加会议，论坛的主题是理工类拔尖人才培养与中俄合作。俄方有俄罗斯大学、莫斯科鲍曼国立技术大学等 7 所俄罗斯大学校长或领导参加会议。

2012 年 9 月 26 日，“第十届中国东北地区与俄罗斯远东及西伯利亚地区大学校长论坛”在长春举行。俄罗斯联邦杜马科学教育文化信息政治联邦委员会第一副主席索洛宁尤里，俄罗斯哈巴罗夫斯克州副州长、州教育科学部部长巴吉列夫斯基，中国教育部国际教育司副司长于继海，黑龙江省教育厅高校工委书记、党组书记徐梅以及来自我国东北地区及俄罗斯联邦的 80 余所知名高校和教育机构的校长、专家出席论坛。

（五）中俄大学生艺术节

2003 年至 2008 年，中俄大学生艺术节先后在中国的哈尔滨、上海、成都，以及俄罗斯的符拉迪沃斯托克等城市举办了 6 届。

第一届中俄大学生艺术节举办于 2003 年 10 月 24 日，主题是“增进两国传统友谊、弘扬两国民族文化、体现两国校园生活”。

2004 年第二届中俄大学生艺术联欢节在俄罗斯的符拉迪沃斯托克举办。

2005 年 5 月 26 日，第三届中俄大学生艺术节暨俄罗斯高等学校教育展在四川大学望江校区举行。

2006 年 3 月 17 日，作为中国“俄罗斯年”重要活动内容之一的中俄大学生艺术节在北京大学举办。艺术节以“青春、和平、友谊、未来”为主题。艺术节期间，来自俄罗斯莫斯科和圣彼得堡以及远东地区城市的 50 余名在校大学生与北京高校的大学生同台演出，并与杭州和深圳的大学生举行联谊活动。

2007 年 9 月 1 日至 12 日，俄罗斯“中国年”系列活动之一，以“和谐 · 未来”为主题的第五届中俄大学生艺术联欢节在俄罗斯莫斯科举办。

2008 年 10 月 8 日，中俄大学生艺术联欢节开幕式暨文艺演出在北京大学百年讲堂举行。此次艺术联欢节以“青春、和谐、未来、梦想”为主题，来自俄罗斯莫斯科、圣彼得堡以及远东地区的50余名在校大学生及带队教师，除与北京高校的大学生同台演出，还前往西安、三亚、海口进行交流访问，与当地大学生进行联欢。

2009年10月，北京中俄学生联欢演出在中央民族大学举行，来自北京14所高校、两所中学的俄语专业学生和在京的俄罗斯留学生欢聚一堂，以俄语歌曲、舞蹈以及朗诵等形式，表达中俄学生相互交流学习、增进友谊和加深了解的美好愿望。2009年10月22日，中俄大学生艺术联欢节开幕式暨文艺演出在北京外国语大学体育馆举行，在“青春、和谐、未来、梦想”的主题下，近2 000名中俄大学生代表在现场感受着民族艺术的魅力，用青春与激情诠释着和平与友谊。

2010年11月14日，中俄大学生艺术联欢节在俄罗斯莫斯科和圣彼得堡举办，主题为“一抹中国红，浓浓中国情”，在宣传展示中国文化的同时，更在俄罗斯掀起了新一轮的中国热。

2011年12月8日，第三届中俄大学生艺术联欢节开幕，本届联欢节由中国教育部、黑龙江省教育厅主办，齐齐哈尔大学承办，主题是青春·文化·友谊·梦想，主要内容有文艺演出、中俄大学生座谈交流和文化体验。

（六）建立语言中心

语言文化交流是中俄跨境高等教育合作的一个重要的内容。新世纪，中国的俄语教育和俄罗斯的汉语教育十分红火，中俄双方以语言为载体开展了一系列跨境高等教育合作。

根据俄中教育文化卫生体育合作委员会第一次会议议定书，中国在北京外国语大学（2001年5月）、上海外国语大学（2001年12月）和黑龙江大学（2001年12月）开设了三个俄语中心。俄语中心的任务主要是在高校乃至全国范围内加强俄语教师培训，研究俄语教学方法和理论，组织研讨会和学术会议，提供研究俄语必备的文学作品、录像和录音材料。

（七）中俄同类高校联盟

顺应全球化理念，中俄同类高校联盟成为中俄跨境高等教育合作的新形式。中俄同类高校联盟的建立目标是帮助联盟成员在教学和科研领域内开展国际合作，构建联盟内部统一的教育共同体。中俄同类高校联盟包括：

1. 中俄工科大学联盟

2011年3月6日，中俄工科大学联盟（ASRTU，简称“阿斯图”）成立。中俄工科大学联盟由中国的哈尔滨工业大学和俄罗斯的莫斯科鲍曼国立技术大学共同发起，首批成员单位共30个，中俄大学各占一半。中俄工科大学联盟建立的根本宗旨：汇集中俄工科精英大学，培养高素质人才，推进中俄人才交流与科技合作，促进两国创新型经济的共同发展。中俄工科大学联盟交流平台包括：中俄青年创新创业大赛平台；国际学术交流平台；精英人才培养平台；中俄青年人文交流平台；高端联合科研平台；校企科技产业平台。科研基地：2011 年 2 月 21 日，教育部袁贵仁部长签批同意成立哈尔滨工业大学中俄人才交流和科研合作基地。

2. 中俄艺术高校联盟

2012 年 6 月，中俄艺术高校联盟正式成立，吉林艺术学院和俄罗斯圣彼得堡国立里姆斯基—科萨科夫音乐学院共同牵头，召集了 8 所中俄艺术院校作为联盟首批成员，确定了联盟协议、联盟运行规则及联盟开展活动方式，首批联盟成员单位包括：吉林艺术学院、南京艺术学院、山东艺术学院、广西艺术学院、云南艺术学院、俄罗斯圣彼得堡国立里姆斯基—科萨科夫音乐学院、圣彼得堡国立施季里茨工艺美术学院、莫斯科国立苏里科夫美术学院。2015 年，内蒙古艺术学院、新疆艺术学院加入联盟，联盟内成员单位增加至 10 所院校。

3. 中国东北地区与俄罗斯远东及西伯利亚地区大学联盟

2012 年 9 月 26 日，在第十届中国东北地区与俄罗斯远东及西伯利亚地区大学校长论坛期间，中国东北地区与俄罗斯远东及西伯利亚地区大学联盟正式成立，现已有 85 所大学加入联盟。联盟宗旨是促进中俄区域大学在人文、经贸、科技、文化等各领域合作的快速发展与繁荣。

三、机构的流动

（一）中俄合作办学机构

如表 3-26 所示，2000—2012 年，中俄合作办学机构只有一个，是山东艺术学院国际艺术交流学院，中方合作办学机构是山东艺术学院，俄方合作办学机构是俄罗斯国际教育交流中心，办学层次属于高等专科教育，学制两年，招生专业包括人物形象设计、文化事业管理、影视多媒体技术、艺术设计，只能获得中方颁发的普通高等教育专科毕业证书。

（二）孔子学院

孔子学院作为增进俄罗斯人民对中国语言文化了解、满足俄罗斯人民学习汉语需要的重要途径，历来受到中俄两国政府的重视。2000—2012 年，中国在俄罗斯已建立孔子学院 17 所，这些孔子学院承担了发展中俄友好关系、促进中俄双方文化发展、构建和谐中俄战略联盟的重要使命。中国在俄罗斯建立的孔子学院情况如表 3-27 所示：

表 3-26　2000—2012 年开始招生的中俄合作办学机构

中俄合作办学项目名称	中方合作办学机构	俄方合作办学机构	办学层次和类别	学制	每期招生人数	招生起止年份	开设专业或课程	中方颁发证书	俄方颁发证书
山东艺术学院国际艺术交流学院	山东艺术学院	俄罗斯国际教育交流中心	高等专科教育	2 年	640 人	2001—2013 年(每年 1 期)，2015—2019(每年 1 期)	人物形象设计(专业代码：670105H)、文化事业管理(专业代码：660114H)、影视多媒体技术(专业代码：670304H)、艺术设计(专业代码：670101H)	普通高等教育专科毕业证书	无

注：根据中华人民共和国中外合作办学监管工作信息平台公布的本科及以上层次中外合作办学机构和项目名单和高等专科教育中外合作办学机构和项目(截至 2022 年 4 月 12 日)名单整理

表 3-27　2000—2012 年中国在俄罗斯建立孔子学院统计

孔子学院名称	所在城市	承办机构	合作机构	启动运行时间
远东联邦大学孔子学院	海参崴	远东联邦大学	黑龙江大学	2006 年 12 月 21 日
俄罗斯国立人文大学孔子学院	莫斯科	俄罗斯国立人文大学	对外经贸大学	2006 年 12 月 26 日
莫斯科大学孔子学院	莫斯科	莫斯科大学	北京大学	2007 年 9 月 6 日
莫斯科国立语言大学孔子学院	莫斯科	莫斯科国立语言大学	北京外国语大学	2010 年 3 月 23 日
梁赞国立大学孔子学院	梁赞	梁赞国立大学	长春大学	2010 年 3 月 23 日
圣彼得堡国立大学孔子学院	圣彼得堡	圣彼得堡大学	首都师范大学	2006 年 11 月 10 日
下诺夫哥罗德国立语言大学孔子学院	下诺夫哥罗德	下诺夫哥罗德国立语言大学	四川外国语大学	2010 年 5 月 5 日
伏尔加格勒国立社会师范大学孔子学院	伏尔加格勒	伏尔加格勒国立师范大学	天津外国语大学	2010 年 6 月 22 日
伊尔库茨克国立大学孔子学院	伊尔库茨克	伊尔库茨克国立大学	辽宁大学	2006 年 12 月 22 日
新西伯利亚国立技术大学孔子学院	新西伯利亚	新西伯利亚国立技术大学	大连外国语大学	2007 年 4 月 8 日
喀山联邦大学孔子学院	喀山	喀山联邦大学	湖南师范大学	2007 年 4 月 24 日
布拉戈维申斯克国立师范大学孔子学院	布拉戈维申斯克	布拉戈维申斯克国立师范大学	黑河学院	2007 年 5 月 15 日
卡尔梅克国立大学孔子学院	卡尔梅克	卡尔梅克国立大学	内蒙古大学	2007 年 11 月 22 日
托木斯克国立大学孔子学院	托木斯克	托木斯克国立大学	沈阳理工大学	2008 年 5 月
布里亚特国立大学孔子学院	乌兰乌德	布里亚特国立大学	长春理工大学	2007 年 7 月 6 日
乌拉尔联邦大学孔子学院	叶卡捷琳堡	乌拉尔联邦大学	广东外语外贸大学	2007 年 12 月 28 日
阿穆尔国立人文师范大学孔子学院	阿穆尔共青城	阿穆尔国立人文师范大学	哈尔滨师范大学	2010 年 10 月 23 日

第六节　新时代的中俄跨境高等教育合作

2012年11月8日,中国共产党第十八次全国代表大会召开,中国开始进入社会主义新时代。特别是在“一带一路”倡议提出后,中俄跨境高等教育合作也进入了跨越式发展时期。

一、人员的流动

新时代,中俄两国从国家层面上为中俄留学生交流提供了支持和保障。中国方面,中国国家留学基金委下设“中俄艺术类人才联合培养项目”;设有面向本科生、硕士研究生和博士研究生的“赴俄罗斯专业人才培养计划”;支持优秀自费生攻读更高一级学位的“在俄优秀毕业生支持计划”。俄罗斯方面,制订的“教育出口”计划希望吸引更多中国留学生到俄罗斯学习;众多俄罗斯大学将吸引中国留学生作为国际交流工作重点;莫斯科大学、圣彼得堡大学等知名大学官网可以用中文浏览部分内容;圣彼得堡国立大学和圣彼得堡彼得大帝理工大学分别在哈尔滨和上海设代表处。新时代,中俄互派留学生的规模不断扩大。

(一) 俄罗斯来华留学生

从表3-28可知,2013—2018年,除2015年和2018年外,其他几年的俄罗斯来华留学生都呈现上升趋势,2013年、2014年、2016年、2017年的俄罗斯来华留学生年增长率分别是6.33%、8.07%、10.95%、9.90%。

表3-28　2013—2018年俄来华留学生统计

年份	排名	俄来华留学生总数/人	俄来华留学生年增长率/%	学历生/人	学历生占比/%	学历生年增长率/%	非学历生/人	非学历生年增长率/%
2013	5	15 918	6.33	5 250	32.98	9.01	10 668	5.05
2014	4	17 202	8.07	5 764	33.51	9.79	11 438	7.22
2015	5	16 197	−5.84	6 283	38.79	9.00	9 914	−13.32
2016	6	17 971	10.95	7 265	40.43	15.63	10 706	7.99
2017	6	19 751	9.90	8 032	40.67	10.56	11 719	9.46
2018	6	19 239	−2.59	7 866	40.89	−2.07	11 373	−2.95

俄罗斯学历来华留学生方面,2013—2017年实现了连续五年增长,年增长率分别是9.01%、9.79%、9.00%、15.63%、10.56%,超过同期俄罗斯非学历来

华留学生的增长率。2015 年，在俄罗斯非学历来华留学生出现下降 13.32%的情况下，俄罗斯学历来华留学生仍实现了 9.00%的年增长率。2018 年，俄罗斯学历来华留学生年增长率呈现下降趋势，下降了 2.07%。俄罗斯来华留学生中，学历留学生所占比例也一直呈现上涨趋势，2013 年，俄罗斯学历来华留学生占俄罗斯来华留学生总数的 32.98%，到 2018 年上升至 40.89%。

俄罗斯非学历来华留学生方面，2013 年、2014 年、2016 年、2017 年呈现上升趋势，年增长率分别是 5.05%、7.22%、7.99%、9.46%，与同期俄罗斯来华留学生总数的变化趋势相同。2015 年和 2018 年，俄罗斯非学历来华留学生有所下降，分别下降了 13.32%和 2.95%。

从表 3-29 可知，2013—2018 年，俄罗斯非学历来华留学生中，高级进修生所占比例一直比较少，变化不大，均不足 1%。2013 年，高级进修生增长幅度大，增长了将近 5 倍，2014 年增长幅度也比较大，增长了 52.94%，2015—2017 年呈现下降趋势，分别下降了 8.97%、19.72%、15.79%，2018 年上升了 6.25%。

表 3-29　2013—2018 年俄非学历来华留学生统计

年份	非学历生/人	高进/人	高进占比/%	高进年增长率/%	普进/人	普进占比/%	普进年增长率/%	语言/人	短期/人	短期占比/%	短期年增长率/%
2013	10 668	51	0.48	466.67	567	5.31	128.63	6 412	3 638	34.10	2.48
2014	11 438	78	0.68	52.94	6 874	60.10			4 486	39.22	23.31
2015	9 914	71	0.72	−8.97	6 508	65.64	−5.32		3 335	33.64	−25.66
2016	10 706	57	0.53	−19.72	6 751	63.06	3.73		3 898	36.41	16.88
2017	11 719	48	0.41	−15.79	7 241	61.79	7.26		4 430	37.80	13.65
2018	11 373	51	0.45	6.25	6371	56.02	−12.01		4 951	43.53	11.76

普通进修生是俄罗斯非学历来华留学生的主体。2013 年，语言进修生和普通进修生是分开统计的，这一年，普通进修生所占比率为 5.31%，语言进修生所占比率为 60.10%。2014—2018 年，语言进修生不单独统计，而是计人普通进修生，普通进修生所占比例增大，五年的占比分别是 60.10%、65.64%、63.06%、61.79%、56.02%，占俄罗斯非学历来华留学生总数的三分之一左右。普通进修生并不是逐年增加的，2015 年和 2018 年出现了年增长率下降，分别下降了 5.32%和 12.01%。2016 年和 2017 年普通进修生虽然呈现上升趋势，但是增长比率不高，这两年的年增长率分别是 3.73%和 7.26%。

短期留学生占俄罗斯非学历来华留学生的比率比较稳定，2013—2018 年的占比分别是34.10%、39.22%、33.64%、36.41%、37.80%、43.53%，变化幅度不超过七个百分点。年增长率方面，只有2015年的短期进修生是负增长，下降了25.66%，2014年的年增长率最高，上升至23.31%，2013年的年增长率最低，只有2.48%。

从表3-30可知，2013—2018年，俄罗斯本科学历来华留学生占俄罗斯学历来华留学生的比例逐年下降，2013年占比是66.55%，2018年是48.70%，下降了18个百分点。同期，俄罗斯本科来华留学生的年增长率，除了2018年是负增长14.33%之外，其他年份都是正增长，增长比率分别是6.49%、4.04%、4.35%、11.84%、5.42%。

表3-30　2013—2018年俄学历来华留学生统计

年份	本科/人	本科占比/%	本科年增长率/%	硕研/人	硕研占比/%	硕研年增长率/%	博研/人	博研占比/%	博研年增长率/%	专科/人	专科占比/%	专科年增长率/%
2013	3 494	66.55	6.49	1 517	28.90	12.87	163	3.10	18.98	76	1.45	40.74
2014	3 635	63.06	4.04	1 834	31.82	20.90	213	3.70	30.67	82	1.42	7.89
2015	3 793	60.37	4.35	2 140	34.06	16.68	265	4.22	24.41	85	1.35	3.66
2016	4 242	58.39	11.84	2 625	36.13	22.66	318	4.38	20.00	80	1.10	−5.88
2017	4 472	55.68	5.42	3 094	38.52	17.87	376	4.68	18.24	90	1.12	12.50
2018	3 831	48.70	−14.33	3 398	43.20	9.83	457	5.81	21.54	180	2.29	100.00

俄罗斯硕士研究生来华留学生，在2013—2018年俄罗斯学历来华留学生总数中的占比逐年提高，从2013年的28.90%增加至2018年的43.20%，增加了近15个百分点。同期，俄罗斯硕士研究生来华留学生年增长率均为正增长，2016年的增长幅度最大，达到22.66%，2018年的增长幅度最小，是9.83%。

俄罗斯博士研究生来华留学生，在2013—2018年俄罗斯学历来华留学生总数中的占比也实现了逐年提高，但提高幅度不大，2013年占比为3.10%，2018年占比为5.81%。同期，俄罗斯博士学位来华留学生年增长率也均为正向增长，2014年增长幅度最大，达到30.67%，2017年增长幅度最小，是18.24%。

俄罗斯专科学历来华留学生，在2013—2018年俄罗斯学历来华留学生总数中的比例一直不多，基本保持在2%左右。俄罗斯专科学历来华留学生年增长率，2018年的增长率最高，达到100.00%，2016年是6年内唯一的一次负增长，下降了5.88%。

如表 3-31 所示，俄罗斯奖学金来华留学生的年增长率一直是正向增长，年平均增长率为 20.01%，2016 年的年增长率最高，达到 32.36%，2018 年的年增长率最低，是 5.41%。

表 3-31　2013—2018 年俄奖学金来华留学生统计

年份	学历生奖学金/人	学历奖学金占比/%	学历奖学金年增长率/%	非学历生奖学金/人	非学历奖学金占比/%	非学历奖学金年增长率/%	奖学金合计/人	奖学金年增长率/%
2013	1 387	83.76	17.44	269	16.24	−6.92	1 656	12.65
2014	1 556	85.35	12.18	267	14.65	−0.74	1 823	10.08
2015	1 796	87.02	15.42	268	12.98	0.37	2 064	13.22
2016	2 206	80.75	22.83	526	19.25	96.27	2 732	32.36
2017	2 589	76.94	17.36	776	23.06	47.53	3 365	23.17
2018	2 761	77.84	6.64	786	22.16	1.29	3 547	5.41

俄罗斯奖学金来华留学生包括俄罗斯奖学金学历来华留学生和俄罗斯奖学金非学历来华留学生。2013—2018 年，俄罗斯奖学金学历来华留学生占俄罗斯奖学金来华留学生总数的比例虽然有所下降，从 2013 年的 83.76%下降至 2018 年的 77.84%，但其仍然是俄罗斯奖学金来华留学生的主要组成部分，占超过四分之三的比例。同期，俄罗斯奖学金学历来华留学生都是正增长，2016 年的年增长率最高，达到 22.83%；2018 年的增长率最低，是 6.64%。

俄罗斯奖学金非学历来华留学生占俄罗斯奖学金来华留学生总数的比例一直不高，2013—2018 年的占比分别是 16.24%、14.65%、12.98%、19.25%、23.06%、22.16%。俄罗斯奖学金非学历来华留学生年增长率浮动范围比较大，2013 年和 2014 年是负增长率，分别下降了 6.92%和 0.74%；2015—2018 是正向增长，2016 年的增长率最高，达到了 96.27%，2015 年的增长率最低，是 0.37%。

如表 3-32 所示，2013—2018 年，俄罗斯奖学金非学历来华留学生主要包括高级进修生、普通进修生和语言进修生。其中，高级进修生占俄罗斯奖学金非学历来华留学生的比例一直比较低，2017 年的占比最高，也仅有 1.16%。普通进修生占俄罗斯奖学金非学历来华留学生的大部分比例，2014 年的俄罗斯奖学金非学历来华留学生中，100%是普通进修生，2015—2018 年的普通进修生的占比也都在 99%左右。

表 3-32　2013—2018 年俄奖学金非学历来华留学生统计　单位：人

年份	高进奖学金	普进奖学金	语言奖学金
2013	1	20	248
2014		267	
2015	2	266	
2016	5	521	
2017	9	767	
2018	8	778	

如表 3-33 所示，俄罗斯奖学金学历来华留学生包括俄罗斯奖学金本科来华留学生、俄罗斯奖学金硕士来华留学生、俄罗斯奖学金博士来华留学生。

表 3-33　2013—2018 年俄奖学金学历来华留学生统计

年份	本科奖学金/人	本科奖学金占比/%	本科奖学金年增长率/%	硕研奖学金/人	硕研奖学金占比/%	硕研奖学金年增长率/%	博研奖学金/人	博研奖学金占比/%	博研奖学金年增长率/%
2013	217	15.65	3.83	1 052	75.85	19.82	118	8.51	25.53
2014	149	9.58	−31.34	1 254	80.59	19.20	153	9.83	29.66
2015	90	5.01	−39.60	1 526	84.97	21.69	180	10.02	17.65
2016	96	4.35	6.67	1 898	86.04	24.38	212	9.61	17.78
2017	125	4.83	30.21	2 215	85.55	16.70	249	9.62	17.45
2018	151	5.47	20.80	2 319	83.99	4.70	291	10.54	16.87

2013—2018 年，俄罗斯奖学金本科来华留学生占俄罗斯奖学金来华留学生总数的占比，除 2017 和 2018 年外，其他 4 年均呈现下降趋势，2013 年的占比是 15.65%，2016 年下降至 4.35%，下降了超过 11 个百分点。俄罗斯奖学金本科来华留学生年增长率方面，2014 和 2015 年是负增长，分别下降了 31.34%和 39.60%；其他年份均是正增长，增长率最高的是 2017 年，达到 30.21%，最低的是 2013 年，是 3.83%。

俄罗斯奖学金硕士来华留学生占俄罗斯奖学金来华留学生总数的比例，2013—2016 年是上升趋势，各年的占比分别是 75.85%、80.59%、84.97%、86.04%；2017 和 2018 年的占比稍微有些下滑，分别是 85.55%和 83.99%。同期，俄罗斯硕士奖学金来华留学生年增长率均实现了正增长，年平均增长率为 17.75%，年增长率最高的是 2016 年，达到 24.38%，最低的是 2018 年，为 4.70%。

俄罗斯奖学金博士来华留学生占俄罗斯奖学金来华留学生总数的比例，变化幅度不大，基本保持在10%左右，最高的是2018年，达到10.54%，最低的是2013年，是8.51%。同期，俄罗斯博士奖学金来华留学生年增长率也均实现了正增长，年平均增长率为20.82%，2014年的年增长率最高，达到29.66%，2018年的年增长率最低，是16.87%。

（二）中国赴俄留学生

新时代，中国赴俄留学生数量也呈现逐年增加的趋势。根据国际教育协会(IIE)的统计数据，如表3-34所示，2016—2021年，中国赴俄的留学生人数分别是20 209人、22 529人、27 127人、29 950人、37 515人、42 972人。2017—2021年，中国赴俄的留学生人数年增长率分别是11.48%、20.41%、10.41%、25.26%、14.55%。

表3-34　2016—2021年中国赴俄罗斯留学生人数统计

年份	中国赴俄罗斯留学人数/人	年增长率/%
2016	20 209	
2017	22 529	11.48
2018	27 127	20.41
2019	29 950	10.41
2020	37 515	25.26
2021	42 972	14.55

注：国际教育协会官网。

如表3-35所示，2013—2020年，中国赴俄留学的人数呈现每年递增的趋势，年平均增长率为21.14%，2014和2017年的年增长率最高，均是27.27%，2013年的年增长率最低，是13.79%。同期，中国赴俄罗斯的留学生总数也呈现正向增长趋势，年平均增长率为15.89%，2019年的年增长率最高，达到23.47%，2013年的年增长率最低，是6.52%。中国赴俄罗斯留学生毕业的人数，年平均增长率为7.83%，2013和2015年是负增长，两年均下降了3.23%；2018年和2019年的年增长率最高，分别是21.21%和22.50%。

表3-35　2013—2020年中国赴俄罗斯留学生情况统计

学年	入学人数/万人	入学年增长率/%	中在俄留学生总数/万人	总数年增长率/%	毕业人数/万人	毕业年增长率/%
2013/2014	3.3	13.79	9.8	6.52	3.0	−3.23
2014/2015	4.2	27.27	10.9	11.22	3.1	3.33

表 3-35(续)

学年	入学人数/万人	入学年增长率/%	中在俄留学生总数/万人	总数年增长率/%	毕业人数/万人	毕业年增长率/%
2015/2016	4.8	14.29	12.0	10.09	3.0	−3.23
2016/2017	5.5	14.58	13.5	12.50	3.1	3.33
2017/2018	7.0	27.27	16.3	20.74	3.3	6.45
2018/2019	8.0	14.29	19.6	20.25	4.0	21.21
2019/2020	9.4	17.50	24.2	23.47	4.9	22.50
2020/2021	11.8	25.53	29.6	22.31	5.5	12.24

注:数据根据 2013—2020 年俄罗斯统计年鉴整理。

二、项目的流动

新时代,中俄跨境高等教育合作进入了空前发展阶段,合作的规模进一步扩大,合作的质量也有所提升,合作的方式也更加多样化。在中俄人文合作委员会框架内,以机制化建设为保障,中俄跨境高等教育交流合作成效显著。中俄 11 个同类大学联盟机制化建设继续强化,支持成立了中俄工科大学联盟、中俄艺术高校联盟、中国东北地区与俄罗斯远东及西伯利亚地区大学联盟、中国一俄罗斯经济类大学联盟、中俄教育类高校联盟、中俄交通大学校长联盟、中俄医科大学联盟、中俄新闻教育高校联盟、中俄文化艺术大学联盟、中俄农业教育科技创新联盟、中俄综合性大学联盟;深圳北理莫斯科大学树立了中俄高校合作的典范;中俄大学生艺术联欢节、中俄青少年学生俄语(汉语)比赛、中俄高等教育展、中俄艺术类人才培养项目都是教育领域机制化项目。

(一)中俄合作办学项目

2014 年中俄签署《中国教育部和俄罗斯教育科学部关于支持组建中俄同类高校联盟的谅解备忘录》,将中俄跨境高等教育合作与交流提升到了政府高度,具有战略意义。

从表 3-36 可知,新时代中俄合作办学项目的数量增长幅度比较大,共计 96 项。新时代中俄合作办学的地域范围不再局限于具有地缘优势的黑龙江省,扩大到了全国范围。96 项中俄合作办学项目中,北京 1 项,上海 1 项,天津 1 项,江苏 11 项,浙江 1 项,海南 1 项,山东 15 项,四川 1 项,河北 9 项,河南 8 项,湖南 4 项,陕西 1 项,黑龙江 14 项,辽宁 3 项,吉林 13 项,云南 3 项,内蒙古 1 项,新疆 2 项,江西 1 项,湖北 5 项。

办学层次方面,硕士学历教育项目 3 项,占 3.12%;本科学历教育项目 58

表 3-36　2013—2022 年开始招生的中俄合作办学项目

序号	省、直辖市	中俄合作办学项目名称	中方合作办学机构	俄方合作办学机构	办学层次和类别	学制	每期招生人数	招生起止年份	开设专业或课程	中方颁发证书	俄方
1	北京	北京联合大学与俄罗斯乌拉尔国立交通大学合作举办轨道交通信号与控制专业本科教育项目	北京联合大学	俄罗斯乌拉尔国立交通大学	本科学历教育	4年	100人(在北京联合大学招生规模内统筹安排)	2017—2026年(每年1期)	轨道交通信号与控制(080802TH)	普通高等教育本科毕业证书、学士学位证书	俄罗斯乌拉尔国立交通大学毕业证书、学位证书(赴国外学习1年者)
2	上海	上海师范大学与俄罗斯彼得罗扎沃茨克国立格拉祖诺夫音乐学院合作举办音乐表演专业本科教育项目	上海师范大学	俄罗斯彼得罗扎沃茨克国立格拉祖诺夫音乐学院	本科学历教育	4年	40人(在上海师范大学年度招生规模内统筹安排)	2014—2021年(每年1期)	音乐表演(专业代码:130201H)	普通高等教育本科毕业证书、学士学位证书	无
3	天津	天津师范大学与莫斯科国立文化学院合作举办音乐学专业本科教育项目	天津师范大学	莫斯科国立文化学院	本科学历教育	4年	40人(在天津师范大学年度招生规模内统筹安排)	2014—2023年(每年1期)	音乐学(专业代码:130202H)	普通高等教育本科毕业证书、学士学位证书	专业学士学位
4	江苏	江苏师范大学与俄罗斯圣彼得堡亚历山大一世国立交通大学(原俄罗斯圣彼得堡交通大学)合作举办金融工程专业本科教育项目	江苏师范大学	俄罗斯圣彼得堡交通大学	本科学历教育	5年	100人	2013—2022年(每年1期)	金融工程(专业代码:020302H)	普通高等教育本科毕业证书、学士学位证书	管理学学士学位(赴国外学习2年者)

表 3-36(续)

序号	省、直辖市	中俄合作办学项目名称	中方合作办学机构	俄方合作办学机构	办学层次和类别	学制	每期招生人数	招生起止年份	开设专业或课程	中方颁发证书	俄方
5	江苏	徐州工程学院与俄罗斯圣彼得堡国立电子技术大学合作举办电气工程及其自动化专业本科教育项目	徐州工程学院	俄罗斯圣彼得堡国立电子技术大学	本科学历教育	4年	60人(在徐州工程学院年度招生规模内统筹安排)	2014—2022年(每年1期)	电气工程及其自动化(专业代码:080601H)	普通高等教育本科毕业证书、学士学位证书	工学学士学位证书(赴国外学习1年者)
6	江苏	江苏师范大学与俄罗斯圣彼得堡亚历山大一世国立交通大学合作举办轨道交通信号与控制专业本科教育项目	江苏师范大学	俄罗斯圣彼得堡亚历山大一世国立交通大学	本科学历教育	5年	100人(在江苏师范大学年度招生规模内统筹安排)	2014—2023年(每年1期)	轨道交通信号与控制(专业代码:080802TH)	普通高等教育本科毕业证书、学士学位证书	交通工程师专家文凭证书(赴国外学习2年者)
7	江苏	徐州工程学院与俄罗斯圣彼得堡国立电子技术大学合作举办机械电子工程专业本科教育项目	徐州工程学院	俄罗斯圣彼得堡国立电子技术大学	本科学历教育	4年	60人(在徐州工程学院年度招生规模内统筹安排)	2014—2022年(每年1期)	机械电子工程(专业代码:080204H)	普通高等教育本科毕业证书、学士学位证书	工学学士学位证书(赴国外学习1年者)
8	江苏	盐城师范学院与俄罗斯莫斯科国立文化学院(原俄罗斯莫斯科国立文化艺术大学)合作举办音乐表演专业本科教育项目	盐城师范学院	俄罗斯莫斯科国立文化学院	本科学历教育	4年	20人	2014—2025年(每年1期)	音乐表演(专业代码:130201H)	普通高等教育本科毕业证书、学士学位证书	该领域文凭

表 3-36(续)

序号	省、直辖市	中俄合作办学项目名称	中方合作办学机构	俄方合作办学机构	办学层次和类别	学制	每期招生人数	招生起止年份	开设专业或课程	中方颁发证书	俄方
9	江苏	江苏师范大学与俄罗斯普列汉诺夫经济大学合作举办国际贸易学硕士教育项目	江苏师范大学	俄罗斯普列汉诺夫经济大学	外国硕士学位教育	2年	30人	2014—2021年(每年1期)	国际贸易学	无	专业硕士学位
10	江苏	江苏科技大学与俄罗斯奥加辽夫莫尔多瓦国立大学合作举办能源动力专业硕士学位教育项目	江苏科技大学	俄罗斯奥加辽夫莫尔多瓦国立大学	硕士研究生教育	2.5年	20人	2019—2022年(每年1期)	能源动力	普通高等教育硕士研究生毕业证书、硕士学位证书	热力工程和热技术专业硕士学位证书(赴外方学习1年者)
11	浙江	浙江海洋大学与俄罗斯圣彼得堡国立海洋技术大学合举办船舶与海洋工程专业本科教育项目	浙江海洋大学	俄罗斯圣彼得堡国立海洋技术大学	本科学历教育	4年	40人(在浙江海洋大学年度招生规模内统筹安排)	2014—2023年(每年1期)	船舶与海洋工程(专业代码:081901H)	普通高等教育本科毕业证书、学士学位证书	造船、海洋工程和海洋建筑系统工程专业工学学士学位证书
12	海南	海南师范大学与俄罗斯圣彼得堡国立电影电视大学合作举办广播电视编导本科教育项目	海南师范大学	俄罗斯圣彼得堡国立电影电视大学	本科学历教育	4年	50人(在海南师范大学招生规模内统筹安排)	2017—2021年(每年1期)	广播电视编导(专业代码:130305H)	普通高等教育本科毕业证书、学士学位证书	俄罗斯圣彼得堡国立电影电视大学学士学位证书

表 3-36(续)

序号	省、直辖市	中俄合作办学项目名称	中方合作办学机构	俄方合作办学机构	办学层次和类别	学制	每期招生人数	招生起止年份	开设专业或课程	中方颁发证书	俄方
13	山东	山东交通学院与俄罗斯顿河国立技术大学合作举办交通运输专业本科教育项目(已并入山东交通学院顿河学院)	山东交通学院	俄罗斯顿河国立技术大学	本科学历教育	4年	100人(在山东交通学院年度招生规模内统筹安排)	2012—2021年(每年1期)	交通运输(081201H)	普通高等教育本科毕业证书、学士学位证书	无
14	山东	山东交通学院与俄罗斯远东国立交通大学举办电气工程及其自动化专业本科学历教育合作项目	山东交通学院	俄罗斯远东国立交通大学	本科学历教育	4年	60人(在山东交通学院年度招生规模内统筹安排)	2013—2022年(每年1期)	电气工程及其自动化(080601H)	普通高等教育本科毕业证书、学士学位证书	无
15	山东	德州学院与俄罗斯联邦国立自主高等教育机构别尔哥罗德国家研究型大学合作举办生物技术专业本科教育项目	德州学院	俄罗斯联邦国立自主高等教育机构别尔哥罗德国家研究型大学	本科学历教育	4年	120人	2021—2025年(每年1期)	生物技术(专业代码:071002H)	普通高等教育本科毕业证书、学士学位证书	无
16	江西	赣南师范大学与俄罗斯奔萨国立大学合作举办音乐学专业本科教育项目	赣南师范大学	俄罗斯奔萨国立大学	本科学历教育	4年	60人(在赣南师范大学招生规模内统筹安排)	2017—2025年(每年1期)	音乐学(专业代码:130202H)	普通高等教育本科毕业证书、学士学位证书	俄罗斯奔萨国立大学学士学位(赴国外学习1年者)

表 3-36(续)

序号	省、直辖市	中俄合作办学项目名称	中方合作办学机构	俄方合作办学机构	办学层次和类别	学制	每期招生人数	招生起止年份	开设专业或课程	中方颁发证书	俄方
17	江西	江西理工大学与俄罗斯阿穆尔共青城国立大学合作举办电子科学与技术专业本科教育项目	江西理工大学	俄罗斯阿穆尔共青城国立大学	本科学历教育	4年	80人(在江西理工大学年度招生规模内统筹安排)	2020—2023年(每年1期)	电子科学与技术(专业代码:080702H)	普通高等教育本科毕业证书、学士学位证书	无
18		九江学院与俄罗斯克拉斯诺达尔国立文化艺术学院合作举办视觉传达设计专业本科教育项目	九江学院	俄罗斯克拉斯诺达尔国立文化艺术学院	本科学历教育	4年	50人(在九江学院年度招生规模内统筹安排)	2020—2023年(每年1期)	视觉传达设计(130502H)	普通高等教育本科毕业证书、学士学位证书	学士学位证书(赴国外学习1年者)
19		宜春学院与俄罗斯萨马拉国立社会与师范大学合作举办音乐学专业本科教育项目	宜春学院	俄罗斯萨马拉国立社会与师范大学	本科学历教育	4年	60人	2021—2023年(每年1期)	音乐学(专业代码:130202H)	普通高等教育本科毕业证书、学士学位证书	学士学位证书(赴国外学习1年者)
20	四川	四川师范大学与莫斯科国立师范大学合作举办绘画专业本科教育项目	四川师范大学	莫斯科国立师范大学	本科学历教育	4年	100人(在四川师范大学招生规模内统筹安排)	2017—2025年(每年1期)	绘画(专业代码:130402H)	普通高等教育本科毕业证书、学士学位证书	莫斯科国立师范大学艺术学学士学位证书(赴国外学习1年者)
21	河北	华北理工大学与俄罗斯托木斯克国立大学合作举办化学专业本科教育项目	华北理工大学	俄罗斯托木斯克国立大学	本科学历教育	4年	100人(在华北理工大学年度招生规模内统筹安排)	2020—2024年(每年1期)	化学(专业代码:070301H)	普通高等教育本科毕业证书、学士学位证书	学士学位证书(赴国外学习1年者)

表 3-36(续)

序号	省、直辖市	中俄合作办学项目名称	中方合作办学机构	俄方合作办学机构	办学层次和类别	学制	每期招生人数	招生起止年份	开设专业或课程	中方颁发证书	俄方
22	河北	唐山学院与俄罗斯联邦国家预算高等教育机构国家研究型大学莫斯科动力学院合作举办机械设计制造及其自动化专业本科教育项目	唐山学院	俄罗斯联邦国家预算高等教育机构国家研究型大学莫斯科动力学院	本科学历教育	4年	100人	2021—2025年(每年1期)	机械设计制造及其自动化(专业代码:080202H)	普通高等教育本科毕业证书、学士学位证书	无
23	河南	河南大学与俄罗斯南联邦大学合作举办视觉传达设计专业本科教育项目	河南大学	俄罗斯南联邦大学	本科学历教育	4年	100人(在河南大学年度招生规模内统筹安排)	2012—2026年(每年1期)	视觉传达设计(专业代码:130502H)	普通高等教育本科毕业证书、学士学位证书	无
24	河南	河南大学与俄罗斯南联邦大学合作举办俄语专业本科教育项目	河南大学	俄罗斯南联邦大学	本科学历教育	4年	50人(在河南大学年度招生规模内统筹安排)	2012—2026年(每年1期)	俄语(专业代码:050202H)	普通高等教育本科毕业证书、学士学位证书	无
25	河南	河南财经政法大学与俄罗斯人民友谊大学合作举办人文地理与城乡规划专业本科教育项目	河南财经政法大学	俄罗斯人民友谊大学	本科学历教育	4年	200人(在河南财经政法大学年度招生规模内统筹安排)	2013—2023年(每年1期)	人文地理与城乡规划(专业代码:070503H)	普通高等教育本科毕业证书、本科学位证书	土地规划与地籍学士学位证书
26	河南	河南财经政法大学与俄罗斯人民友谊大学合作举办金融学专业本科教育项目	河南财经政法大学	俄罗斯人民友谊大学	本科学历教育	4年	150人(在河南财经政法大学年度招生规模内统筹安排)	2014—2023年(每年1期)	金融学(专业代码:020301KH)	普通高等教育本科毕业证书、本科学位证书	金融学专业理学学士学位证书(赴国外学习2年者)

表 3-36(续)

序号	省、直辖市	中俄合作办学项目名称	中方合作办学机构	俄方合作办学机构	办学层次和类别	学制	每期招生人数	招生起止年份	开设专业或课程	中方颁发证书	俄方
27	河南	河南大学与俄罗斯南联邦大学合作举办环境设计专业本科教育项目	河南大学	俄罗斯南联邦大学	本科学历教育	4年	100人(在河南大学年度招生规模内统筹安排)	2012—2023年(每年1期)	环境设计(专业代码:130508H)	普通高等教育本科毕业证书、学士学位证书	无
28	河南	河南城建学院与俄罗斯圣彼得堡国立建筑工程大学合作举办给排水科学与工程专业本科教育项目	河南城建学院	俄罗斯圣彼得堡国立建筑工程大学	本科学历教育	4年	100人(在河南城建学院年度招生规模内统筹安排)	2015—2026年(每年1期)	给排水科学与工程(专业代码:081003H)	普通高等教育本科毕业证书、本科学位证书	无
29	河南	华北水利水电大学与俄罗斯乌拉尔联邦大学合作举办土木工程专业本科教育项目	华北水利水电大学	俄罗斯乌拉尔联邦大学	本科学历教育	4年	120人(在华北水利水电大学招生规模内统筹安排)	2016—2026年(每年1期)	土木工程(专业代码:081001H)	普通高等教育本科毕业证书、学士学位证书	无
30	河南	河南科技大学与俄罗斯托木斯克理工大学合作举办自动化专业本科教育项目	河南科技大学	俄罗斯托木斯克理工大学	本科学历教育	4年	120人(在河南科技大学招生规模内统筹安排)	2018—2022年(每年1期)	自动化(专业代码:080801H)	普通高等教育本科毕业证书、本科学位证书	无
31	湖南	湖南师范大学与俄罗斯下诺夫哥罗德国立格林卡音乐学院合作举办音乐表演专业本科教育项目	湖南师范大学	俄罗斯下诺夫哥罗德国立格林卡音乐学院	本科学历教育	4年	120人(在湖南师范大学招生规模内统筹安排)	2016——2025年(每年1期)	音乐表演(专业代码:130201H)	普通高等教育本科毕业证书、学士学位证书	无

表 3-36(续)

序号	省、直辖市	中俄合作办学项目名称	中方合作办学机构	俄方合作办学机构	办学层次和类别	学制	每期招生人数	招生起止年份	开设专业或课程	中方颁发证书	俄方
32	陕西	榆林学院与俄罗斯罗蒙诺索夫北方(北极)联邦大学合作举办石油工程专业本科教育项目	榆林学院	俄罗斯罗蒙诺索夫北方(北极)联邦大学	本科学历教育	4年	60人	2021—2024年(每年1期)	石油工程(专业代码:081502H)	普通高等教育本科毕业证书、学士学位证书	学士学位证书(赴国外学习1年者)
33	黑龙江	齐齐哈尔医学院与俄罗斯赤塔国立医学院合作举办口腔医学本科教育项目	齐齐哈尔医学院	俄罗斯赤塔国立医学院	本科学历教育	5年	90人	2012—2026年(每年1期)	口腔医学专业(专业代码:100301KH)	普通高等教育本科毕业证书、学士学位证书	无
34	黑龙江	佳木斯大学与俄罗斯阿列赫姆国立大学合作举办学前教育专业本科教育项目(停止招生)	佳木斯大学	俄罗斯阿列赫姆国立大学	本科学历教育	4年	50人	2013—2017年(每年1期)	学前教育(专业代码:040106H)	普通高等教育本科毕业证书、学士学位证书	无
35	黑龙江	齐齐哈尔医学院与俄罗斯赤塔国立医学院合作举办精神医学本科教育项目	齐齐哈尔医学院	俄罗斯联邦赤塔国立医学院	本科学历教育	5年	90人	2013—2026年(每年1期)	精神医学专业(专业代码:100205TKH)	普通高等教育本科毕业证书、学士学位证书	无
36	黑龙江	东北农业大学与俄罗斯太平洋国立大学合作举办机械设计制造及其自动化专业本科教育项目(退出办学)	东北农业大学	俄罗斯太平洋国立大学	本科学历教育	4年	100人(在东北农业大学年度招生规模内统筹安排)	2013—2016年	机械设计制造及其自动化(专业代码:080202H)	普通高等教育本科毕业证书、本科学位证书	无

表 3-36(续)

序号	省、直辖市	中俄合作办学项目名称	中方合作办学机构	俄方合作办学机构	办学层次和类别	学制	每期招生人数	招生起止年份	开设专业或课程	中方颁发证书	俄方
37	黑龙江	东北农业大学与俄罗斯太平洋国立大学合作举办机械设计制造及其自动化专业本科教育项目(退出办学)	东北农业大学	俄罗斯太平洋国立大学	本科学历教育	4年	100人(在东北农业大学年度招生规模内统筹安排)	2013—2016年	机械设计制造及其自动化(专业代码:080202H)	普通高等教育本科毕业证书、本科学位证书	无
38		齐齐哈尔大学与俄罗斯克麦罗沃食品工业技术学院合作举办食品科学与工程专业本科教育项目(停止招生)	齐齐哈尔大学	俄罗斯克麦罗沃食品工业技术学院	本科学历教育	4年	90人(在齐齐哈尔大学年度招生规模内统筹安排)	2013—2017年(每年1期)	食品科学与工程(专业代码:082701H)	普通高等教育本科毕业证书、本科学位证书	无
39		黑河学院与俄罗斯南乌拉尔国立大学合作举办旅游管理专业本科教育项目	黑河学院	俄罗斯南乌拉尔国立大学	本科学历教育	4年	80人(在黑河学院年度招生规模内统筹安排)	2013—2025年(每年1期)	旅游管理(专业代码:120901KH)	普通高等教育本科毕业证书、学士学位证书	无
40		大庆师范学院与俄罗斯布拉戈维申斯克国立师范大学合作举办化学工程与工艺专业本科教育项目(停止招生)	大庆师范学院	俄罗斯布拉戈维申斯克国立师范大学	本科学历教育	4年	100人	2013—2017年(每年1期)	化学工程与工艺(专业代码:081301H)	普通高等教育本科毕业证书、学士学位证书	无
41		哈尔滨工业大学与俄罗斯莫斯科鲍曼国立技术大学合作举办环境生态工程专业本科教育项目	哈尔滨工业大学	俄罗斯莫斯科鲍曼国立技术大学	本科学历教育	5年	30人(由哈尔滨工业大学通过招生计划增量安排)	2021—2025年(每年1期)	环境生态工程(专业代码:082504H)	普通高等教育本科毕业证书、学士学位证书	学士学位证书(赴国外学习2年者)

表 3-36(续)

序号	省、直辖市	中俄合作办学项目名称	中方合作办学机构	俄方合作办学机构	办学层次和类别	学制	每期招生人数	招生起止年份	开设专业或课程	中方颁发证书	俄方
42	黑龙江	大庆师范学院与俄罗斯西南国立大学合作举办物联网工程专业本科教育项目	大庆师范学院	俄罗斯西南国立大学	本科学历教育	4年	100人	2021—2025年(每年1期)	物联网工程(专业代码:080905H)	普通高等教育本科毕业证书、学士学位证书	无
43	辽宁	沈阳化工大学与俄罗斯国家研究型大学-伊尔库茨克国立理工大学合作举办能源与动力工程专业本科教育项目	沈阳化工大学	俄罗斯国家研究型大学-伊尔库茨克国立理工大学	本科学历教育	4年	60人(在沈阳化工大学年度招生规模内统筹安排)	2018—2021年(每年1期)	能源与动力工程(专业代码:080501H)	普通高等教育本科毕业证书、学士学位证书	无
44	辽宁	辽宁石油化工大学与俄罗斯乌法国立石油技术大学合作举办电气工程及其自动化专业本科教育项目	辽宁石油化工大学	俄罗斯乌法国立石油技术大学	本科学历教育	4年	120人	2021—2025年(每年1期)	电气工程及其自动化(专业代码:080601H)	普通高等教育本科毕业证书、学士学位证书	无
45	辽宁	辽宁科技大学与俄罗斯利佩茨克国立技术大学合作举办冶金工程专业本科教育项目	辽宁科技大学	俄罗斯利佩茨克国立技术大学	本科学历教育	4年	120人	2021—2025年(每年1期)	冶金工程(专业代码:080404H)	普通高等教育本科毕业证书、学士学位证书	冶金学学士学位证书(赴国外学习1年者)
46	吉林	长春大学与俄罗斯乌斯季诺夫波罗的海国立技术大学合作举办自动化专业本科教育项目	长春大学	俄罗斯乌斯季诺夫波罗的海国立技术大学	本科学历教育	4年	100人(在长春大学年度招生规模内统筹安排)	2020—2024年(每年1期)	自动化(专业代码:080801H)	普通高等教育本科毕业证书、学士学位证书	工学学士学位(自动化专业)(赴国外学习2年者)

表 3-36(续)

序号	省、直辖市	中俄合作办学项目名称	中方合作办学机构	俄方合作办学机构	办学层次和类别	学制	每期招生人数	招生起止年份	开设专业或课程	中方颁发证书	俄方
47	辽宁	长春大学与俄罗斯乌斯季诺夫波罗的海国立技术大学合作举办机械工程专业本科教育项目	长春大学	俄罗斯乌斯季诺夫波罗的海国立技术大学	本科学历教育	4年	120人(在长春大学年度招生规模内统筹安排)	2020—2024年(每年1期)	机械工程(专业代码:080305H)	普通高等教育本科毕业证书、学士学位证书	机械工程及自动化方向工学学士学位证书(赴国外学习2年者)
48		长春大学与俄罗斯伏尔加格勒国立社会师范大学合作举办俄语专业本科教育项目	长春大学	俄罗斯伏尔加格勒国立社会师范大学	本科学历教育	4年	80人(在长春大学年度招生规模内统筹安排)	2012—2025年(每年1期)	俄语(050202H)	普通高等教育本科毕业证书、学士学位证书	无
49		吉林建筑大学(原吉林建筑工程学院)与俄罗斯太平洋国立大学合作举办工程管理专业本科教育项目	吉林建筑大学	俄罗斯太平洋国立大学	本科学历教育	4年	100人	2013—2024年(每年1期)	工程管理(110104H)	普通高等教育本科毕业证书、学士学位证书	无
50		长春师范大学与俄罗斯克麦罗沃国立文化学院合作举办音乐学专业本科教育项目	长春师范大学	俄罗斯克麦罗沃国立文化艺术大学	本科学历教育	4年	100人(在长春师范大学年度招生规模内统筹安排)	2013—2026年(每年1期)	音乐学(专业代码:130202H)	普通高等教育本科毕业证书、学士学位证书	无
51		吉林大学与俄罗斯托姆斯克理工大学合作举办物理学专业本科教育项目	吉林大学	俄罗斯托姆斯克理工大学	本科学历教育	4年	120人(在吉林大学年度招生规模内统筹安排)	2014年，2019—2023年(每年1期)	物理学(专业代码:070201H)	普通高等教育本科毕业证书、学士学位证书	应用物理学专业理学学士学位证书

表 3-36(续)

序号	省、直辖市	中俄合作办学项目名称	中方合作办学机构	俄方合作办学机构	办学层次和类别	学制	每期招生人数	招生起止年份	开设专业或课程	中方颁发证书	俄方
52	辽宁	白城师范学院与俄罗斯莫斯科国立人文大学合作举办音乐表演专业本科教育项目(停止招生)	白城师范学院	俄罗斯莫斯科国立人文大学	本科学历教育	4年	100人(在白城师范学院年度招生规模内统筹安排)	2014—2017年(每年1期)	音乐表演(专业代码:130201H)	普通高等教育本科毕业证书、学士学位证书	无
53		长春师范大学与俄罗斯克麦罗沃国立文化学院合作举办视觉传达设计专业本科教育项目	长春师范大学	俄罗斯克麦罗沃国立文化学院	本科学历教育	4年	100人(在长春师范大学年度招生规模内统筹安排)	2014—2022年(每年1期)	视觉传达设计(专业代码:130502H)	普通高等教育本科毕业证书、学士学位证书	无
54		长春工程学院与俄罗斯南俄国立技术大学(新切尔卡斯克理工学院)合作举办能源与动力工程专业本科教育项目	长春工程学院	俄罗斯南俄国立技术大学新切尔卡斯克理工学院	本科学历教育	4年	100人(在长春工程学院年度招生规模内统筹安排)	2020—2024年(每年1期)	能源与动力工程(专业代码:080501H)	普通高等教育本科毕业证书、学士学位证书	无
55		白城师范学院与俄罗斯乌拉尔国立师范大学合作举办环境设计专业本科教育项目	白城师范学院	俄罗斯乌拉尔国立师范大学	本科学历教育	4年	100人(在白城师范学院年度招生规模内统筹安排)	2015—2022年(每年1期)	环境设计(专业代码:130503H)	普通高等教育本科毕业证书、学士学位证书	无
56		长春理工大学与俄罗斯圣彼得堡国立研究型信息技术机械与光学大学合作举办光学工程硕士研究生教育项目	长春理工大学	俄罗斯圣彼得堡国立研究型信息技术机械与光学大学	硕士研究生教育	2年	30人	2016—2023年(每年1期)	光学工程(专业代码:0803H)	无	光学工程方向硕士学位证书

表 3-36(续)

序号	省、直辖市	中俄合作办学项目名称	中方合作办学机构	俄方合作办学机构	办学层次和类别	学制	每期招生人数	招生起止年份	开设专业或课程	中方颁发证书	俄方
57	辽宁	吉林外国语大学与俄罗斯托木斯克国立师范大学合作举办俄语专业本科教育项目	吉林外国语大学	俄罗斯托木斯克国立师范大学	本科学历教育	4年	60人	2022—2026年(每年1期)	俄语(专业代码:050202H)	普通高等教育本科毕业证书、学士学位证书	师范教育专业学士学位证书(赴国外学习1年者)
58	云南	西南林业大学与俄罗斯南乌拉尔国立大学合作举办机械电子工程专业本科教育项目	西南林业大学	俄罗斯南乌拉尔国立大学	本科学历教育	4年	100人(在西南林业大学年度招生规模内统筹安排)	2018—2022年(每年1期)	机械电子工程(专业代码:080204H)	普通高等教育本科毕业证书、学士学位证书	无
59	内蒙古	呼伦贝尔学院与俄罗斯别尔哥罗德国立工艺大学合作举办土木工程专业本科教育项目	呼伦贝尔学院	俄罗斯别尔哥罗德国立工艺大学	本科学历教育	4年	80人(在呼伦贝尔学院年度招生规模内统筹安排)	2014—2023年(每年1期)	土木工程(081001H)	普通高等教育本科毕业证书、学士学位证书	无
60	新疆	新疆农业大学和俄罗斯国立太平洋大学合作举办交通运输专业本科教育项目	新疆农业大学	俄罗斯国立太平洋大学	本科学历教育	5年	80人(在新疆农业大学年度招生规模内统筹安排)	2014—2022年(每年1期)	交通运输(专业代码:081801H)	普通高等教育本科毕业证书、学士学位证书	物流工程专业学士学位证书(赴国外学习2年者)
61		新疆农业大学与俄罗斯托木斯克国立建筑大学合作举办土木工程专业本科教育项目	新疆农业大学	俄罗斯托木斯克国立建筑大学	本科学历教育	4年	80人	2019—2022年(每年1期)	土木工程(专业代码:081001H)	普通高等教育本科毕业证书、学士学位证书	俄罗斯托木斯克国立建筑大学本科学士学位证书(赴国外学习1年者)

表 3-36(续)

序号	省、直辖市	中俄合作办学项目名称	中方合作办学机构	俄方合作办学机构	办学层次和类别	学制	每期招生人数	招生起止年份	开设专业或课程	中方颁发证书	俄方
62	江苏	南京铁道职业技术学院与俄罗斯圣彼得堡国立亚历山大一世皇帝交通大学合作举办铁道交通运营管理专业专科教育项目	南京铁道职业技术学院	俄罗斯圣彼得堡国立亚历山大一世皇帝交通大学	专科学历教育	3年	100人	2016—2024年	铁道交通运营管理（专业代码：520206H)	普通高等教育专科毕业证书	学业证明
63	江苏	南京铁道职业技术学院与俄罗斯圣彼得堡国立亚历山大一世皇帝交通大学合作举办铁道信号自动控制专业专科教育项目	南京铁道职业技术学院	俄罗斯圣彼得堡国立亚历山大一世皇帝交通大学	专科学历教育	3年	100人(每1期)	2016—2024年	铁道信号自动控制(专业代码：600106H)	普通高等教育专科毕业证书	学业证明
64	江苏	徐州工业职业技术学院与俄罗斯鄂木斯克国立交通大学合作举办机械制造及自动化专业高等专科教育项目	徐州工业职业技术学院	俄罗斯鄂木斯克国立交通大学	高等专科学历教育	3年	100人	2022—2025年(每年1期)	机械制造及自动化(460104H)	普通高等教育专科毕业证书	无
65	江苏	常州工业职业技术学院与俄罗斯弗拉基米尔国立大学合作举办软件技术专业高等专科教育项目	常州工业职业技术学院	俄罗斯弗拉基米尔国立大学	高等专科学历教育	3年	100人	2022—2025年	软件技术(510203H)	普通高等教育专科毕业证书	无

表 3-36(续)

序号	省、直辖市	中俄合作办学项目名称	中方合作办学机构	俄方合作办学机构	办学层次和类别	学制	每期招生人数	招生起止年份	开设专业或课程	中方颁发证书	俄方
66	山东	山东交通职业学院与俄罗斯鄂木斯克国立交通大学合作举办机械设计与制造专业专科教育项目	山东交通职业学院	俄罗斯鄂木斯克国立交通大学	高等专科学历教育	3年	100人	2020—2025年(每年1期)	机械设计与制造专业(专业代码:560101H)	普通高等教育专科毕业证书	学业证明
67	山东	山东交通职业学院与俄罗斯鄂木斯克国立交通大学合作举办工业机器人技术专业专科教育项目	山东交通职业学院	俄罗斯鄂木斯克国立交通大学	高等专科学历教育	3年	100人	2020—2025年(每年1期)	工业机器人技术专业(专业代码:560309H)	普通高等教育专科毕业证书	学业证明
68	山东	威海职业学院与俄罗斯阿尔泰波尔祖诺夫国立技术大学合作举办软件技术专业专科教育项目	威海职业学院	俄罗斯阿尔泰波尔祖诺夫国立技术大学	高等专科学历教育	3年	40人	2021—2023年(每年1期)	软件技术专业(专业代码:610205H)	普通高等教育专科毕业证书	无
69	山东	威海职业学院与俄罗斯阿尔泰波尔祖诺夫国立技术大学合作举办电气自动化技术专业专科教育项目	威海职业学院	俄罗斯阿尔泰波尔祖诺夫国立技术大学	高等专科学历教育	3年	40人	2022—2024年(每年1期)	电气自动化技术(专业代码:460306H)	普通高等教育专科毕业证书	无

表 3-36(续)

序号	省、直辖市	中俄合作办学项目名称	中方合作办学机构	俄方合作办学机构	办学层次和类别	学制	每期招生人数	招生起止年份	开设专业或课程	中方颁发证书	俄方
70	山东	枣庄科技职业学院与俄罗斯阿穆尔共青城国立大学合作举办建筑工程技术专业专科教育项目	枣庄科技职业学院	俄罗斯阿穆尔共青城国立大学	高等专科学历教育	3年	100人	2022—2024年(每年1期)	建筑工程技术(专业代码:440301H)	普通高等教育专科毕业证书	无
71		枣庄科技职业学院与俄罗斯阿穆尔共青城国立大学合作举办电气自动化技术专业专科教育项目	枣庄科技职业学院	俄罗斯阿穆尔共青城国立大学	高等专科学历教育	3年	100人	2022—2024年(每年1期)	电气自动化技术(专业代码:460306H)	普通高等教育专科毕业证书	无
72		东营科技职业学院与俄罗斯萨马拉国立技术大学合作举办石油化工技术专业专科教育项目	东营科技职业学院	俄罗斯萨马拉国立技术大学	高等专科学历教育	3年	80人	2022—2031年(每年1期)	石油化工技术(专业代码:470204H)	普通高等教育专科毕业证书	无
73		东营科技职业学院与俄罗斯萨马拉国立技术大学合作举办机械制造及其自动化专业专科教育项目	东营科技职业学院	俄罗斯萨马拉国立技术大学	高等专科学历教育	3年	80人	2022—2031年(每年1期)	机械制造及自动化专业(专业代码:460104H)	普通高等教育专科毕业证书	无

表 3-36(续)

序号	省、直辖市	中俄合作办学项目名称	中方合作办学机构	俄方合作办学机构	办学层次和类别	学制	每期招生人数	招生起止年份	开设专业或课程	中方颁发证书	俄方
74	江西	赣州师范高等专科学校与俄罗斯克拉斯诺达尔国立文化学院合作举办音乐教育专业专科教育项目	赣州师范高等专科学校	俄罗斯克拉斯诺达尔国立文化学院	高等专科学历教育	3年	60人	2021—2025年(每年1期)	音乐教育(专业代码:670112KH)	专科毕业证书	无
75	河北	河北工业职业技术大学与俄罗斯阿尔泰国立大学合作举办大数据与会计专业高等专科教育项目	河北工业职业技术大学	俄罗斯阿尔泰国立大学	高等专科学历教育	3年	100人	2022—2024年(每年1期)	大数据与会计(530302H)	高等专科毕业证书	无
76		河北工业职业技术大学与俄罗斯阿尔泰国立大学合作举办金融服务与管理专业高等专科教育项目目	河北工业职业技术大学	俄罗斯阿尔泰国立大学	高等专科学历教育	3年	100人	2022—2024年(每年1期)	金融服务与管理(530201H)	高等专科毕业证书	无
77		河北工业职业技术大学与俄罗斯阿尔泰国立大学合作举办金融科技应用专业高等专科教育项目	河北工业职业技术大学	俄罗斯阿尔泰国立大学	高等专科学历教育	3年	100人	2022—2024年(每年1期)	金融科技应用(530202H)	高等专科毕业证书	无

表 3-36(续)

序号	省、直辖市	中俄合作办学项目名称	中方合作办学机构	俄方合作办学机构	办学层次和类别	学制	每期招生人数	招生起止年份	开设专业或课程	中方颁发证书	俄方
78	河北	河北交通职业技术学院与俄罗斯莫斯科汽车公路国立技术大学合作举办道路与桥梁工程技术专业高等专科教育项目	河北交通职业技术学院	俄罗斯莫斯科汽车公路国立技术大学	高等专科学历教育	3年	60人	2022—2024年(每年1期)	道路与桥梁工程技术专业(500201H)	高等专科毕业证书	无
79	河北	河北交通职业技术学院与俄罗斯莫斯科汽车公路国立技术大学合作举办现代物流管理专业高等专科教育项目	河北交通职业技术学院	俄罗斯莫斯科汽车公路国立技术大学	高等专科学历教育	3年	60人	2022—2024年(每年1期)	现代物流管理专业(530802H)	高等专科毕业证书	无
80	河北	河北交通职业技术学院与俄罗斯莫斯科汽车公路国立技术大学合作举办新能源汽车技术专业高等专科教育项目	河北交通职业技术学院	俄罗斯莫斯科汽车公路国立技术大学	高等专科学历教育	3年	60人	2022—2024年(每年1期)	新能源汽车技术专业(460702H)	高等专科毕业证书	无
81	河北	石家庄医学高等专科学校与俄罗斯秋明国立医科大学合作举办口腔医学专业高等专科教育项目	石家庄医学高等专科学校	俄罗斯秋明国立医科大学	高等专科学历教育	3年	100人	2022—2024年(每年1期)	口腔医学专业(520102KH)	高等专科毕业证书	无

表 3-36(续)

序号	省、直辖市	中俄合作办学项目名称	中方合作办学机构	俄方合作办学机构	办学层次和类别	学制	每期招生人数	招生起止年份	开设专业或课程	中方颁发证书	俄方
82	湖北	武汉工程职业技术学院与俄罗斯鄂木斯克国立交通大学合作举办机电一体化技术专业高等专科教育项目	武汉工程职业技术学院	俄罗斯鄂木斯克国立交通大学	高等专科学历教育	3年	60人	2018—2020年(每年1期)	机电一体化技术(专业代码:560301H)	普通高等学校专科毕业证书	无
83	湖北	武汉工程职业技术学院与俄罗斯鄂木斯克国立交通大学合作举办模具设计与制造专业高等专科教育项目	武汉工程职业技术学院	俄罗斯鄂木斯克国立交通大学	高等专科学历教育	3年	60人	2018—2020年(每年1期)	模具设计与制造(专业代码:560113H)	普通高等学校专科毕业证书	无
84	湖北	湖北交通职业技术学院与俄罗斯共青城国立大学合作举办机电一体化技术专业高等专科教育项目	湖北交通职业技术学院	俄罗斯共青城国立大学	高等专科学历教育	3年	60人	2019—2021年(每年1期)	机电一体化技术(专业代码:560301H)	普通高等学校专科毕业证书	无
85	湖北	武汉软件工程职业学院与俄罗斯弗拉基米尔国立大学合作举办软件技术专业高等专科教育项目	武汉软件工程职业学院	俄罗斯弗拉基米尔国立大学	高等专科学历教育	3年	60人	2019—2021年(每年1期)	软件技术(专业代码:610205H)	普通高等学校专科毕业证书	无

表 3-36(续)

序号	省、直辖市	中俄合作办学项目名称	中方合作办学机构	俄方合作办学机构	办学层次和类别	学制	每期招生人数	招生起止年份	开设专业或课程	中方颁发证书	俄方
86	湖北	武汉软件工程职业学院与俄罗斯弗拉基米尔国立大学合作举办机电一体化技术专业高等专科教育项目	武汉软件工程职业学院	俄罗斯弗拉基米尔国立大学	高等专科学历教育	3年	60人	2019—2021年(每年1期)	机电一体化技术(专业代码:560301H)	普通高等学校专科毕业证书	无
87	湖南	湖南铁道职业技术学院与俄罗斯圣彼得堡国立亚历山大一世皇帝交通大学合作举办铁道机车专业高等专科教育项目	湖南铁道职业技术学院	俄罗斯圣彼得堡国立亚历山大一世皇帝交通大学	高等专科学历教育	3年	40人/年	2017—2022年(每年1期)	铁道机车(专业代码:600101H)	高等专科(高职)毕业证书	学业证明
88	湖南	湖南铁道职业技术学院与俄罗斯圣彼得堡国立亚历山大一世皇帝交通大学合作举办城市轨道交通车辆技术专业高等专科教育项目	湖南铁道职业技术学院	俄罗斯圣彼得堡国立亚历山大一世皇帝交通大学	高等专科教育	3年	40人/年	2017—2022年(每年1期)	城市轨道交通车辆技术(专业代码:600601H)	高等专科(高职)毕业证书	学业证明
89	湖南	湖南铁道职业技术学院与俄罗斯圣彼得堡国立亚历山大一世皇帝交通大学合作举办机械设计与制造专业高等专科教育项目	湖南铁道职业技术学院	俄罗斯圣彼得堡国立亚历山大一世皇帝交通大学	高等专科教育	3年	40人/年	2017—2022年(每年1期)	机械设计与制造(专业代码:560101H)	高等专科(高职)毕业证书	学业证明

表 3-36(续)

序号	省、直辖市	中俄合作办学项目名称	中方合作办学机构	俄方合作办学机构	办学层次和类别	学制	每期招生人数	招生起止年份	开设专业或课程	中方颁发证书	俄方
90	黑龙江	黑龙江建筑职业技术学院与俄罗斯阿穆尔共青城国立技术大学合作举办建筑工程技术专业高等职业教育(专科)项目	黑龙江建筑职业技术学院	俄罗斯阿穆尔共青城国立技术大学	高等专科学历教育	3年	40 人(在黑龙江建筑职业技术学院年度招生规模 内统筹安排)	2020—2021 年(每年 1 期)	建筑工程技术(专业代码:540301H)	普通高等教育专科毕业证书	学习证明
91		黑龙江建筑职业技术学院与俄罗斯阿穆尔共青城国立技术大学合作举办建筑设计专业高等职业教育(专科)项目	黑龙江建筑职业技术学院	俄罗斯阿穆尔共青城国立技术大学	高等专科学历教育	3年	40 人(在黑龙江建筑职业技术学院年度招生规模 内统筹安排)	2020—2021 年(每年 1 期)	建筑设计(专业代码:540101H)	普通高等教育专科毕业证书	学习证明
92		哈尔滨铁道职业技术学院与俄罗斯远东国立交通大学合作举办高速铁道工程技术专业高等职业教育(专科)项目	哈尔滨铁道职业技术学院	俄罗斯远东国立交通大学	高等专科学历教育	3年	100 人(在哈尔滨铁道职业技术学院年度招生规模内统筹安排)	2020—2022 年(每年 1 期)	高速铁道工程技术(专业代码:600111H)	普通高等教育专科毕业证书	学习证明
93		哈尔滨铁道职业技术学院与俄罗斯远东国立交通大学合作举办铁道交通运营管理专业高等职业教育(专科)项目	哈尔滨铁道职业技术学院	俄罗斯远东国立交通大学	高等专科学历教育	3年	60 人(在哈尔滨铁道职业技术学院年度招生规模内统筹安排)	2020—2022 年(每年 1 期)	铁道交通运营管理(专业代码:600108H)	普通高等教育专科毕业证书	学习证明

表 3-36(续)

序号	省、直辖市	中俄合作办学项目名称	中方合作办学机构	俄方合作办学机构	办学层次和类别	学制	每期招生人数	招生起止年份	开设专业或课程	中方颁发证书	俄方
94	吉林	吉林铁道职业技术学院与俄罗斯乌拉尔国立交通大学合作举办铁道车辆专业高等专科教育项目	吉林铁道职业技术学院	俄罗斯乌拉尔国立交通大学	高等专科学历教育	3年	160人	2017—2019年(每年1期)	铁道车辆(专业代码:600102H)	普通高等教育专科毕业证书	学习说明书
95	云南	云南交通职业技术学院与俄罗斯远东国立交通大学合作举办智能交通技术运用专业高等专科教育项目	云南交通职业技术学院	俄罗斯远东国立交通大学	高等专科教育	3年	100人	2017—2023年(每年1期)	智能交通技术运用(专业代码:600201H)	普通高等学校毕业证书	俄罗斯远东国立交通大学文凭证书
96		云南交通职业技术学院与俄罗斯远东国立交通大学合作举办建筑材料工程技术专业高等专科教育项目	云南交通职业技术学院	俄罗斯远东国立交通大学	高等专科教育	3年	100人	2017—2023年(每年1期)	建筑材料工程技术(专业代码:530701H)	普通高等学校毕业证书	俄罗斯远东国立交通大学文凭证书

注:根据中华人民共和国中外合作办学监管工作信息平台公布的本科及以上层次中外合作办学机构和项目名单和高等专科教育中外合作办学机构和项目(截至 2022 年 4 月 12 日)名单整理。

项，占 60.42%；专业学历教育项目 35 项，占 36.46%。

招生规模上，最少的每学年 20 人，最多的每学年 150 人。

开设专业的范围非常广泛，包括轨道交通信号与控制、音乐表演、音乐学、金融工程、电气工程及其自动化、轨道交通信号与控制等近百个专业。

学历证书方面，中俄合作办学 3 个硕士学位合作项目中，江苏师范大学与俄罗斯普列汉诺夫经济大学合作举办国际贸易学硕士教育项目，可以获得俄方专业硕士学位证书；江苏科技大学与俄罗斯奥加辽夫莫尔多瓦国立大学合作举办能源动力专业硕士学位教育项目，既可以获得中方颁发的普通高等教育硕士研究生毕业证书、硕士学位证书，也可以在赴俄学习 1 年的前提下，获得俄方颁发的热力工程和热技术专业硕士学位证书；长春理工大学与俄罗斯圣彼得堡国立研究型信息技术机械与光学大学合作举办光学工程硕士研究生教育项目，可以获得俄方颁发的光学工程方向硕士学位证书。中俄合作办学的 58 个本科学历合作办学项目中，学生都可以获得中方颁发的普通高等教育本科毕业证书、学士学位证书；有 5 个中俄合作办学项目可以获得俄方的毕业证书，占中俄合作办学本科项目总数的 8.62%；有 13 个中俄合作办学项目，赴俄学习 1 年，可以获得俄方颁发的本科毕业证书，占中俄合作本科办学项目总数的 22.41%；有 7 个中俄合作办学项目，赴俄学习 2 年，可以获得俄方颁发的本科毕业证书，占中俄合作本科办学项目总数的 12.07%；另外 33 个中俄合作本科项目，不能获得俄方毕业证书。在 35 项中俄合作办学专科项目中，所有学生都可以获得中方颁发的高等专科（高职）毕业证书；另外，还有 14 个中俄合作办学专科项目，可以获得俄方颁发的学习证明，占中俄合作办学专科项目总数的 40%。

（二）中俄同类大学联盟

中俄人文交流机制极大地推动了中俄高校间的合作。目前，中俄两国联合成立了 10 个同类大学联盟，以及中国东北地区与俄罗斯远东及西伯利亚地区大学联盟、中国长江中上游地区和俄罗斯伏尔加河沿岸联邦区高校联盟这两个区域性大学联盟。大学联盟的建立为中俄高校间开展交流与合作搭建了很好的平台。

新时代，中俄建立的同类大学联盟包括：

(1) 2013 年 11 月，由 13 所中方高校和 13 所俄方高校共同组成的“中国俄罗斯经济类大学联盟”在对外经济贸易大学正式成立，旨在推进经济类高校国际化发展，培养既精通专业知识又精通外语的复合型高端人才，以适应中俄经济贸易日益深入发展的广大市场。联盟召开了“经济类大学校长论坛”“中俄经济类大学联盟户外冬令营”“俄经济类大学联盟夏令营”等活动，呼应了中俄青年友好交流年，落实了中俄人文合作交流机制。

(2) 2014 年 4 月 17 日，中俄教育类高校联盟在北京师范大学成立，由中方 6 所部属师范大学和俄方 6 所师范类高校共同组成。中俄教育类高校联盟致力于凝聚中俄高水准教育类院校的力量，服务推进中俄教育人才交流与科研项目的合作，联盟成立后将主要开展中俄教育的比较研究、为中俄两国教育的发展提供建议性意见；组织联盟成员参加教学及科研领域的国际合作；促进中俄两国师生之间的相互理解及广泛学术交流合作；促进中俄两国文化教育的共同繁荣和发展。

(3) 2014 年 7 月 1 日，中俄医科大学联盟在哈尔滨市宣布成立，这是中俄两国大学间规模最大、参与院校最广泛的合作联盟。共 92 所高校参与中俄医科大学联盟建设，打造了中俄医科大学交流与合作的大平台，联盟内大学将通过互访、实习、培养等形式实现国际网络医科大学平台下的新合作，为中俄医药卫生领域交流与合作架起新的桥梁。联盟举办了首届中俄医科大学校长论坛。中俄医科大学联盟旨在汇集中俄两国主要的医科大学资源，培养高素质人才，推进中俄医学交流与科研合作，加快医学新理论和新技术在疾病预防和治疗中的应用，不断提升疾病预防、诊断、治疗和康复水平。

(4) 2014 年，中俄交通大学联盟成立，旨在落实国家“一带一路”倡议以及高铁“走出去”等重大战略，推动中俄两国高校在交通领域的交流与合作，提高我国高等教育的国际影响力和国际化水平。中方联盟主席学校为北京交通大学，俄方联盟主席学校为圣彼得堡国立交通大学。2014 年 5 月，中俄两国交通类高校召开了第一届中俄交通大学校长论坛。2015 年 9 月 4 日，以“创新驱动、交融互通”为主题的第二届中俄交通大学校长论坛在北京召开。2015 年 12 月 14—15 日，中俄交通大学校长联盟——中国轨道交通应用技术人才培养联盟成立大会在南京铁道职业技术学院召开。

(5) 2016 年 12 月 1 日，第五届圣彼得堡国际文化论坛在俄罗斯圣彼得堡召开。论坛上，中俄双方正式签署中俄文化艺术大学联盟成立协议，联盟正式成立。联盟由中俄 26 所语言、文化、艺术类高校根据自愿、平等、互利的原则成立，旨在促进中俄语言、文化、艺术类高校间的交流与合作，满足时代和社会需要，服务于两国关系长远发展和“一带一路”建设的语言文化类人才培养，促进中俄高等教育和人文交流。联盟主要活动如下：第一，通过学费减免、奖学金支持和共同申请科研基金项目，推动中俄语言、文化、艺术类高校在学生交换、学分与学历互认、教师教学科研方面的校际交流与合作，推动语言、文化、艺术类专业国际化应用型人才培养，推动联盟内高校的资源整合、优势互补、协同创新。第二，联合中俄语言、文化、艺术类高校整体发声，推动中俄两国政府和民间对于语言文化类院校的重视和支持。第三，通过联合举办中俄文化节、展览会、论坛以及与语言、文化、艺术相关的公益活动等形式，推动语言、文化、艺术类高校产学研结合并服务两国社会和地方发展。

(6) 2016 年 7 月 9 日，中俄新闻教育高校联盟在中国人民大学成立，联盟成立旨在全面促进和深化两国在新闻传播教育领域的交流合作。中俄新闻教育高校联盟的成立是中俄两国在新闻传播、文化交流、国际话语体系构建等方面具有战略意义的重大举措。该联盟旨在联合培养国际化传媒人才，将围绕理念创新、内容创新、机制体制建设、专业人才培养等课题，在教育理念、教育模式、人才培养规格和培养方向上做深入探讨。

(7) 2017 年 6 月 16 日，中俄“长江—伏尔加河”高校联盟，由中俄双方牵头高校——四川大学与下诺夫哥罗德国立技术大学共同签约成立“中俄长江—伏尔加河高校联盟”是中国长江中上游地区和俄罗斯伏尔加河沿岸联邦区地方合作机制在教育领域取得的重要合作成果，发展迅速，目前成员高校多达 82 所。2017 年 10 月 27 日，“长江—伏尔加河”高校联盟在中国成都正式启动。联盟每年举行两次国际会议，分别是联盟委员会成员大会和联盟成员校长论坛，校长论坛可结合中国长江中上游地区和俄罗斯伏尔加河沿岸联邦区地方合作理事会和中国长江中上游地区和俄罗斯伏尔加河沿岸联邦区青年论坛同时举行，由联盟中俄方成员高校轮流举办。2019 年 4 月 12 日，“长江—伏尔加河”高校联盟中方成员高校工作组会议在成都举行；同年 5 月 23—24 日，中俄“长江—伏尔加河”地方合作理事会第三次会议及第二届“长江—伏尔加河”高校联盟论坛在俄罗斯切博克萨雷市举行。联盟本着“相互尊重、平等互利、合作共赢”的原则，通过搭建中国与俄罗斯高校间的合作伙伴关系与合作平台，发挥成员高校的主动性与积极性，整合与共享资源，深化中国与俄罗斯的教育交流与合作，旨在促进中国长江中上游地区与俄罗斯伏尔加河沿岸联邦区地方合作，培养更多合格人才，推动双方学术研究以及在教育、科技、青年和文化等方面的合作与经验交流。

(8) 2017 年 7 月 4 日，在哈萨克斯坦阿斯塔纳举办的第二届丝绸之路农业教育科技合作论坛期间，中俄农业教育科技创新联盟成立。该联盟由中俄两国的 16 所农林院校组成，分别是：北京林业大学、山东农业大学、南京农业大学、华中农业大学、河南农业大学、中国农业科学院、新疆农业科学院、西北农林科技大学，俄罗斯国立农业大学、滨海边区国家农业科学院、南乌拉尔国立农业大学、奥姆斯克国立农业大学、奥廖尔国立农业大学、克拉斯纳亚斯国立农业大学、北部外乌拉尔国立农业大学、雅库茨克国立农业大学。该联盟以弘扬“和平合作、开放包容、互学互鉴、互利共赢”为宗旨，致力于推动中俄两国农业大学和科研机构在人才培养、科学研究、技术推广、人文交流、政策研究等方面的密切合作，为促进中俄的经济社会发展和文化交流做出更大贡献。

(9) 2017 年 9 月 13 日，作为中俄人文交流机制的系列配套活动之一，由中国教育部支持，北京大学和莫斯科罗蒙诺索夫国立大学联合主办、广东省教育厅和深圳市教育局合办的中俄综合性大学联盟成立大会暨中俄大学校长论坛在深圳举行。中国国务院副总理刘延东、俄罗斯副总理戈洛杰茨出席成立大会。40 所中方高校和 20 所俄方高校加入联盟。在联盟的大力推动下，中俄两国综合性大学在中国“一带一路”倡议和俄罗斯“欧亚经济联盟”中发挥了重要作用，有效增进了中俄两国青年学生间的友谊与合作。中俄综合性大学联盟将在现代教学方法、科学研究、文化教育以及社会活动等领域联合开展交流，从而进一步在两国战略指导下开展系统性合作，深化中俄高校间实质性交流。

中俄两国高等教育国际化的核心十分明确，中俄大学开放与交往的初衷也很纯粹，就是交流、合作、互惠互利。中俄同类高校联盟不同于以往一对一的校际合作，将各成员学校的合作资源整合到一个平台，打破原有的合作界限，更有利于聚拢双方优质、精华资源，放大合作效应。

（三）中俄大学生艺术联欢节

2013 年 9 月 18 日，中俄大学生艺术联欢节在俄罗斯人民友谊大学开幕。来自浙江大学、天津大学和吉林大学这三所大学的 60 名师生参加了此次为期 10 天的交流活动。交流第一站是俄罗斯人民友谊大学，在一天的交流活动中，分为“友谊、合作、理解、共同发展”的圆桌会议和艺术音乐会演出两部分。

2014 年 10 月 12 日下午，中俄大学生艺术联欢节(2014 中国)开幕式暨文艺演出在中国人民大学举行。中国人民大学党委副书记吴付来、中国教育国际交流协会副秘书长宗瓦、俄罗斯大学生艺术代表团团长 Olga Poleshchuk 出席开幕式。2014 年 10 月 17 日，闭幕式在长春师范大学举行。俄罗斯大学生艺术代表团由来自俄罗斯杰尔查文坦波夫国立大学、西南国立大学、乌里扬诺夫斯克国立大学、塞瓦斯托波尔国立技术大学、达吉斯坦国立技术大学、太平洋国立大学、阿穆尔国立大学的 48 名师生组成。

2016 年 5 月 16—20 日，第七届中俄大学生艺术联欢节在齐齐哈尔大学成功举行。第七届中俄大学生艺术联欢节由中国教育部主办，黑龙江省教育厅协办，贝加尔国立大学、俄罗斯远东国立大学、黑龙江大学、齐齐哈尔大学、齐齐哈尔医学院的留学生参加了联欢节。此外，举办了以“我的青春生活”为主题的中俄大学生摄影作品展览，用影像讲述自己的青春生活，增进相互了解，促进彼此友谊。

2017 年 11 月 20—29 日，第八届中俄大学生艺术联欢节在北京、上海、青岛成功举办，俄罗斯代表团携俄罗斯克拉斯诺亚尔斯克国立师范大学、乌里扬诺夫楚瓦什国立大学、俄罗斯联邦政府财政大学、托木斯克理工大学、圣彼得堡国立土木建筑大学、阿列赫姆国立大学、莫斯科国立管理大学、北高加索联邦大学和普列汉诺夫俄罗斯经济大学共9所高校的大学生，分别与北京理工大学、华东师范大学及中国石油大学(华东)的学生们同台演出，互动交流，并在三地进行了参观访问。

2018年5月23日，第九届中俄大学生艺术联欢节在齐齐哈尔大学举办，来自俄罗斯东北联邦大学、布里亚特国立大学、伊尔库茨克国立大学、后贝加尔国立大学、东西伯利亚文化学院的师生参加了这次联欢节。

2019年5月21日，第十届中俄大学生艺术联欢节开幕式在齐齐哈尔大学举办。来自俄罗斯远东国立艺术学院、后贝加尔国立大学、伊尔库茨克国立大学的师生参加了这次联欢节。

2021年8月，2021年中俄大学生艺术联欢节启动，活动主题为“青春乐章——献礼《中俄睦邻友好合作条约》签署20周年”。由中国教育国际交流协会与俄罗斯圣彼得堡国立经济大学联合主办的此次艺术联欢节在北京、长春、莫斯科、圣彼得堡四地同步举行，以线上线下相结合的形式，通过线上会议平台向中俄参展高校和吉林省多所高校进行全程直播。

(四) 中俄高等教育展

2018年5月16—23日，由江西省教育厅和省外事侨务办公室共同主办的江西省高校俄罗斯教育展先后在彼尔姆和乌法举行，江西省共12所高校参加了本次教育展。中国代表团访问了彼尔姆国立科研理工大学、彼尔姆国立文化学院、乌法国立艺术学院。在彼尔姆国立文化学院，参观了油画教学区，与油画系负责人艺术家伊莲娜就油画专业教学和管理进行了交流，参观了数字媒体录播工作室、舞蹈排演，观摩了声乐教学。

2018年5月18—20日，由孔子学院总部、国家汉办联合莫斯科国立语言大学主办，莫斯科国立语言大学孔子学院及汉考国际承办的2018俄罗斯首届HSK留学中国教育展在莫斯科国立语言大学举行。中国驻俄大使馆教育处临时代办王辉女士、国家汉办代表刘小龙、俄联邦科学与教育部高等教育司副司长科列斯尼科娃、莫斯科国立语言大学校长哈列耶娃等嘉宾出席开幕式并致辞，来自中国30所高校的参展代表和师生等近200人参加活动。

2018年10月9—17日，由教育部主办、中国教育国际交流协会承办的中国高等教育展在塞尔维亚和俄罗斯举行。教育展期间，代表团访问了塞尔维亚诺维萨德大学、贝尔格莱德大学、贝尔格莱德孔子学院、俄罗斯联邦科学及高等教育部、俄罗斯人民友谊大学、圣彼得堡大学及圣彼得堡东方语言文化学院独立孔子课堂，并参加了在这几所大学及俄罗斯联邦科学及高等教育部、圣彼得堡东方语言文化学院独立孔子课堂举行的教育交流研讨会，各高校代表及塞尔维亚、俄罗斯方面就中塞、中俄教育体制、未来合作领域与合作模式等议题进行了近距离的对话和交流，表达了开展全面合作的愿望。代表团分别在塞尔维亚和俄罗斯举办了4场高校教育展。由教育部国际司、中国教育国际交流协会领导带队，北京大学、上海交大医学院、山东大学、天津医科大学、南方医科大学等35所高校代表参加了教育展。

2019年9月10—19日，陕西省高等教育代表团赴俄罗斯、乌克兰、哈萨克斯坦三国参加中国(陕西)高等教育展教育系列活动。活动期间，在俄罗斯圣彼得堡举办了《丝路·秦韵》陕西特色文化展演。俄罗斯当地时间2019年9月14日上午，中国(陕西)高等教育展开幕式在俄罗斯首都莫斯科国民经济成就展览馆工业馆前广场举行。陕西省委副书记贺荣出席仪式并致辞，宣布教育展开幕，并与俄罗斯联邦国家杜马教育委员会副主席图托娃·拉丽莎·尼古拉耶夫娜、陕西省委教育工委书记董小龙等人视察展位。俄罗斯当地时间9月16日晚，中俄人文合作委员会第20次会议成果——中国(陕西)一俄罗斯(圣彼得堡)青少年人文交流陕西特色文化展演《丝路·秦韵》在俄罗斯圣彼得堡卓别林音乐厅举办。俄罗斯当地时间9月17日，中国(陕西)一俄罗斯(圣彼得堡)高等教育合作论坛在圣彼得堡国立交通大学举行，陕西省委教育工委书记董小龙对陕西高校进行了推介。

（五）中俄艺术类人才培养项目

根据中俄人文合作委员会第二次会议精神，经教育部批准，国家留学基金管理委员会于2002年设立中俄艺术类人才联合培养项目(简称俄罗斯艺术类项目)，旨在借鉴俄罗斯深厚的历史、文化底蕴及丰富的教育资源，培养我国紧缺的音乐、美术、舞蹈等领域专业人才。

实施范围：教育部确定的独立设置本科艺术院校，教育部批准的参照独立设置本科艺术院校的高校，设有艺术类专业的综合性大学、师范院校和文化部直属艺术团体或综合机构。

选派计划：

(1) 选派规模：30人/年。

(2) 选派类别及留学期限：

访问学者：留学期限为18～24个月(含一学年俄语预科学习)。

赴国外攻读硕士学位研究生：留学期限为36个月(含一学年俄语预科学习)。

赴国外攻读博士学位研究生：留学期限为48个月(含一学年俄语预科学习)。

(3) 重点资助学科、专业领域：

以音乐专业为主，同时选派少量美术专业（主要是现实主义画派）、芭蕾舞专业及表演类专业。

① 音乐类作曲专业不再选拔作曲理论研究方向人员；

② 美术专业、舞蹈专业不再选拔攻读硕士学位人员；

③ 美术类不再选拔应用艺术专业（室内装饰、艺术设计等）人员；

④ 表演类专业不再选拔攻读 ассистентура-стажировка 人员。

资助内容：留学期间享受国家留学基金提供的学费、奖学金及一次往返国际旅费（含一学年俄语预科学习费用及预科学习期间的奖学金）。

申请条件：

（1）基本条件

申请者应符合《2016 年国家留学基金资助出国留学人员选派简章》规定的申请条件。

（2）其他条件

应为各单位具有良好专业基础和较大发展潜力的中青年骨干教师，具有国际或全国艺术竞赛、展览（演）参赛经历的优秀中青年艺术工作者。其中：

访问学者：除舞蹈专业可具有中专以上（含中专）学历外，其他人员均应具有大学本科以上学历（含本科）。申请时年龄不超过 50 周岁。

赴国外攻读硕士学位研究生：申请时应具有学士学位，年龄不超过 35 周岁。

赴国外攻读博士学位研究生：申请时应具有硕士学位，年龄不超过 35 周岁。

（六）中俄大学生创业孵化器交流项目

中俄大学生创业孵化器交流项目是在中俄人文交流机制的框架下，由中华全国青年联合会、俄罗斯青年联盟于 2016 年共同发起的创新型青年人文交流项目。项目的开展得到了两国元首的关注认可和高度重视。2017 年 7 月 4 日，《〈中华人民共和国和俄罗斯联邦睦邻友好合作条约〉实施纲要（2017 年至 2020 年）》在对青年交流合作领域提出的具体指导意见中明确："完善中俄青年企业家俱乐部工作，在 2016 年中俄大学生创业孵化器交流项目的成功经验基础上，支持中华全国青年联合会和俄罗斯青年联盟在两国更多城市推广该项目。"

中俄大学生创业孵化器交流项目由中华全国青年联合会、俄罗斯教育与科学部支持，由中国国际青年交流中心、中国青年创业就业基金会与俄罗斯青年联盟共同主办，两国相关青年机构和大学具体承办。该项目以创业教育和经贸合作为主题，采用互派大学生和创业青年到对方国家创业孵化器交流实践的形式，旨在提升中俄两国青年创客和大学生的创业知识、创新能力和合作经验，促进两国青年在创新创业领域的合作，培养中俄经贸合作的未来人才，进一步丰富中俄人文交流的内涵。

该项目进展非常顺利。2016 年在哈巴罗夫斯克启动，2017 年在中俄共 10 座城市实施（俄方除了莫斯科和哈巴罗夫斯克，还有乌里扬诺夫斯克、叶卡捷琳堡和乌法；中方则有哈尔滨、贵阳、青岛、西安和广州这 5 座城市）。2018 年则在两国的 20 个城市实施。

尤其值得一提的是，该项目的名称已扩大为中俄青年创业孵化器交流项目。中国首个中俄青年创业孵化器交流项目基地于 2017 年在青岛成立。俄罗斯的首个基地则于 2018 年在莫斯科建立。

2018 年，中方选派了 100 名创业青年分两批赴俄罗斯 10 个城市参加为期 14 天的创业孵化培训与实践活动，并邀请 100 名俄罗斯创业青年分两批来华分赴 10 个城市进行为期 14 天的对等交流和成果展。

2018 年，双方在中俄人文合作委员会第十九次会议上签署了《关于推广中俄青年创业孵化器交流项目的合作备忘录》，2019 年中俄青年创业孵化器交流活动扩大到中俄 24 个城市举办。

该交流项目为中俄青年创客和青年企业家开展常态化交流提供了更好的条件，为中俄青年搭建了交流合作、就业、创新、创业的新平台。

三、机构的流动

如表 3-37 所示，新时代，中俄合作办学机构数量明显增加，共增加了 19 个。这 19 个中俄合作办学机构分布在北京、江苏、浙江、广东、山东、河南、陕西、黑龙江、辽宁、四川、河北和吉林。

办学层次方面，中俄合作本科学历教育机构有 8 个，分别是北京联合大学俄交大联合交通学院、山东交通学院顿河学院、中原工学院中原彼得堡航空学院、华北水利水电大学乌拉尔学院、郑州航空工业管理学院南乌拉尔学院、安阳工学院莫斯科航空科技学院、渭南师范学院莫斯科艺术学院、哈尔滨师范大学国际美术学院、大连交通大学远交大交通学院；中俄合作硕士学位教育机构 3 个，分别是江苏师范大学圣彼得堡彼得大帝理工大学联合工程学、杭州电子科技大学圣光机联合学院、河南科技大学莫动理工学院；中俄合作博士学位教育机构 1 个，是深圳北理莫斯科大学；中俄合作专科教育机构 7 个，分别是重庆工程职业技术学院智能制造国际学院、山东职业学院乌拉尔国际轨道交通学院、石家庄铁路职业技术学院—俄罗斯交大交通学院、郑州亚欧交通职业学院、西安铁路职业技术学院国际交通学院、陕西铁路工程职业技术学院萨马拉交通学院、吉林铁道职业技术学院—东北亚高铁学院。

招生规模方面，远远超过中俄合作办学的办学规模，12 个本科以上中俄合作办学机构中，办学总规模为 1 200 人的有 6 个；深圳北理莫斯科大学的办学规

表 3-37　2013—2022 年开始招生的中俄合作办学机构

序号	省、直辖市	中俄合作办学机构名称	中方合作办学机构	俄方合作办学机构	办学层次和类别	学制	办学规模	招生起止年份	开设专业或课程	中方颁发证书	俄方颁发证书
1	北京	北京联合大学俄交大联合交通学院	北京联合大学	俄罗斯交通大学	本科学历教育	4年	办学总规模为1 200人(在北京联合大学年度招生计划内统筹安排),每年招收300人	2019—2034年(每年1期)	电气工程及其自动化(080601H)、机械工程(080201H)、物流工程(120602H)、交通工程(081802H)	北京联合大学本科毕业证书、学士学位证书	列车运行保障系统学士学位证书;机械电子及机器人技术学士学位证书;管理学士学位证书;信息系统与技术学士学位证书
2	江苏	江苏师范大学圣彼得堡彼得大帝理工大学联合工程学	江苏师范大学	俄罗斯圣彼得堡彼得大帝理工大学	本科学历教育;外国硕士学位教育	本科学历教育:4年;外国硕士学位教育:2年	在校生1 200人,在江苏师范大学年度招生规模内统筹安排。其中,本科学历教育每年1期,每期招生280人(机械设计制造及其自动化、电子科学与技术、电子信息工程专业各80人,工业设计专业40人);外国硕士学位教育每年1期,每期招生40人(机械工程、信息与通信工程专业各20人)	本科学历教育:2016—2024年(每年1期);外国硕士学位教育:2016—2024年(每年1期)	本科学历教育:机械设计制造及其自动化(080202H);电子科学与技术(080702H);电子信息工程(080701H);工业设计(080205H);外国硕士学位教育:机械工程(机械制造生产的工艺设计保障);信息与通信工程(信息通信技术与通讯系统)	中方:本科学历教育:普通高等教育本科毕业证书、学士学位证书;外国硕士学位教育:无	本科学历教育:技术和工艺学士学位(机械制造生产工艺、设备和自动化专业)、技术和工艺学士学位(电子学与微电子、远程通信专业)、设计学学士学位(设计学专业)(赴外方高校学习者;在一个办学周期内,经合作办学各方评估合格,实现在中国境内颁发外方高校学位证书;在中国境内颁发外方高校学位证书,不以学生赴外方高校学习为必要条件。)外国硕士学位教育:硕士学位(机械制造生产的工艺设计保障专业)、硕士学位(信息通信技术与通讯系统专业)
3	浙江	杭州电子科技大学圣光机联合学院	杭州电子科技大学	俄罗斯圣彼得堡国立研究型信息技术机械与光学大学	本科生学历教育,硕士研究生学历教育	本科生4年,硕士研究生2.5年	办学总规模为1 040人(在杭州电子科技大学招生计划内统筹安排),每年招收本科生200人(每专业每年招收100人),研究生80人(每专业每年招收40人)	本科生2019—2035年(每年1期)硕士研究生2019—2036年(每年1期)	本科:计算机科学与技术(080901H)、自动化(080801H)硕士:计算机技术、控制工程	杭州电子科技大学本科毕业证书、学士学位证书;杭州电子科技大学研究生毕业证书、硕士学位证书。	系统技术控制专业学士学位证书;信息和计算机技术专业学士学位证书;系统技术控制专业硕士学位证书;信息和计算机技术专业硕士学位证书

表 3-37(续)

序号	省、直辖市	中俄合作办学机构名称	中方合作办学机构	俄方合作办学机构	办学层次和类别	学制	办学规模	招生起止年份	开设专业或课程	中方颁发证书	俄方颁发证书
4	广东	深圳北理莫斯科大学	北京理工大学	俄罗斯莫斯科国立罗蒙诺索夫大学	本科学历教育；外国硕士学位教育；外国博士学位教育	本科 4 年；硕士 2～3 年；博士 3～4 年	办学总规模为 5 000 人。其中，硕士研究生每年招生 600 人以内，博士研究生每年招生 40 人以内	本科学历教育：2017—2062 年(每年 1 期)； 硕士学位教育：2017—2063 年(每年 1 期)； 博士学位教育：2018—2062 年(每年 1 期)	本科学历教育：生物科学(071001H)、国际经济与贸易(020401H)、俄语(050202H)、数学与应用数学(070101H)、材料科学与工程(080401H)；经济学(020101H)、机械工程(080201H)、电子与计算机工程(080909TH)、工业工程(120701H)、能源与动力工程(080501H)、测控技术与仪器(080301H) 硕士学位教育：理论经济学、应用经济学、外国语言文学、数学、地理学、生物学、材料科学与工程； 博士学位教育：理论经济学、应用经济学、外国语言文学、数学、地理学、生物学、材料科学与工程	无	本科：生物学学士毕业证书、语言学学士毕业证书、应用数学与信息学学士毕业证书、材料化学、物理与力学学士毕业证书)； 硕士：经济学硕士毕业证书、语言学硕士毕业证书、应用数学与信息学硕士毕业证书、材料化学、物理与力学硕士毕业证书、生态与自然资源利用硕士毕业证书、生物学硕士毕业证书； 博士：经济学博士毕业证书语言学博士毕业证书、应用数学与信息学博士毕业证书、材料化学、物理与力学博士毕业证书、生态与自然资源利用博士毕业证书、生物学博士毕业证书。 非学历教育：莫斯科大学专业培训结业证书。 办学机构：普通高等教育本科毕业证书、学士学位证书。培训项目结业证书

表 3-37(续)

序号	省、直辖市	中俄合作办学机构名称	中方合作办学机构	俄方合作办学机构	办学层次和类别	学制	办学规模	招生起止年份	开设专业或课程	中方颁发证书	俄方颁发证书
5	山东	山东交通学院顿河学院	山东交通学院	俄罗斯顿河国立技术大学	本科学历教育	4年	办学总规模为960人,每期招生240人(其中交通运输专业60人,土木工程专业90人,计算机科学与技术专业90人,在山东交通学院年度招生计划内统筹安排)	2019—2024年(每年1期)	交通运输(081801H)、土木工程(081001H)、计算机科学与技术(080901H)	山东交通学院本科毕业证书、学士学位证书	交通运输专业学士学位证书、土木工程专业学士学位证书、计算机科学与技术专业学士学位证书
6	河南	中原工学院中原彼得堡航空学院	中原工学院	俄罗斯圣彼得堡国立宇航仪器制造大学	本科学历教育	4年	办学总规模840人(在中原工学院招生规模内统筹安排),每年1期,每专业每年招生70人	2017—2026年	电气工程及其自动化(080601H)、测控技术与仪器(080301H)、软件工程(080902H)	普通高等学校本科毕业证书、学士学位证书	俄罗斯圣彼得堡国立宇航仪器制造大学学士学位证书,仪器学、航空电气系统和驾驶-导航综合体技术应用、软件工程。(合作5年后,经双方评估合格,颁发外方高校学位证书,不以学生赴外方高校学习一段时间为必要条件。)
7	河南	华北水利水电大学乌拉尔学院	华北水利水电大学	俄罗斯乌拉尔联邦大学	本科学历教育	4年(建筑学5年)	办学总规模为1 020人(华北水利水电大学招生规模内统筹安排);每年招生人数240人(每专业每期招生60人)	2018—2034年(每年1期);建筑学:2018—2033年(每年1期)	给排水科学与工程(081003H)、能源与动力工程(080501H)、测绘工程(081201H)、建筑学(082801H)	华北水利水电大学本科毕业证书、学士学位证书	土木工程(给排水科学与工程)学士学位证书;热能与热工(热电站)学士学位证书;测绘与遥感(卫星大地测量与导航)学士学位证书;建筑学(建筑学)学士学位证书

表 3-37(续)

序号	省、直辖市	中俄合作办学机构名称	中方合作办学机构	俄方合作办学机构	办学层次和类别	学制	办学规模	招生起止年份	开设专业或课程	中方颁发证书	俄方颁发证书
8	河南	郑州航空工业管理学院南乌拉尔学院	郑州航空工业管理学院	俄罗斯南乌拉尔国立大学	本科学历教育	4年	办学总规模 1 200 人(在郑州航空工业管理学院招生计划内统筹安排),每年招收 300 人(每专业每年招收 75 人)	2021—2037 年(每年 1 期)	材料成型及控制工程(080203H)、自动化(080801H)、信息管理与信息系统(120102H)、质量管理工程(120703TH)	郑州航空工业管理学院本科毕业证书、学士学位证书	材料学及材料工艺学专业学士学位证书;技术流程和生产自动化专业学士学位证书;基础信息学和信息技术专业学士学位证书;质量管理专业学士学位证书
9		安阳工学院莫斯科航空科技学院	安阳工学院	俄罗斯莫斯科国立民用航空技术大学	本科学历教育	4年	办学总规模 1 200 人(在安阳工学院招生计划内统筹安排),每年招收 300 人(交通运输专业每年招收 50 人,电子信息工程专业每年招收 100 人,电气工程及其自动化专业每年招收 100 人,信息管理与信息系统专业每年招收 50 人)	2022—2037 年(每年 1 期)	交通运输(代码:081801H),电子信息工程(代码:080701H),电气工程及其自动化(代码:080601H),信息管理与信息系统(代码:120102H)	安阳工学院本科毕业证书、学士学位证书	航空运输管理专业学士学位证书;线电电子设备技术专业学士学位证书;电气工程与航空电气设备专业学士学位证书;信息学与计算机工程专业学士学位证书(学生获得外方学位证书不以出国学习一段时间为必要条件)
10		河南科技大学莫或理工学院	河南科技大学	俄罗斯国立研究大学莫斯科动力学院	本科学历教育;硕士研究生学历教育	本科学历教育:4年硕士研究生学历教育:3年	总规模 1 180 人(在河南科技大学招生计划内统筹安排),本科生每年招收 280 人(每专业每年招收 70 人),研究生每年招收 20 人	2022—2027 年(每年 1 期)	本科:材料成型及控制工程(080203H)、电气工程及其自动化(080601H)、生物医学工程(082601H)、信息与计算科学(070102H); 硕士:电子科学与技术	河南科技大学本科毕业证书、学士学位证书; 河南科技大学硕士研究生毕业证书、硕士学位证书	机械制造专业学士学位证书;电力工程与电气工程专业学士学位证书;生物技术系统与生物工程专业学士学位证书;信息学与计算机工程专业学士学位证书;电子学与纳米电子学硕士学位证书(学生获得外方学位证书不以出国学习一段时间为必要条件)

表 3-37(续)

序号	省、直辖市	中俄合作办学机构名称	中方合作办学机构	俄方合作办学机构	办学层次和类别	学制	办学规模	招生起止年份	开设专业或课程	中方颁发证书	俄方颁发证书
11	陕西	渭南师范学院莫斯科艺术学院	渭南师范学院	俄罗斯莫斯科国立师范大学	本科学历教育	4年	在校本科生总数为1 200人(在渭南师范学院招生规模内统筹安排)。其中每专业每年招生1期,每期100人	2017—2026年(每年1期)	音乐学(130202H)、美术学(130401H)、学前教育(040106H)	渭南师范学院本科毕业证书、学士学位证书	莫斯科国立师范大学学士学位证书 师范教育专业(音乐学方向);师范教育专业(美术学方向);师范教育专业(学前教育方向)
12	黑龙江	哈尔滨师范大学国际美术学院	哈尔滨师范大学	俄罗斯莫斯科国立苏里科夫美术学院	硕士研究生教育	2年	办学总规模为150人(哈尔滨师范大学招生规模内统筹安排),年招生人数75人(油画30人、版画30人、雕塑15人)	2018—2035年(每年1期)	油画、版画、雕塑	普通高等学校硕士研究生毕业证书、硕士学位证书	版画艺术专家证书;油画艺术专家证书;雕塑艺术专家证书
13	辽宁	大连交通大学远交大交通学院	大连交通大学	俄罗斯远东国立交通大学	本科学历教育	4年	办学总规模为1 200人(在大连交通大学年度招生计划内统筹安排),每年每专业招收100人	2019—2034年(每年1期)	机械工程(080201H)、车辆工程(080207H)、土木工程(081001H)	大连交通大学本科毕业证书、学士学位证书	机械工程学士学位证书;地面运输工艺综合体学士学位证书;土木工程学士学位证书
14	四川	重庆工程职业技术学院智能制造国际学院	重庆工程职业技术学院	俄罗斯莫斯科国立工艺大学(斯坦金)	高等专科教育	3年	40人/专业/年	2022—2027年(每年1期)	机电一体化技术(60301H5)、工业机器人技术(560309H)、软件技术(610205H)	普通高等专科毕业证书	无

表 3-37(续)

序号	省、直辖市	中俄合作办学机构名称	中方合作办学机构	俄方合作办学机构	办学层次和类别	学制	办学规模	招生起止年份	开设专业或课程	中方颁发证书	俄方颁发证书
15	山东	山东职业学院乌拉尔国际轨道交通学院	山东职业学院	俄罗斯乌拉尔国立交通大学	高等专科学历教育	3年	办学总规模为1 800人，每年招收600人	2021—2024年(每年1期)	铁道工程技术专业(500101H)、铁道供电技术专业(500107H)、铁道信号自动控制专业(500110H)	普通高等教育专科毕业证书	无
16	河北	石家庄铁路职业技术学院-俄罗斯交大交通学院	石家庄铁路职业技术学院	俄罗斯交通大学	高等专科学历教育	3年	600人(每年1期)	2016—2025年	铁道工程技术(600104H)、道路桥梁工程技术(600202H)、铁道信号自动控制(600106H)、城市轨道交通机电技术(600602H)、铁道供电技术(600103H)	普通高等学校专科毕业证书	无
17	河南	郑州亚欧交通职业学院	郑州铁路职业技术学院	俄罗斯交通大学	高等专科学历教育	3年	办学总规模为2 250人，每期招生人数为750人(每专业每期招生150人。)	2019—2035年	铁道机车(600101)、定翼机驾驶技术(600403)、航空物流(600415)、铁道供电技术(600103)、铁道工程技术(600104)	郑州亚欧交通职业学院普通专科毕业证书	高等教育学历证明

表 3-37(续)

序号	省、直辖市	中俄合作办学机构名称	中方合作办学机构	俄方合作办学机构	办学层次和类别	学制	办学规模	招生起止年份	开设专业或课程	中方颁发证书	俄方颁发证书
18	陕西	西安铁路职业技术学院国际交通学院	西安铁路职业技术学院	俄罗斯联邦圣彼得堡	高等专科学历教育	3年	1 080人(每年1期)	2016—2033年	铁道交通运营管理(600108H),城市轨道交通机电技术(600602H),铁道供电技术(600103H),铁道机车(600101H),铁道车辆(600102H),铁道工程技术(600104H)	普通高等学校专科毕业证书	
19	陕西	陕西铁路工程职业技术学院萨马拉交通学院	陕西铁路工程职业技术学院	俄罗斯萨马拉国立交通大学	高等专科学历教育	3年	1 200人(每专业每年招生100人,共计每年招生400人)	2019—2031年(每年1期)	铁道交通运营管理、高速铁道工程技术、铁路物流管理、铁道信号自动控制	普通高等教育专科毕业证书	高等教育专科毕业证书
20	吉林	吉林铁道职业技术学院-东北亚高铁学院	吉林铁道职业技术学院	俄罗斯交通大学(原俄罗斯莫斯科国立交通大学)	高等专科学历教育	3年	600人	2018—2025年(每年1期)	铁道信号自动控制(专业代码:600106H)、铁道供电技术(专业代码:600103H)、动车组检修技术(专业代码:600113H)	普通高等学校专科(高职)毕业证书	高等教育学历证明(专科毕业证书)

注:根据中华人民共和国中外合作办学监管工作信息平台公布的本科及以上层次中外合作办学机构和项目名单和高等专科教育中外合作办学机构和项目(截至2022年4月12日)名单整理。

模最大，达到了 5 000 人；中原工学院中原彼得堡航空学院的办学总规模最小，但也有 840 人。

招生专业方面，本科以上中俄合作办学机构主要集中在俄罗斯的优势专业，包括电气工程及其自动化、机械工程、物流工程、交通工程、电子科学与技术、信息与通信工程、计算机科学与技术、自动化。7 个中俄合作专科办学机构的招生专业，都集中在铁道工程技术专业、铁道供电技术专业、铁道信号自动控制专业、铁路物流管理、铁道供电技术、动车组检修技术等交通运输专业。

毕业证书方面，12 个本科以上中俄合作办学机构的毕业生，同时能够获得中方和俄方颁发的本科、硕士、博士毕业证书和学位证书。7 个中俄合作专科合作办学机构中，陕西铁路工程职业技术学院萨马拉交通学院、郑州亚欧交通职业学院和吉林铁道职业技术学院一东北亚高铁学院的毕业生，可以同时获得中方颁发的普通高等教育专科毕业证书和俄方颁发的高等教育专科毕业证书；其他 4 个中俄专科合作办学机构，只能获得中方颁发的普通高等学校专科毕业证书。

2015 年，中俄跨境高等教育合作与交流中，中国首个境外办学机构——北京交通大学与俄罗斯圣彼得堡交通大学(中俄交通学院)落户俄罗斯圣彼得堡，这是中俄跨境高等教育机构交流迈向输入状态的起点。

第七节　中俄跨境高等教育合作历史演变的特点

元朝至今，中俄跨境高等教育合作已经走过了近八百年的历程。发展到新时代，中俄跨境高等教育合作呈现出了鲜明的特点。

一、中俄跨境高等教育合作的规模越来越大

1. 中俄留学生流动的规模越来越大

俄罗斯来华留学生方面，2000 年俄罗斯来华留学生为 703 人，2018 年则达到了 19 239 人，增长了 26.37 倍。俄罗斯来华留学生人数在中国来华留学生生源国的排名，由 2000 年的第 8 名，上升至 2018 年的第 6 名。2000 年俄罗斯学历来华留学生的人数为 252 人，2018 年为 7 866 人，增长了 30.21 倍。2000 年俄罗斯非学历来华留学生人数为 451 人，2018 年达到 11 373 人，增长了 24.22 倍。2000—2018 年，俄罗斯学历来华留学生的增长率比俄罗斯非学历来华留学生的增长率多出了 6 个百分点，可见，越来越多的俄罗斯来华留学生倾向于获得相应的学历教育。

中国赴俄留学生方面，2006—2007 学年，中国赴俄留学生为 2.5 万人，中国在俄留学生总数为 8.4 万人，中国在俄留学生毕业人数为 1.8 万人。2020—

2021学年,中国赴俄留学生为11.8万人,中国在俄留学生总数为29.6万人,中国在俄留学生毕业人数为5.5万人。与2006年相比,中国赴俄留学新生增加了3.72倍;中国在俄留学生总数增加了2.52倍;中国在俄留学生毕业人数增加了2.06倍。2007—2020年,中国赴俄留学新生的年平均增长率为12.25%,中国在俄留学生总数的年平均增长率为9.79%,中国在俄留学生毕业生年平均增长率为8.73%。

2. 中俄合作办学项目的数量越来越多

1995年,中俄开始实施合作办学,这一年开始招生的中俄合作办学项目数量为3个。1995—2012年,中俄合作办学项目数量小幅度增长,平均每年增长2个。进入新时代,也就是从2013年开始,中俄合作办学项目数量增长速度加快,2013—2022年,年平均增加中俄合作办学项目9个。截至2022年6月2日,中俄合作办学项目共有125个,其中,专科合作办学项目为38个,占中俄合作办学项目总数的30.4%;本科合作办学项目为84个,占中俄合作办学项目总数的67.2%;硕士合作办学项目为3个,占中俄合作办学项目总数的2.4%。如表3-38所示。

表3-38　1995—2022年招生的中俄合作办学项目数量统计　　单位:个

招生开始年份	中俄专科合作办学项目	中俄本科合作办学项目	中俄硕士合作办学项目
1995		3	
1999		5	
2000		1	
2001		1	
2002		2	
2003		4	
2004		7	
2006	1		
2007	2		
2011		3	
2012		7	
2013		12	
2014		13	1
2015		2	
2016	2	2	1

表 3-38(续)

招生开始年份	中俄专科合作办学项目	中俄本科合作办学项目	中俄硕士合作办学项目
2017	6	4	
2018	2	3	
2019	3	1	1
2020	6	6	
2021	2	8	
2022	14	1	

3. 中俄合作办学机构的规模越来越大

2001 年，中俄第一个合作办学机构——山东艺术学院国际艺术交流学院开始招生，总办学规模只有 640 人，到 2016 年为止，一直是中俄之间唯一的合作办学机构。2016 年，中俄合作办学机构增加了 3 个，并首次增加了外国硕士学位教育，3 个中俄合作办学机构的规模达到 2 880 人。2017 年建立的深圳北理莫斯科大学，是中俄合作办学机构的里程碑，其办学规模达到 5 000 人，办学层次包含本科、硕士、博士。自此之后，中俄合作办学机构开始实现跨越式发展，2017—2022 年，新增中俄合作办学机构 17 个，总办学规模达到 24 960 人。如表 3-39 所示。

表 3-39　2001—2022 年开始招生的中俄合作办学机构规模统计

中俄合作办学机构名称	招生起止年份	办学规模
山东艺术学院国际艺术交流学院	2001—2013 年（每年 1 期），2015—2019(每年 1 期)	640 人
江苏师范大学圣彼得堡彼得大帝理工大学联合工程学	本科学历教育：2016—2024 年(每年 1 期)； 外国硕士学位教育：2016—2024 年(每年 1 期)	在校生 1 200 人
石家庄铁路职业技术学院一俄罗斯交大交通学院	2016—2025 年	600 人(每年 1 期)
西安铁路职业技术学院国际交通学院	2016—2033 年	1 080 人(每年 1 期)

表 3-39(续)

中俄合作办学机构名称	招生起止年份	办学规模
深圳北理莫斯科大学	本科学历教育：2017—2062 年(每年 1 期)； 硕士学位教育：2017—2063 年(每年 1 期)； 博士学位教育：2018—2062 年(每年 1 期)	办学总规模为 5 000 人。其中，硕士研究生每年招生 600 人以内，博士研究生每年招生 40 人以内
中原工学院中原彼得堡航空学院	2017—2026 年	办学总规模为 840 人
渭南师范学院莫斯科艺术学院	2017—2026 年(每年 1 期)	在校本科生总数为 1 200 人
哈尔滨师范大学国际美术学院	2018—2035 年(每年 1 期)	办学总规模为 150 人
华北水利水电大学乌拉尔学院	2018—2034 年(每年 1 期)	办学总规模为 1 020 人
吉林铁道职业技术学院一东北亚高铁学院	2018—2025 年(每年 1 期)	600 人
北京联合大学俄交大联合交通学院	2019—2034 年(每年 1 期)	办学总规模为 1 200 人
杭州电子科技大学圣光机联合学院	本科生 2019—2035 年(每年 1 期) 硕士研究生 2019—2036 年(每年 1 期)	办学总规模为 1 040 人，每年招收本科生 200 人，研究生 80 人
山东交通学院顿河学院	2019—2024 年(每年 1 期)	办学总规模为 960 人
大连交通大学远交大交通学院	2019—2034 年(每年 1 期)	办学总规模为 1200 人
郑州亚欧交通职业学院	2019—2035 年	办学总规模为 2250 人
陕西铁路工程职业技术学院萨马拉交通学院	2019—2031 年(每年 1 期)	1200 人
山东职业学院乌拉尔国际轨道交通学院	2021—2024 年(每年 1 期)	办学总规模为 1 800 人
郑州航空工业管理学院南乌拉尔学院	2021—2037 年(每年 1 期)	办学总规模为 1 200 人
安阳工学院莫斯科航空科技学院	2022—2037 年(每年 1 期)	办学总规模为 1 200 人
河南科技大学莫动理工学院	2022—2027 年(每年 1 期)	办学总规模为 1 180 人，本科生每年招收 280 人，研究生每年招收 20 人
重庆工程职业技术学院智能制造国际学院	2022—2027 年(每年 1 期)	40 人/专业/年

二、中俄跨境高等教育合作的质量越来越高

留学生教育方面，俄罗斯学历来华留学生数量大幅度提升。2001 年，俄罗斯来华留学生共 1 056 人，其中学历生 186 人，占俄罗斯来华留学生总数的 17.61%；2018 年，俄罗斯来华留学生共 19 239 人，其中学历生 7 866 人，占俄罗斯来华留学生总数的 40.89%。2018 年俄罗斯来华留学生总数是 2001 年的 18.22 倍，而俄罗斯学历来华留学生则是 2001 年的 42.29 倍，俄罗斯学历来华留学生的增长幅度远远大于俄罗斯来华留学生总数的增长幅度。2000—2018 年，俄罗斯学历来华留学生的年平均增长率为 24.75%，其中增长幅度最大的是 2004 年，增长率达到 75.24%。此外，在俄罗斯学历来华留学生中，本科学历俄罗斯来华留学生的占比逐渐降低，2000 年该占比为 98.41%，而 2018 年该占比为 48.70%，下降了将近 50%。与之相反，硕士和博士俄罗斯来华留学生的占比有所提升，2000 年的硕研占比为 0.79%，2018 年的硕研占比为 43.20%，增加了 42.41%；2000 年的博研占比为 0.79%，2018 年的博研占比为 5.81%，增加了 5.02%。俄罗斯学历来华留学生数量的增加，特别是硕研和博研俄罗斯来华留学生的增加，体现了中俄留学生教育质量是稳步提高的。

中俄合作办学方面，1995—2011 年建立的中俄合作办学项目的办学层次都属于本科学历教育和高等专科学历教育。2014 年开始，中俄开始尝试建立合作办学硕士学位项目，到目前为止，共建立 3 个中俄合作办学硕士教育项目，具体包括：2014 年开始招生的江苏师范大学与俄罗斯普列汉诺夫经济大学合作举办的国际贸易学硕士教育项目、2016 年开始招生的长春理工大学与俄罗斯圣彼得堡国立研究型信息技术机械与光学大学合作举办的光学工程硕士研究生教育项目、2019 年开始招生的江苏科技大学与俄罗斯奥加辽夫莫尔多瓦国立大学合作举办的能源动力专业硕士学位教育项目。同样，中俄合作办学机构的质量也逐渐提高，2017 年开始招生的深圳北理莫斯科大学，是首个同时招收硕士和博士研究生的中俄合作办学机构，按照要求，深圳北理莫斯科大学每年招收硕士研究生 600 人以内，博士研究生 40 人以内。此外，截至 2022 年 6 月，中俄之间还建立 4 个硕士研究生学历教育合作办学机构，具体包括：2016 年开始招生的江苏师范大学圣彼得堡彼得大帝理工大学联合工程学院、2019 年开始招生的杭州电子科技大学圣光机联合学院、2022 年开始招生的河南科技大学莫动理工学院、2018 年开始招生的哈尔滨师范大学国际美术学院。硕研和博研高水平中俄合作办学项目和机构的设立，大大提高了中俄合作办学的质量。

三、中俄跨境高等教育合作的地域越来越广

1995—2006年，在中俄合作办学项目开始之初，25个中俄合作办学项目都位于与俄罗斯接壤的黑龙江省。2006年，山东交通学院与俄罗斯远东国立交通大学合作举办建筑工程管理专业高等专科教育项目，成为首个设立在黑龙江省外的中俄合作办学项目。自此，中俄合作办学项目开始向中国境内全面扩张。截至2022年6月，125个中俄合作办学项目分布在20个省、自治区和直辖市，具体包括：吉林省14个、山东省14个、北京1个、上海1个、天津1个、江苏省11个、浙江省1个、海南省1个、江西省5个、四川省1个、河北省9个、河南省8个、湖南省4个、陕西省1个、黑龙江省39个、辽宁省3个、云南省3个、内蒙古自治区1个、新疆2个、湖北省5个。

此外，21个中俄合作办学机构，分布在13个省、自治区和直辖市，具体包括，山东省3个、北京1个、江苏省1个、浙江省1个、广东省1个、河南省5个、陕西省3个、黑龙江省1个、辽宁省1个、四川省1个、河北省1个、重庆市1个、吉林省1个。

四、中俄跨境高等教育合作的奖学金留学生数量和质量均有提高

在数量方面，2000年俄来华奖学金留学生共有196人，其中学历奖学金留学生有63人，非学历奖学金留学生有133人。到2010年，俄来华奖学金留学生共有1 065人，是2000年俄来华奖学金留学生总数的5.4倍，其中学历来华奖学金留学生有759人，非学历来华奖学金留学生有306人。到了2018年，俄来华奖学金留学生达到了3 547人，是2000年俄来华奖学金留学生总数的18倍，其中学历奖学金留学生有2 761人，非学历来华奖学金留学生有786人。如表3-40所示，2000—2018年，俄来华奖学金留学生数量年增长率为19.97%。除了2004年外，俄来华奖学金留学生数量都实现了正向增长，2008年的年增长率最高，达到了85.50%。

在质量方面，俄来华奖学金留学生也呈现提高态势。如表3-41所示。2000年，学历奖学金留学生占俄来华奖学金留学生的32.14%，非学历奖学金留学生占俄来华奖学金留学生的67.86%。到了2010年，学历奖学金留学生占俄来华奖学金留学生的71.27%，非学历奖学金留学生占俄来华奖学金留学生的28.73%。2015年，学历奖学金留学生占俄来华奖学金留学生的87.02%，非学历奖学金留学生占俄来华奖学金留学生的12.98%。俄学历奖学金来华留学生包括本科俄来华奖学金留学生、硕士俄来华奖学金留学生和博士俄来华奖学金留学生。2000年，本科俄来华奖学金留学生是俄学历来华奖学金留学生的主

表 3-40　2001—2018 年俄来华奖学金留学生数量统计　　单位:人

年份	奖学金留学生总数	学历生奖学金留学生	非学历奖学金留学生
2000	196	63	133
2001	217	62	155
2003	234	59	175
2004	218	48	170
2005	226	44	182
2006	286	51	235
2007	331	51	280
2008	614	259	355
2009	879	516	363
2010	1 065	759	306
2011	1 300	991	309
2012	1 470	1 181	289
2013	1 656	1 387	269
2014	1 823	1 556	267
2015	2 064	1 796	268
2016	2 732	2 206	526
2017	3 365	2 589	776
2018	3 547	2 761	786

体,占俄学历来华奖学金留学生的 95.24%,硕士俄来华奖学金留学生占 3.17%,博士俄来华奖学金留学生占 1.59%。到了 2018 年,本科俄来华奖学金留学生仅占俄学历来华留学生总数的 5.47%,硕士俄来华奖学金留学生占比大幅度增加,达到了 83.99%,博士俄来华奖学金留学生占比也有所增加,达到了 10.54%。

表 3-41　2001—2018 年学历和非学历奖学金留学生比例统计　　单位:%

年份	学历生占俄来华奖学金留学生总数比例	非学历生占俄来华奖学金留学生总数比例
2000	32.14	67.86
2001	28.57	71.43

表 3-41(续)

年份	学历生占俄来华奖学金留学生总数比例	非学历生占俄来华奖学金留学生总数比例
2003	25.21	74.79
2004	22.02	77.98
2005	19.47	80.53
2006	17.83	82.17
2007	15.41	84.59
2008	42.18	57.82
2009	58.70	41.30
2010	71.27	28.73
2011	76.23	23.77
2012	80.34	19.66
2013	83.76	16.24
2014	85.35	14.65
2015	87.02	12.98
2016	80.75	19.25
2017	76.94	23.06
2018	77.84	22.16

表 3-42　2001—2022 年本科、硕士、博士奖学金来华留学生比例　单位:%

年份	本科占比	硕研占比	博研占比
2000	95.24	3.17	1.59
2001	90.32	8.06	1.62
2003	88.14	11.86	
2004	81.25	14.58	4.17
2005	84.09	11.36	4.55
2006	72.55	23.53	3.92
2007	66.67	27.45	5.88
2008	39.38	53.28	7.34

表 3-42(续)

年份	本科占比	硕研占比	博研占比
2009	34.50	56.97	8.53
2010	29.25	63.90	6.85
2011	22.50	70.74	6.76
2012	17.70	74.34	7.96
2013	15.65	75.85	8.50
2014	9.58	80.59	9.83
2015	5.01	84.97	10.02
2016	4.35	86.04	9.61
2017	4.83	85.55	9.62
2018	5.47	83.99	10.54

第八节　中俄跨境高等教育合作存在的问题

虽然中俄跨境高等教育已经取得了举世瞩目的成绩，但是，我们也应该清醒地认识到，同美国、英国这些跨境高等教育强国相比，中俄跨境高等教育还存在一些问题。

一、在全球国际学生流动中，中俄留学生占比不高

2008—2018 年，俄来华留学生虽然数量上有所增长，但占来华留学生总数的比例一直比较稳定，基本上保持在 4%的水平，可见，中国作为留学目的国，对俄罗斯留学生的吸引力基本上变化不大。同时，俄来华留学生占全球国际学生总数的比例也一直不高，年平均占比为 1.68%，且变化幅度不大，最低是 2008 年的 1.33%，最高是 2012 年的 1.83%，上下相差 0.5%。同期，中赴俄留学生占在俄留学生总数的年平均比例为 7.45%，最高为 2008 年的 11.23%，最低为 2015 年的 5.41%，上下相差 5.82%。自 2014 年开始，虽然中赴俄留学生占在俄留学生总数的比例有所增加，但增加幅度不大，相比 2013 年，2018 年仅上升了 2.89%。此外，中赴俄留学生占全球国际学生总数的比例也维持着小幅度上升态势，相比 2008 年，2018 年仅上升了 2.68%。如表 3-43 所示。因此，无论从纵向上看，即从中/俄留学生占俄/中留学生总数的比例看，还是从横向上看，即从中俄留学生占全球国际学生总数的比例上看，中俄互派留学生的数量都没有实现跨越式的增长。

表 3-43　2008—2018 年中俄留学生占中俄留学生总数和全球国际学生总数比例

单位：%

年份	俄来华留学生占来华留学生总数比例	俄来华留学生占全球国际学生总数比例	中赴俄留学生占在俄留学生总数比例	中赴俄留学生占全球国际学生总数比例
2008	4.00	1.33	11.23	4.62
2009	4.45	1.53	8.52	3.04
2010	4.71	1.73	8.04	4.15
2011	4.56	1.74	7.78	3.53
2012	4.56	1.83	6.20	3.54
2013	4.47	1.80	5.73	3.72
2014	4.56	1.76	5.94	4.31
2015	4.07	1.55	5.41	4.60
2016	4.06	1.67	6.39	5.10
2017	4.04	1.80	8.14	6.39
2018	3.91	1.76	8.62	7.30

二、在中外合作办学中，中俄合作办学占比较低

根据教育部中外合作办学监管工作信息平台发布的中外合作办学机构及项目名单，截至 2022 年 6 月 27 日，中外合作办学机构共有 172 个，包括本科中外合作办学机构 89 个，硕士及以上中外合作办学机构 83 个；中外合作办学项目共计 1 081 个，包括本科中外合作办学项目 911 个，硕士及以上中外合作办学项目 170 个。如表 3-44 所示。

在现有中外合作办学机构及项目中，本科中俄合作办学机构有 9 个，占本科中外合作办学机构总数的 10.11%，硕士及以上中俄合作办学机构有 8 个，占硕士及以上中外合作办学机构的 9.64%；本科中俄合作办学项目有 76 个，占本科中外合作办学项目总数的 8.34%，硕士及以上中俄合作办学项目有 3 个，占硕士及以上中外合作办学项目的 1.76%。从以上分析可知，无论是中俄合作办学机构，还是中俄合作办学项目，占中外合作办学机构和项目总数的比例并不高。尤其是高水平的硕士及以上中俄合作办学项目，占中外合作办学项目总数的比例特别低，仅有 1.76%。这说明中俄合作办学并没有成为中外合作办学的中坚力量，中俄合作办学仍有极大的发展空间。

表 3-44　中外合作办学项目及机构统计表

单位:个

地区	项目		机构	
	本科	硕士及以上	本科	硕士及以上
北京	33	38	4	8
上海	63	22	9	11
天津	24	10	1	4
重庆	24	3	4	1
江苏	119	13	10	15
浙江	42	23	8	11
广东	13	10	8	8
海南	5		1	3
福建	20	4	2	
山东	74	3	8	6
江西	22	3		
四川	13	6	3	
安徽	15	2		
河北	29	3	2	1
河南	115		4	
湖北	54	6	3	5
湖南	34	2	1	
陕西	12	8	5	4
山西	1	1	1	
黑龙江	57	3	1	2
辽宁	30	5	10	3
吉林	59	1	3	1
广西	17			
云南	16	3		
贵州	7	1	1	1
甘肃	2			
内蒙古	9			
新疆	2			
总计	911	170	89	83

三、在中俄跨境高等教育合作中，中国属于“输入方”

在高等教育交流和合作中，教育质量决定着教育资源的“输入”和“输出”方向，通常的表现是：教育质量高的地区处于“输出方”，教育质量低的地区处于“输入方”。而教育“输出”会为输出国和地区带来巨大的经济利益，提高教育输出国的教育影响力和国际话语权。

2006—2018 年，中俄跨境高等教育合作的人员流动方面，每年中赴俄的留学生人数都要多于俄来华留学生的人数。2008—2011 年，中俄之间留学生人数的差距逐渐缩小，从 22 061 人降低到 136 60 人。但 2011—2018 年，中俄之间留学生人数的差距呈现扩大趋势，从 13 660 人上升至 60 761 人。到了 2018 年，中赴俄留学生是俄来华留学生的 4.16 倍，中俄留学生流动中，中国成为中俄留学生教育的“输入方”。

表 3-45　中外留学生流动统计表　　单位：人

年份	俄来华留学生	中赴俄留学生	中赴俄比俄赴中多的留学生人数
2006	5 035	25 000	19 965
2007	7 261	27 000	19 739
2008	8 939	31 000	22 061
2009	10 596	31 000	20 404
2010	12 481	30 000	17 519
2011	13 340	27 000	13 660
2012	14 971	29 000	14 029
2013	15 918	33 000	17 082
2014	17 202	42 000	24 798
2015	16 197	48 000	31 803
2016	17 971	55 000	37 029
2017	19 751	70 000	50 249
2018	19 239	80 000	60 761

在中俄跨境高等教育合作的项目流动方面，俄罗斯在中国境内设立的中俄合作办学项目共有 117 个，其中包括专科合作办学项目 38 个，本科合作办学项目 76 个，硕士合作办学项目 3 个；俄罗斯在中国境内开设的中俄合作办学机构有 20 个，其中包括专科合作办学机构 3 个，本科合作办学机构 9 个，硕士及以上合作办学机构 8 个。而中国在俄罗斯境内设立的中俄合作办学项目及机构则寥

寥无几，仅有2015年北京交通大学与俄罗斯圣彼得堡交通大学合作建立的中俄交通学院，2017年浙江旅游职业学院与俄罗斯国立旅游与服务大学合作设立的中俄旅游学院等。可见，在中俄合作办学中，俄罗斯处于明显的“输出”位置，中国则是名副其实的“输入方”。

四、中俄跨境高等教育合作，尚未实现质量驱动

美国、英国、澳大利亚等发达国家的留学生教育之所以在世界名列前茅，归根到底，缘于这些国家全球领先的高等教育质量水平。中俄之间的留学生教育，在很大程度上并不是缘于两国的高等教育质量，而是基于两国便利的地域优势、良好的外交伙伴关系、便宜的留学资费、可获得的留学奖学金等优势条件。而且，很多俄罗斯来华留学生会选择就读汉语言文学、中医等中国传统专业，中国赴俄罗斯的留学生则会选择学习航空、造船、铁路、油画等俄罗斯优势专业，这些专业要么是本国独有，要么是历史积淀，虽然也属于本国的特色学科专业，但是，却不能体现中俄两国的高等教育整体质量水平。俄罗斯奖学金来华留学生占俄罗斯来华留学生总数的比例不断提高，从2007年的4.56%上升至2018年的18.44%，因此，奖学金也成为俄罗斯留学生选择来中国留学的另一重要驱动因素。

五、中俄跨境高等教育合作，区域分布失衡

中俄合作办学项目，最开始主要集中在与俄罗斯具有地缘优势的东北地区，2000—2012年，设立的21个中俄合作办学项目中，17个项目位于黑龙江省，占80.95%；1个项目位于吉林省，占4.76%；3个项目位于山东省，占14.29%。新时代，在教育对外开放政策的影响下，中俄合作办学开始逐渐向我国东部教育发达地区转移。截至2022年6月，115个中俄合作办学项目中，东部地区有39个，占33.91%；中部地区有22个，占19.13%；西部地区有8个，占6.96%；东北地区有56个，占48.70%。20个中俄合作办学机构，东部地区有8个，占40%；中部地区有5个，占25%；西部地区有4个，占20%；东北地区有3个，占15%。

可见，无论是中俄合作办学项目，还是中俄合作办学机构，在我国的分布都呈现出东强西弱的趋势，这与西部地区教育相对不发达的现实紧密相关。

新时代的中俄跨境高等教育合作与交流，是实现我国全方位教育对外开放的重要一环，必将承前启后、继往开来。目前，中俄两国之间的关系处于历史上最好的时期，中俄跨境高等教育合作与交流也迎来历史上最健康、最快速、最广泛的发展时期。中俄跨境高等教育合作与交流，可以使我国全方位借鉴俄罗斯从计划体制下缺乏市场竞争力的垄断高等教育转变为市场竞争机制下多元化高

等教育的实践经验。同时,中俄跨境高等教育合作与交流,也是实现习近平总书记提出的教育全面对外开放、建立多层次人文合作机制、构建人类命运共同体等的重要环节。中俄跨境高等教育交流与合作,要立足于中国高等教育实际,学俄之所长,补己之所短,做强中国教育。

第四章　中俄跨境高等教育政策评估

——以《来华留学生高等教育质量规范(试行)》评估为例

中俄跨境高等教育，在共建共享共商的基础上，促使更多的俄罗斯人员、项目、机构向中国流动，为我国带来更多的教育合作红利，是我们一直努力的目标。人员、项目、机构的流动，最后都会落实在留学生教育方面。而要想在中俄跨境高等教育甚至国际教育合作中，吸引更多的留学生来华，或激励更多的俄罗斯学生或其他国际学生，选择就读于中国的合作办学项目或机构，则取决于我国的高等教育质量水平，或者说取决于我国对来华留学生教育的质量。只有高等教育质量处于世界先进行列，对来华留学生教育的质量获得国际认可，才能实现俄罗斯留学生来华质量驱动，才能吸引更多的俄罗斯学生就读于中国的合作办学项目或机构。

因此，本研究拟对来华留学生教育质量保障政策进行个体评估，也就是对我国发布的首个来华留学生教育质量规范政策文本——《来华留学生高等教育质量规范(试行)》(以下简称《质量规范》)进行评估。由于缺少来华留学就业、科研成果、工资等数据，本研究采用 S-CAD 方法，即首先设计政策参照框架(Subjectivity)，然后对政策进行一致性分析(Consistency)、充要性分析(Adequacy)和依赖性分析(Dependency)。

S-CAD 方法，即政策规划与评估观点法，由学者梁鹤年提出，是一个分析政策利弊和成败的方法，可用于政策事前制定和事后评估。根据研究实际，本研究对政策规划与评估观点法(S-CAD 方法)进行了如下学术改造：首先，在对《质量规范》进行 S-CAD 评估时，从建构政策问题入手；其次，建构政策问题时，从分析《质量规范》利益相关者的基本需要入手；最后，对《质量规范》的回应性进行评估，没有对其合法性和可行性进行评估。原因有二：一是评估政策对利益相关者基本需要的回应情况，可以直观地反映出政策结果，以此为依据，可以推断出利益相关者对该项政策的态度，进而推断出政策的合法性和可行性情况。二是中国的政治体制，使得《质量规范》的实施不会遇到难以克服的反对意见，因此，依赖性评估是不必要的。

第一节　建构政策问题

一、确立政策评估主导观点

从政策制定、政策执行、政策影响等多方面考虑，来华留学生教育质量保障政策的利益相关者主要有政府（中央和地方）、高校、企业、社会组织、教师、高校行政人员、来华留学生及其家长等。

S-CAD 政策评估的第一步，是明确政策的主导观点。在明晰政策主导观点的基础上，才能建立政策分析的参照基点，分辨政策价值，明确政策目标，开发政策手段，预计政策结果。

本研究的政策评估对象是教育部制定颁发的《质量规范》。因此，中央政府观点是本研究的主导观点。与之相对应，政策首要参与者是中央人民政府，政策其他参与者则包括高校、用人单位、教师、高校高级行政工作人员、来华留学生及其家长等。

二、政策利益相关者需求分析

对来华留学生教育质量保障政策各个利益相关者需求的分析结果，如表 4-1 所示。基于研究需要，对来华留学生教育质量保障政策利益相关者的需求分析，仅限于质量保障政策直接发挥影响力的政策参与者，即包括中央、高校、用人单位、教师、高校行政工作人员、来华留学生及其家长。

表 4-1　来华留学生教育质量保障政策利益相关者的基本需求内容

来华留学生教育质量保障政策利益相关者	基本需求内容
中央	1. 提升中国高等教育国际化水平
	2. 规范来华留学生招生、培养和管理行为
	3. 为来华留学生在中国境内学习提供便利
	4. 提升来华留学生教育质量
高校	1. 实现高校内部提升和发展
	2. 保障办学条件和管理规范
	3. 保障毕业生质量达到学历资格要求
	4. 扩大高校国际影响力
	5. 政策与资金的充分支持

表 4-1(续)

来华留学生教育质量保障政策利益相关者	基本需求内容
用人单位	1. 培养出符合其要求的人才
	2. 实现科技成果转化
	3. 良好的专业素养和团队意识
	4. 能为组织带来效益
教师	1. 改进教学质量
	2. 提升学术能力
	3. 保障工资福利
	4. 促进职业发展
高校行政工作人员	1. 良好的大学形象
	2. 教学质量提升后的声誉影响
	3. 大学的长期存在和发展
来华留学生及其家长	1. 专业的知识技能
	2. 良好的就业机会
	3. 就读高校的良好发展
	4. 优秀的师资和学科专业
	5. 愉快的学习生活环境

三、政策问题建构

基于利益相关者理论,本研究做出如下假设:

(1) 中央政府根据自身角色和职能,首先关注自身需求满足和利益实现,会从自身未满足的需求和利益方面出发来考虑政策制定问题。

(2) 中央政府在制定政策时,是否考虑其他利益相关者的需求和利益,取决于其他利益相关者需求和利益实现后,是否对中央利益实现具有正向影响。

因此,中央政府在制定来华留学生教育质量保障政策时,不会将所有利益相关者的需求都纳入考虑范围,会根据中央政府的角色和职能,适当地进行选取。本研究所建构的政策问题如表 4-2 所示。

表 4-2　政策问题建构

政策问题代码	政策问题描述
I1	“留学中国”的品牌影响力不够，留学教育市场占比不大，导致中国高等教育国际化程度有待提高
I2	中国优质教育国际占比不高，来华留学生培养过程缺乏国际化定位，导致来华留学生教育毕业资质国际认可度不高
I3	高校拥有来华留学生教育自主权，且来华留学生招生、教学、毕业缺乏国家标准，导致高校来华留学生教育内部保障体系不健全
I4	来华留学生教育的规模化发展主要靠国家政策推动，在《留学中国计划》《关于做好新时期教育对外开放工作的若干意见》《推进共建“一带一路”教育在行动》等政策的推动下，“一带一路”共建国家和非洲来华留学生生源增幅明显，但优质来华留学生生源占比仍然不高
I5	来华留学生教育没有将用人单位需求放在第一位，忽视了来华留学生就业能力培养，导致来华留学生就业能力不高

第二节　《质量规范》评估的参照框架

一、政策价值

价值的前提是人的需要，是人们“所希望事件”。政策问题催生了人的需要，促使政策参与者开始思考如何解决政策问题，即满足人的需要，而人们对政策的需要和愿望建构了特定的政策价值。

《质量规范》由教育部印发，教育部作为国务院组成部门，是主管我国教育事业的中央机构，责无旁贷地成为《质量规范》的首要参与者。教育部具有其特定的角色和职能，决定了其应持有的价值立场。

公共政策的价值观，主要涉及“正义、效率、平等、民主、秩序、发展、利益”等几个方面。以此为鉴，本研究在《质量规范》中，提炼出了教育部关于来华留学生教育质量规范的三个价值立场，分别用 V1、V2、V3 表示，如表 4-3 所示。

二、政策目标

来华留学生教育质量保障政策目标，需从政策问题分析入手，并体现中央政府的政策价值立场，也就是说，政策问题产生政策价值立场，而政策价值立场会转化为特定的政策目标。同时，政策目标会成为设计政策手段的参照和评估政策结果的标准。依据上述逻辑，本研究从建构的问题出发，以《质量规范》的政策价值立场为依据，建构了来华留学生教育质量保障的政策目标，共分为 5 个方面，分别用 G1、G2、G3、G4、G5 来表示，如表 4-3 所示。

所提及的 5 个政策目标，主要根据上文提到的 3 个政策价值确定，具体论证如下：

(1) 针对来华留学生教育更有秩序(V1)，主要从来华留学生教育过程的秩序开展论证。

① 健全规范的来华留学生教育质量保障法律法规，确保来华留学生教育质量保障有序运行。

② 独立、自治的第三方质量保障机构，确保来华留学生质量标准制定、评估方式选择、评估结果发表的公正有序。

③ 在确立来华留学生教育发展战略定位与服务面向的基础上，制定不同层次、不同类型、不同方式、国际认可的来华留学生国家标准，确保来华留学生教育规范有序。

④ 高校的来华留学生教育自我评估，可增强来华留学生教育质量保障的内在动力，确保高校来华留学生教学、行政、后勤等管理事项井然有序。

⑤ 健全的组织机构，内外部质量保障体系的互联互通，确保来华留学生教育质量保障良性循环。

⑥ 科学明确了来华留学生毕业流程和毕业要求，确保整个来华留学生教育培养过程规范有序。

因此，针对“来华留学生教育更有秩序(V1)”这一政策价值立场，设立以下政策目标：

① 把“规范来华留学生教育质量外部保障(G1)”作为政策目标，是为了从完善来华留学生教育质量法律保障体系角度来实现来华留学生教育的有秩序。

② 把“提高来华留学生教育招生生源质量(G2)”作为政策目标，是为了实现来华留学生教育“入口”的有秩序。

③ 把“规范来华留学生教育质量内部保障(G3)”作为政策目标，可以从规范高校来华留学生教育过程、提高高校来华留学生教育评估主动性等方面，实现来华留学生教育的有秩序。

④ 把“实现来华留学生外部和内部质量保障机制互联互通(G4)”作为政策目标，可以从高校自治、保持高校特色、追求高校效益等方面，实现来华留学生教育的有秩序。

⑤ 把“提高来华留学生教育毕业资质国际认可度(G5)”作为政策目标，可以从建立毕业淘汰机制、建设毕业生信息数据库等方面，实现来华留学生教育的

有秩序。

(2) 针对来华留学生教育质量持续提高(V2),主要从来华留学生教育的国际影响力开展论证。

① "规范来华留学生教育质量外部保障(G1)",可以对来华留学生教育实施规范的外部审查,制定与国际接轨的评估标准,完善系统的法律体系,建立独立自治的第三方评估机构,从而有利于来华留学生教育质量持续提高(V2),进而提升来华留学生教育国际影响力。

② "提高来华留学生教育招生生源质量(G2)",可以制定符合各层次、各专业来华留学生招生标准、改革来华留学生录取方式、完善来华留学生奖学金设置理念和投放效益意识,促使来华留学生教育质量持续提高(V2),进而提升来华留学生教育国际影响力。

③ "规范来华留学生教育质量内部保障(G3)",可以不断提升高校来华留学生教育质量保障的自主性和规范性,不断提升高校来华留学生教育的内涵式发展水平,不断提升高校的综合实力和国际影响力,促使来华留学生教育质量持续提高(V2),进而提升来华留学生教育国际影响力。

④ "实现来华留学生外部和内部质量保障机制互联互通(G4)",可以实现"外部质量保障"有效地介入提升来华留学生教育质量保障过程,并逐步实现其与"内部质量保障"的融通,增强来华留学生教育质量保障活动的良性循环,促进来华留学生教育质量持续提高(V2),进而提升来华留学生教育国际影响力。

⑤ "提高来华留学生教育毕业资质国际认可度(G5)",可以提升来华留学生的全球胜任力,促进来华留学生教育质量持续提高(V2),进而提升来华留学生教育国际影响力。

(3) 针对保障各高校来华留学生教育的自主权(V3),主要论证如下。

① "规范来华留学生教育质量外部保障(G1)",科学设计来华留学生外部质量保障组织体系,明确组织职责,规范管理机制,从而有利于保障各高校来华留学生教育的自主权(V3)。

② "提高来华留学生教育招生生源质量(G2)",根据来华留学生教育招生国家标准,鼓励高校根据自身特色、专业、结构、层次,设计符合自身实际的来华留学生招生章程,真正保障各高校来华留学生教育的自主权(V3)。

③ "规范来华留学生教育质量内部保障(G3)",高校根据来华留学生招生、在学、毕业的最低国家标准,确定内部质量保障政策和机制的适宜性、有效性、充分性,主动定期开展来华留学生教育质量内部认证和评估,及时发现自身在来华留学生素质、师资力量、教学过程、办学理念、人才培养目标等方面的问题和差距,并根据实际情况及时进行修正,进而保障各高校来华留学生教育的自主权(V3)。

④“实现来华留学生外部和内部质量保障机制互联互通(G4)”，来华留学生教育质量保障主体，政府、高校、社会、协会等，须尽力实现协同化、全局化、互补化、多元化的整体性治理，实现政府问责、高校自治(V3)、社会评价、协会认证的有机统一。

⑤“提高来华留学生教育毕业资质国际认可度(G5)”，可以提升高校的国际声誉，为高校发展带来更多的机会、人才和财政支持，更有利于保障高校来华留学生教育自主权(V3)。

三、政策手段

政策手段是解决政策问题的具体措施，也是引导或促使利益相关者采取期望行为的相关规定，是政策问题解决和政策目标实现的最关键机制。政策手段限定在实现政策目标上，它作为一种手段，无论是政策制定者、政策执行者，还是政策作用对象，都应该对政策手段具有明确的感知。

政策手段是实现政策目标的方法和步骤，其重要性主要体现在以下三个方面：第一，政策手段是实现政策目标的基本途径，没有有效的政策手段，政策目标根本实现不了；第二，政策执行本身就是政策手段的选择过程，在特定条件下，一种手段可能比另一种手段有效；第三，政策手段在很大程度上影响着政策目标能否成功实现，政策大多是为了实现特定目标而设计的措施和活动，政策手段就是这些措施和活动的具体方法，方法是否正确当然是决定政策成功与否的中坚力量。

根据教育部下发的《质量规范》，总结出具体的来华留学生教育质量保障政策手段如表 4-3 所示。

表 4-3　《来华留学生高等教育质量规范(试行)》各政策要素及代码

政策要素	政策要素的表述	政策要素代码		政策要素代码
政策价值立场(Value)	来华留学生教育更有秩序	V1		
	来华留学生教育质量持续提高	V2		
	保障各高校来华留学生教育的自主权	V3		
政策目标(Goal)	规范来华留学生教育质量外部保障	G1		

表 4-3(续)

政策要素	政策要素的表述	政策要素代码		政策要素代码
政策目标(Goal)	提高来华留学生教育招生生源质量	G2		
	规范来华留学生教育质量内部保障	G3		
	实现来华留学生外部和内部质量保障机制互联互通	G4		
	提高来华留学生教育毕业资质国际认可度	G5		
政策手段(Strategy)	规定来华留学生教育人才培养目标	S1	学科专业水平	S1-1
			对中国的认识和理解	S1-2
			语言能力	S1-3
			跨文化和全球胜任力	S1-4
	规定来华留学生招生要求	S2	规定不同学位来华留学生入学标准中的最低学历要求、语言能力要求	S2-1
			规定高校应发布的来华留学生招生信息	S2-2
			规定高校应对申请入学的来华留学生进行入学考试或考核，并明确规定来华留学生入学的学术水平要求和评价方式	S2-3
			规定高校应制定明确的奖学金评定标准和程序	S2-4
	重视来华留学生预科教育	S3		
	规范来华留学生教育教学	S4	高校应当依照国家有关规定设置和调整招收来华留学生的专业	S4-1
			制定学校层次的来华留学生人才培养目标	S4-2

表 4-3(续)

政策要素	政策要素的表述	政策要素代码		政策要素代码
政策手段(Strategy)			制定学校层次的来华留学生专业培养方案	S4-3
			提高来华留学生教育师资队伍能力	S4-4
			规定高校来华留学生教育应具备的教学设施和资源	S4-5
			规定为来华留学生提供指导和课外活动	S4-6
			规定高校应建立健全来华留学生教学管理制度	S4-7
	提供来华留学生教育管理服务和支持	S5	规定来华留学生教育管理体制和工作机制	S5-1
			规定来华留学生教育办学资源和支持条件	S5-2
			健全来华留学生档案和信息管理制度	S5-3
			为来华留学生提供安全教育和保障	S5-4
			健全来华留学生移民和出入境事务管理和服务	S5-5
			保护来华留学生权益	S5-6
			建立来华留学生校友工作制度	S5-7
政策预期结果(Expected Result)	来华留学生教育变得有秩序且教育质量持续提升	ER1		
	来华留学生教育标准与国际接轨且受到广泛认可	ER2		
	来华留学生就业能力得到提升	ER3		

四、政策预期结果

政策制定和执行必然带来特定的政策结果，这些政策结果既包含政策手段的直接产出，也包括政策执行带来的特定影响和效应。对《质量规范》政策预期结果的评判，是立足于政策手段兼顾相应理论分析的结论。

基于前文关于政策利益相关者需求分析以及政策问题和政策目标的构建，可以将实施《质量规范》的预期结果，定性归纳为以下几个方面，如表 4-3 所示：来华留学生教育变得有秩序且教育质量持续提升（ER1），来华留学生教育标准与国际接轨且受到广泛认可（ER2），来华留学生就业能力得到提升（ER3）。主要从来华留学生教育、来华留学生教育标准、来华留学生教育影响三个方面预测《质量规范》政策执行的后果。主要原因包括：

（1）《质量规范》的直接作用对象是广大来华留学生，直接目的是促进来华留学生教育质量提高，实现来华留学生教育内涵式发展。《质量规范》的设计与推行，主要是围绕如何提高来华留学生教育质量而展开的。政策执行后果必然是来华留学生教育质量改善情况的集中体现。

（2）从前文分析的政策问题和政策目标可知，来华留学生教育毕业资质国际认可度是我国来华留学生教育急需解决的重要内容。因此，本研究将来华留学生教育标准与国际接轨且受到广泛认可（ER2）作为政策预期结果。

同时，不管是规范高校来华留学生教育质量外部保障，还是规范高校来华留学生教育质量内部保障，或是实现来华留学生外部和内部质量保障机制的互联互通，都是为了确保来华留学生教育能真正培养出一批具有全球竞争力的国际化人才，能够在国际竞争中占有一席之地，这也是本研究将来华留学生教育标准与国际接轨且受到广泛认可（ER2）作为政策预期结果的重要原因。

（3）把提高来华留学生就业能力作为《质量规范》的政策执行结果来考察，是因为来华留学生就业能力培养是来华留学生教育的首要职责，培养出满足市场和雇主需求的来华留学生是高校、来华留学生和雇主的共同追求。因此，来华留学生教育，要以雇主需求为基础制定人才培养目标、以雇主参与为方式开展具体教学过程、以雇主要求为基准设计具体教育方法，实现目标—过程—方法的有机衔接。

第三节　《质量规范》的一致性评估

政策价值立场、政策目标、政策手段、政策预期结果应当在逻辑上连贯起来，即具有一致性。政策价值立场和政策目标不一致，那么就不能达到政策推行所要达到的理想效果；政策目标和政策手段不一致，那么就缺少目标明确的行动和计划；政策手段和政策预期结果不一致，就不可能分析出政策推行理想效果和目标明确的行动计划之间的因果关系。没有内在逻辑一致性的公共政策是没有公信力和方向性的，是无效的。

一、政策价值立场与政策目标的一致性评估

政策价值立场与政策目标的内在逻辑应当是：政策价值立场是政策目标的方向引领和最终追求；政策目标来源于一个或多个政策价值立场，是政策价值立场的支柱和体现。《质量规范》政策价值立场与政策目标的一致性评估结果，如表 4-4 所示，具体评估过程如下。

表 4-4　政策价值立场(V)和政策目标(G)的一致性评估结果

政策价值立场 / 政策目标	V1	V2	V3
G1	+	+	+
G2	+	+	0
G3	+	+	0
G4	+	+	+
G5	0	+	0

注：+表示具有一致性，0 表示彼此不相关或作用方向不确定，一表示彼此存在不一致或矛盾。

(一) 政策价值立场之“来华留学生教育更有秩序(V1)”与政策目标的一致性评估

(1) 规范来华留学生教育质量外部保障(G1)，能够明晰政府与社会中介组织对来华留学生教育质量保障的职责、标准、方式，通过政策规范、过程监管、外部评估等保证来华留学生教育更有秩序。因此，评估结果为：V1 和 G1 之间具有一致性。

(2) 提高来华留学生教育招生生源质量(G2)，有利于提高来华留学生教育的起点质量和基础水准，如果来华留学生在招生、教育过程、毕业三个方面都保持较高的质量，那么来华留学生教育秩序必然提高。所以，评估结果为：V1 和 G2 之间具有一致性。

(3) 规范来华留学生教育质量内部保障(G3)，能够避免高校简单机械地听命和附属于质量外部保障机制，规避内部质量保障的功利性和权宜性，促使高校真正理解来华留学生教育内部质量保障的本质、内容和功能，主动实现来华留学

生教育的“内部改进”，推动高校来华留学生教育质量内部监控和自我评估的主动实施，确保高校内部来华留学生教育有秩序（V1）。所以，评估结果为：V1 和 G3 之间具有一致性。

（4）实现来华留学生外部和内部质量保障机制互联互通（G4），确保政府承担来华留学生教育质量的宏观监管职责，制定最低标准，建立风险监控体系；充分发挥第三方留学生教育质量保障机构——中国国际教育交流协会在监督、评价和指导来华留学生教育质量的作用，不断提高来华留学生教育质量评估的公信力和说服力；提升高校加强来华留学生教育质量保障的自主性，明确自身来华留学生教育的发展定位，完善自身来华留学生教育规章制度和培养标准，及时反馈政府和第三方机构的政策走向以及监管和评价信息。政府、第三方机构、高校各司其职，促使来华留学生教育质量保障更有秩序（V1）。所以，评估结果为：V1 和 G4 之间具有一致性。

（二）政策价值立场之“来华留学生教育质量持续提高（V2）”与政策目标的一致性评估

（1）规范来华留学生教育质量外部保障（G1），明确的来华留学生教育外部质量标准，包括质量保障活动的标准和质量保障机构的标准，是来华留学生教育质量保障活动实施的政策依据和基本方法；多样化的来华留学生教育外部治理保障方式，包括质量评估、质量认证、质量审查、学科基准法等，保证来华留学生教育质量评估过程的科学性和评估结果的准确性；明晰的来华留学生教育外部质量保障程序，包括自我评估、外部评估、出版评估报告、跟踪检查等流程，确保来华留学生教育质量评估的规范性和公正性。外部质量评估标准、方式、程序的科学化，能为来华留学生教育质量提供坚实的外部保障，实现来华留学生教育质量持续提高。因此，评估结果为：V2 和 G1 之间具有一致性。

（2）提高来华留学生教育招生生源质量（G2），来华留学生生源选拔作为来华留学生教育的首要环节，决定了来华留学生教育的发展规模，构成了来华留学生教育质量的基础。生源质量在很大程度上决定教育质量和就业质量，所以，评估结果为：V2 和 G2 之间具有一致性。

（3）规范来华留学生教育质量内部保障（G3），内部质量保障是影响来华留学生教育质量的直接和决定力量，精准的内部质量保障制度和程序，必将促使来华留学生教育质量持续提高（V2）。所以，评估结果为：V2 和 G3 之间具有一致性。

（4）实现来华留学生外部和内部质量保障机制互联互通（G4），能够帮助建立完善的来华留学生教育质量保障体系，实现质量保障主体，即政府、高校、社会的协同化，建立三者相互制约的整合机制、协调机制和信任机制；实现质量保障方式的相互配合和相互补充，覆盖各层次、各专业、各类型的来华留学生教育；实现外部质量保障措施（包括立法、问责、认证、声誉评价等）和内部质量保障措施的互补化、教育质量评估（内部）和教育质量监测（外部）的协调化。来华留学生外部保障和内部保障有效对接，互为补充，共同促进来华留学生教育质量持续提高（V2）。所以，评估结果为：V2 和 G4 之间具有一致性。

（5）提高来华留学生教育毕业资质国际认可度（G5），让就业价值体现来华留学生教育所获得的学位价值。对来华留学生教育来说，毕业生就业后的薪资标准，是衡量来华留学生教育质量的重要指标。其逻辑是，如果来华留学生的薪资越高，那么来华留学生教育毕业资质的国际认可度越高，说明来华留学生教育质量越好（V2）。所以，评估结果为：V2 和 G5 之间具有一致性。

（三）政策价值立场之“保障各高校来华留学生教育的自主权（V3）”与政策目标的一致性评估

（1）规范来华留学生教育质量外部保障（G1），能够明确政府与高校的关系，政府充当“监管者”，不插手高校来华留学生教育的具体工作，真正落实“管办评”改革，帮助政府和高校保持宏观治理和微观治理的必要张力，依法将高校应该拥有的来华留学生教育自主权完全地落实给高校，使高校能够依法履行其来华留学生教育管理职责。因此，评估结果为：V3 和 G1 之间具有一致性。

（2）实现来华留学生外部和内部质量保障机制互联互通（G4），可以促进政府做政府应该做的事情，高校履行高校应该履行的职责，政府减少对高校的直接干预，只发挥政策杠杆职能，提升高校的来华留学生教育治理能力。所以，评估结果为：V3 和 G4 之间具有一致性。

二、政策目标与政策手段的一致性评估

政策目标与政策手段的内在逻辑应当是：政策目标的实现需依赖于一个或多个政策手段，政策手段是确保一个或多个政策目标实现的路径和方法。《质量规范》政策目标与政策手段的一致性评估结果，如表 4-5 所示。具体评估过程如下。

表 4-5　政策目标（G）和政策手段（S）的一致性评估结果

政策手段 / 政策目标	G1	G2	G3	G4	G5
S1	0	0	+	0	0
S2-1	0	+	+	0	0
S2-2	0	+	0	0	0

表 4-5(续)

政策手段 政策目标	G1	G2	G3	G4	G5
S2-3	0	+	+	0	0
S2-4	0	+	+	0	0
S3	0	+	0	0	0
S4-1	0	0	+	0	+
S4-2	0	0	+	0	+
S4-3	0	0	+	0	+
S4-4	0	0	+	0	+
S4-5	0	0	+	0	0
S4-6	0	0	0	0	0
S4-7	0	0	+	0	+
S5-1	0	0	+	+	0
S5-2	0	0	0	0	0
S5-3	0	0	+	0	0
S5-4	0	0	0	0	0
S5-5	0	+	0	0	0
S5-6	0	0	0	0	0
S5-7	0	+	0	0	0

注:+表示具有一致性,0 表示彼此不相关或作用方向不确定,一表示彼此存在不一致或矛盾。

(一) 政策目标之“提高来华留学生教育招生生源质量(G2)”与政策手段的一致性评估

(1) 最低学历和语言能力规定(S2-1),基本上是各个国家招收国际学生率先考虑的标准和要求,二者对来华留学生的整个教学过程质量高低具有决定性的影响,一定程度上确保来华留学生的输入质量(G2)。所以,评估结果为:G2 和 S2-1 之间具有一致性。

(2) 招生宣传是向来华留学生展示中国大学形象、精准传递招考信息的重要手段,规定高校应发布的来华留学生招生信息(S2-2),包括大学基本情况、来华留学生招生程序、录取要求、奖学金申请等,可以帮助吸引优质生源,提升来华留学生招生质量(G2)。所以,评估结果为:G2 和 S2-2 之间具有一致性。

(3) 考试是选才任能的重要路径,也是从众多来华留学生申请者当中选出“拔尖创新人才”的重要方式。高校通过开展来华留学生招生入学考试或考核

(S2-3)，在坚持公平公正的原则下，通过设置科学的考试内容和考核方式，选拔出个人综合能力强的来华留学生申请者(G2)。来华留学生入学的学术水平要求(S2-3)，可以在一定程度上确保其学术能力和科研能力，保障来华留学生教育招生质量(G2)。所以，评估结果为：G2 和 S2-3 之间具有一致性。

(4) 经济基础是来华留学生开展正常学习生活的基本保障。来华留学生的经济来源主要包括奖学金、家庭资助以及个人勤工俭学。奖学金投放额度的增加有助于提高来华留学生数量，对其质量提升则没有绝对性影响，只有科学系统的奖学金评定标准和程序(S2-4)，明确的来华留学奖学金招生质量标准和实施细则，才能在奖学金与高质量生源之间建立正向传导机制，即通过提高奖学金投放效益意识和使用评价机制，提高来华留学生教育招生生源质量(G2)。所以，评估结果为：G2 和 S2-4 之间具有一致性。

(5) 来华留学生预科教育(S3)，是来华留学生教育事业的一项基础工程，是“嫁接”他文化中等教育与中国文化高等教育的中间环节，是保障来华留学生教育质量的前提。来华留学生预科教育(S3)，可以提高来华留学生的汉语水平，为其在华学习打下语言基础。同时，预科教育也能帮助来华留学生掌握所学专业基础知识，为来华留学生提供学术支持，提高进入大学学习的来华留学生教育招生生源质量(G2)。所以，评估结果为：G2 和 S3 之间具有一致性。

(6) 健全来华留学生移民和出入境事务管理和服务(S5-5)，通过方便快捷、具有吸引力的移民政策，吸引高质量生源来华留学。所以，评估结果为：G2 和 S5-5 之间具有一致性。

(7) 来华留学生对来华留学的满意度是影响来华留学生招生质量的重要因素。来华留学生对来华留学的感受是持续性的，会一直贯穿在其以后的学习工作中，而“前辈”来华留学生的推荐有利于在留学生内部建立正向传导机制，增加留学生来华留学的兴趣，建立来华留学生校友工作制度(S5-7)，通过“前辈”来华留学生的宣传，不断提高来华留学生教育招生生源质量(G2)。所以，评估结果为：G2 和 S5-7 之间具有一致性。

(二) 政策目标之“规范来华留学生教育质量内部保障(G3)”与政策手段的一致性评估

(1) 规定来华留学生人才培养目标(S1)，是基于来华留学生教育目的和使命，根据全球化经济社会需求，提出的来华留学生教育的能力结构、知识结构、价值观念、素质结构等方面的目标，为来华留学生教育工作指明了方向。来华留学生人才培养目标是来华留学生教育的出发点、基准和归宿。来华留学生人才培养目标，一方面要具有一般性，即体现我国大学来华留学生教育的使命和定位，明确来华留学毕业生所应具备的能力和素质；另一方面要具有具体性，即明确各专业来华留学毕业生应掌握的价值观、知识、技能、素质。来华留学生人才培养目标，对于大学内部而言，体现了本校的教育理念和价值追求，可以激励全体教职员工向既定的方向努力，规范来华留学生教育质量内部保障(G3)。所以，评估结果为：G3 和 S1 之间具有一致性。

(2) 规定不同学位来华留学生入学标准中的最低学历要求、语言能力要求(S2-1)，以及规定对申请入学的来华留学生进行入学考试或考核，并明确规定来华留学生入学的学术水平要求和评价方式(S2-3)，这些都与来华留学生入学资格审查有关。来华留学生入学资格审查，是来华留学生教育内部保障体系的“入口”和“基石”，明晰的来华留学生入学资格审查标准、规范的来华留学生入学资格审查程序、完善的来华留学生入学资格审查评价方式，是来华留学生教育内部保障体系(G3)的重要基础。所以，评估结果为：G3 和 S2-1，S2-3 之间具有一致性。

(3) 规定高校明确的奖学金评定标准和程序(S2-4)，能够突出高校作为来华留学生奖学金“元治理者”的身份。作为制度设计者和实际组织者，高校通过明晰各类来华留学奖学金的标准、目标和功能，规范和监督来华留学生奖学金运行过程，协调来华留学生奖学金参与主体合作关系，改善和优化来华留学生奖学金的供给侧优化，不断规范来华留学生教育质量内部保障体系(G3)。所以，评估结果为：G3 和 S2-4 之间具有一致性。

(4) 来华留学生专业设置是来华留学生教育的核心构成，其质量高低是影响来华留学生教育质量的关键因素。高校根据自身教育优势和来华留学所在国人才培养需要，科学设置来华留学生教育专业(S4-1)，并根据国际产业链和创新链对来华留学生专业设置和专业培养目标适时进行调整，提高应用型、技能型来华留学生人才培养比重，不断办好来华留学生急需、高校优势突出、地方特色鲜明的来华留学生教育专业，能够不断提高来华留学生教育质量内部保障水平(G3)。所以，评估结果为：G3 和 S4-1 之间具有一致性。

(5) 来华留学生专业培养目标(S4-2)和培养方案(S4-3)，能够明确高校来华留学生教育人才培养目标，树立能力导向的课程设置理念，优化课程体系，实现理论课程和实践课程一体化，设立科学和清晰的来华留学生毕业淘汰制度，提高来华留学生教育的毕业资质认可度。通过建立来华留学生毕业能力、能力要求和课程体系之间的矩阵式对应关系，不断完善来华留学生教育质量内部保障体系(G3)。所以，评估结果为：G3 和 S4-2、S4-3 之间具有一致性。

(6) 严格的来华留学生教师准入制度，持续的来华留学生教师培训和专业发展制度、健全的来华留学生教师评价制度，是来华留学生师资队伍建设(S4-4)的有力抓手。来华留学生教师管理制度建设是来华留学生教育质量保障政策不能回避的重要内容，一流的来华留学生教育师资离不开现代化来华留学生教师管理制度。优化来华留学生教师激励制度、建立来华留学生教师分类分层管理制度、加强来华留学生教师伦理道德标准建设，是实现来华留学生教师管理制度创新，规范来华留学生教育质量内部保障体系（G3）的重要内容。所以，评估结果为：G3 和 S4-4 之间具有一致性。

（7）来华留学生教育质量保障，与教育设施和资源的配置和投入密切相关。来华留学生的教学设施和资源（S4-5），是来华留学生教育发展所需各类生产要素的总和，既包括有形资源（教师、设施、教室、资金等），也包括无形资源（校训、高校声誉、人才培养理念等）。高校如果制定明确的来华留学生教育人力资源规范（包括来华留学生教师资格、教辅人员要求、行政管理人员规定等）、财力资源规范（包括来华留学生教学经费和科研经费分配等）、物力资源规范（包括教室、图书馆、阅览室、实验设施等），同时也有清晰的办学理念和办学特色，那么来华留学生教育质量内部保障体系必然会越来越完善（G3）。所以，评估结果为：G3 和 S4-5 之间具有一致性。

（8）来华留学生教学管理制度，包括考勤管理、考试考核、毕业要求等（S4-7），是来华留学生教育质量提升的制度基础，也是来华留学生教育内部质量保障体系的重要组成部分。规范科学的来华留学生教学管理制度，是将来华留学生教育外部质量保障的标准、理念、目标内化为自身提高来华留学生教育质量的重要参照。在对来华留学生教育质量保障工作进行充分认识的基础上，制定、完善、统一来华留学生教学和管理相关职能部门要求和具体操作流程，可以帮助高校规范来华留学生教育质量内部保障机制（G3）。所以，评估结果为：G3 和 S4-7 之间具有一致性。

（9）目前，各高校来华留学生教育管理体制和工作机制是，国际交流学院负责招生和留学生日常管理，教学由各二级学院负责。规定来华留学生教育管理体制和工作机制（S5-1），明确国际交流学院、各二级学院、教学管理机构等部门的职能界限，建立合作和交流机制，提高来华留学生教育管理体制和工作机制的科学性、规范性、协调性，可实现规范来华留学生教育质量内部保障机制（G3）的目标。所以，评估结果为：G3 和 S5-1 之间具有一致性。

（10）健全来华留学生档案和信息管理制度（S5-3），有利于明确各二级学院、高校档案馆、来华留学生自身在来华留学生档案和信息管理中的责任和义务，打通来华留学生档案追踪渠道，规范来华留学生学籍档案、重大活动档案、突发事件档案、个人风采档案的采集标准，实现来华留学生纸质版档案向电子版档案转换，进而完善来华留学生教育质量内部保障机制（G3）。所以，评估结果为：G3 和 S5-3 之间具有一致性。

（三）政策目标之“提高来华留学生教育毕业资质国际认可度(G5)”与政策手段的一致性评估

(1) 高校在设置来华留学生教育专业时(S4-1)，应考虑来华留学生的需求，是为了掌握汉语言和中医等中国特色专业，还是为了学习计算机、信息技术、医学等来华留学生生源国急需专业，使来华留学生教育直接面对就业需求，培养各类国际“对口”人才，实现来华留学生教育专业与国际用人单位实际需求相匹配，进而提高来华留学生教育毕业资质国际认可度(G5)。所以，评估结果为:G5 和 S4-1 之间具有一致性。

(2) 来华留学生教育专业培养目标(S4-2)和专业培养方案(S4-3)，特别是专业培养方案中设计的实践教学体系，可以包括课堂案例分析教学、学年论文、毕业论文、假期社会实践、创新创业训练项目、认知实习、社团活动、志愿活动等一系列实践活动。科学的实践教学政策和完善的实践教学配套政策，能够优化实践教学环节，避免实践教学形式化现象；同时，多样化的实践教学机会，系统化的就业指导体系，能够不断指导来华留学生树立就业能力培养意识，不断提高来华留学生教育毕业资质国际认可度(G5)。所以，评估结果为:G5 和 S4-2、S4-3 之间具有一致性。

(3) 来华留学生教师的专业水平、教学资质、外语能力、跨文化能力(S4-4)，是来华留学生教育质量的直接影响因素。如果教师本身专业知识和实践知识完备，了解国际人才需求情况，能够有针对性地调整教学内容和教学方式，使“所教”更能满足各类用人单位“所需”，那么，来华留学生毕业资质国际认可度必将提高(G5)。所以，评估结果为:G5 和 S4-4 之间具有一致性。

(4) 高校根据自身实际，不断完善来华留学生教学管理制度(S4-7)，提升来华留学生教学管理效能，可促进来华留学生教学管理工作的规范化和标准化，实现高校以自身实际效益和来华留学生未来就业为发展方向，为培养符合国际劳动市场需求的来华留学生提供一个有效的、科学的政策和制度约束，通过规制的制定与实施不断提高来华留学生教育毕业资质国际认可度(G5)。所以，评估结果为:G5 和 S4-7 之间具有一致性。

三、政策手段与政策预期结果的一致性评估

政策手段与政策预期结果的内在逻辑应当是：一个或几个政策手段实施会引发一个或多个政策预期结果，一个政策预期结果是由一个或多个政策手段造成的。《质量规范》政策手段与政策预期结果的一致性评估结果，如表 4-6 所示。具体评估过程如下。

表 4-6　政策手段(S)和政预期结果(ER)的一致性评估结果

政策预期结果 / 政策手段	ER1	ER2	ER3
S1	+	+	+
S2-1	+	+	0
S2-2	+	0	0
S2-3	+	+	0
S2-4	+	+	−
S3	+	+	+
S4-1	+	−	+
S4-2	+	+	+
S4-3	+	+	+
S4-4	+	+	+
S4-5	+	+	+
S4-6	0	0	0
S4-7	+	0	0
S5-1	+	0	0
S5-2	0	0	0
S5-3	+	0	0
S5-4	0	0	0
S5-5	0	+	0
S5-6	0	0	0
S5-7	0	+	0

注：+表示具有一致性，0 表示彼此不相关或作用方向不确定，−表示彼此存在不一致或矛盾。

(一) 政策手段“规定来华留学生教育人才培养目标(S1)”与政策预期结果的一致性评估

(1) 规定来华留学生教育人才培养目标(S1)，有利于明确来华留学生教育的目标追求，也是整个来华留学生教育活动的基本依据，确保来华留学教育过程有秩序(ER1)。同时，人才培养目标，也为把来华留学生培养成卓越从业者和后备学术人才提出具体标准，促使来华留学生教育质量持续提升的需要得到满足(ER1)。所以，评估结果为：S1 和 ER1 之间具有一致性。

(2) 规定来华留学生教育人才培养目标(S1)，有利于政府、高校为实现人才培养目标，不断完善来华留学生教育的流程和标准，促使来华留学生教育标准与国际接轨且受到广泛认可的需求得到满足(ER2)。所以,评估结果为:S1 和 ER2 之间具有一致性。

(3) 规定来华留学生教育人才培养目标(S1),将培养具有全球胜任力的来华留学生作为终极目标追求,有利于有机整合来华留学生教育涉及的价值观、态度、技能、知识,关注来华留学生教育全球胜任力培养各要素和各维度的内在联系,了解不同文化、不同层次、不同专业来华留学生的发展特征,不断促进来华留学生全球胜任力的发展,促使来华留学生就业能力提升得到满足(ER3)。所以,评估结果为:S1 和 ER3 之间具有一致性。

(二) 政策手段"规定来华留学生招生要求(S2)"与政策预期结果的一致性评估

(1) 规定不同学位来华留学生入学标准中的最低学历要求、语言能力要求(S2-1),有利于在来华留学教育招生"入口"守住最低底线,最低选拔标准可以保障来华留学生招生质量,满足来华留学生教育变得有秩序且教育质量持续提升需求(ER1)。所以,评估结果为:S2-1 和 ER1 之间具有一致性。

规定不同学位来华留学生入学标准中的最低学历要求、语言能力要求(S2-1),是世界各个国家招收国际学生的通行做法,满足来华留学生教育标准与国际接轨且受到广泛认可需求(ER2)。所以,评估结果为:S2-1 和 ER2 之间具有一致性。

(2) 规定高校应发布的来华留学生招生信息(S2-2),有利于帮助来华留学生申请者了解来华留学的流程、学历要求、学术要求、学费、奖学金、时间节点等各类信息,保障来华留学生教育招生秩序(ER1)。同时,翔实、规范、高端的来华留学生招生信息,可帮助吸引高质量生源来华留学,满足来华留学生教育质量持续提升需求(ER1)。所以,评估结果为:S2-2 和 ER1 之间具有一致性。

(3) 规定对来华留学生申请者进行入学考试或考核,以及入学学术要求(S2-3),有利于提高来华留学生整体素质和质量,同时明确规范的考试或考核要求、入学学术要求,也可以促使来华留学生教育变得有秩序(ER1)。所以,评估结果为:S2-3 和 ER1 之间具有一致性。

规定对来华留学生申请者进行入学考试或考核(S2-3),有利于将来华留学生入学考试建设成类似于美国大学入学考试(ACT)、托福(TOEFL)、美国研究生入学考试(GRE)、经企管理研究生入学考试(GMAT)、雅思(IELTS)等备受国际学生认可的留学生招生考试,满足来华留学生教育标准与国际接轨且受到广泛认可需求(ER2)。所以,评估结果为:S2-3 和 ER2 之间具有一致性。

(4) 规定高校应制定明确的奖学金评定标准和程序(S2-4),有利于规范来华留学生奖学金设置、申请流程、效果评价,促使整个来华留学生奖学金发放和使用流程井然有序，不断提升来华留学生奖学金使用效益，通过完善来华留学生奖学金申领制度，不断构建来华留学生招生标准，进而满足来华留学生教育质量提升需求（ER1）。所以，评估结果为：S2-4 和 ER1 之间具有一致性。

规定高校应制定明确的奖学金评定标准和程序（S2-4），有利于解决来华留学生最关心的学费问题，为高质量、经济需要援助的国际学生提供奖学金，是世界各国吸引高素质国际学生的主要手段，完善的来华留学生奖学金评定标准和评定程序，可以满足来华留学生教育标准与国际接轨且受到广泛认可需求（ER2）。所以，评估结果为：S2-4 和 ER2 之间具有一致性。

（三）政策手段“重视来华留学生预科教育（S3）”与政策预期结果的一致性评估

（1）重视来华留学生预科教育（S3），构建全国统一的来华留学生预科教育培养目标、课程体系、教材要求、评估体系，完善来华留学生预科教育机制，提高来华留学生预科教育质量，为来华留学生进入专业学习，打下坚实的汉语基础和必要的专业基础，可满足来华留学生教育变得有秩序且教育质量持续提升需求（ER1）。所以，评估结果为：S3 和 ER1 之间具有一致性。

（2）通过预科教育，提高国际学生的语言能力，是国际上各留学大国的主要选择。重视来华留学生预科教育（S3），有利于逐渐构建成熟的来华留学生预科教育模式，实现来华留学生预科教育模式与国际接轨，满足来华留学生教育标准与国际接轨且受到广泛认可需求（ER2）。所以，评估结果为：S3 和 ER2 之间具有一致性。

（3）重视来华留学生预科教育（S3），提高来华留学生的汉语言能力。汉语言是来华留学生掌握的一门外国语言，而语言交流是工作必不可少的一个环节。来华留学生汉语言书写能力和汉语言交流能力的提高，会满足提升来华留学生就业能力需求（ER3）。所以，评估结果为：S3 和 ER3 之间具有一致性。

（四）政策手段“规范来华留学生教育教学（S4）”与政策预期结果的一致性评估

（1）高校当依照国家有关规定设置和调整招收来华留学生的专业（S4-1），促使来华留学生招生专业向特色化、高端化、国际化发展，通过具有国际优势、世界水平领先的专业，吸引优质国际学生来华留学，满足来华留学生教育质量持续提升需求（ER1）。所以，评估结果为：S4-1 和 ER1 之间具有一致性。

毕业后回国就业的来华留学生在整个来华留学生群体中占有一定的比例，高校在设置和调整招收来华留学生专业（S4-1）时，如果根据不同生源地来华留学生的实际需求设置专业，会满足来华留学生就业能力提升需求（ER3）。所以，评估结果为:S4-1 和 ER3 之间具有一致性。

(2) 制定来华留学生专业培养目标(S4-2)和专业培养方案(S4-3),有利于规范来华留学生教育的具体实施方案,对整个来华留学生教育过程进行科学性、系统性的规范安排,整合课堂教学内容、课外实践活动、创新创业教育的系统框架,从需求侧角度满足来华留学生教育需求,实现来华留学生教育变得有秩序且教育质量持续提升(ER1)。所以,评估结果为:S4-2、S4-3 和 ER1 之间具有一致性。

如果高校招收来华留学生的专业实力达到国际先进水平,依据该专业培养目标(S4-2)和专业培养方案(S4-3)所培养出的来华留学生,也有很大的机会掌握具有国际领先水平的专业知识和能力,来华留学生教育标准更容易与国际接轨且受到广泛认可(ER2)。所以,评估结果为:S4-2、S4-3 和 ER2 之间具有一致性。

制定来华留学生专业培养目标(S4-2)和专业培养方案(S4-3),向广大来华留学生教师灌输能力导向的来华留学生教育价值观,有利于在来华留学生教育中设立实践教学体系,设计有机统一的实践课程内容体系,实现课程内实践、社会实践、毕业实践、创新创业实践、毕业设计(论文)的有机融合,不断提高来华留学生知识的实际应用能力,满足来华留学生就业能力提升需求(ER3)。所以,评估结果为:S4-2、S4-3 和 ER3 之间具有一致性。

(3) 教育质量取决于师资队伍质量,这一理念已经渐渐成为一种共识。重视来华留学生师资队伍建设和教学研究(S4-4),制定来华留学生教师招聘、培训、管理、评价制度,不断提高来华留学生教师质量,增加来华留学生教师理论知识和实践技能储备,满足来华留学生教育变得有秩序且教育质量持续提升需求(ER1)。所以,评估结果为:S4-4 和 ER1 之间具有一致性。

高质量的学者才能吸引高质量的来华留学生。重视来华留学生师资队伍建设和教学研究(S4-4),加大国际一流专家、学者的引进力度,从世界一流大学招聘博士学位人才,努力打造出一批在国际学术界具有一定影响力的师资队伍,提升来华留学生教师的国际视野、国际理解、国际能力,满足来华留学生教育标准与国际接轨且受到广泛认可需求(ER2)。所以,评估结果为:S4-4 和 ER2 之间具有一致性。

重视来华留学生师资队伍建设和教学研究(S4-4),特别是加强来华留学生教师实践培训,建立来华留学生教师企业实习制度、校企互聘制度,完善来华留学生教育实践培训保障体系、激励制度、评价机制等,这些措施有利于提高来华留学生教师的实践能力,避免纸上谈兵,满足来华留学生就业能力提升需求(ER3)。

(4) 充足合格的教学设施和资源(S4-5),为来华留学生提供便利和充足的实验场所、图书馆资源、信息技术支持等,确保来华留学生学习和科研活动的正常开展,这将促使来华留学生教育变得有秩序且教育质量持续提升(ER1)。所以,评估结果为:S4-5 和 ER1 之间具有一致性。

充足合格的教学设施和资源(S4-5),按照来华留学生生源国教学习惯设置教室,配备国际一流的实验实践设备设施,有利于实现来华留学生教育标准与国际接轨且受到广泛认可(ER2)。所以,评估结果为:S4-5 和 ER2 之间具有一致性。

充足合格的教学设施和资源(S4-5),为来华留学生课堂教学、校内实验、校内实践提供坚实的物质基础,保障来华留学生就业能力提升(ER3)。所以,评估结果为:S4-5 和 ER3 之间具有一致性。

(5) 建立健全来华留学生教学管理制度(S4-7),有利于明确来华留学生教育管理的组织机构设置和权力资源分配,有利于明晰来华留学生教学管理机构与来华留学生之间的管理关系和互动规则,使来华留学生教育有秩序(ER1)。教学是提高来华留学生教育质量的主渠道,教学管理则是来华留学生教育质量的重要保障,对来华留学生教育管理制度进行及时修订完善和梳理研讨是提高来华留学生教育质量(ER1)的前置性工程。所以,评估结果为:S4-7 和 ER1 之间具有一致性。

(五) 政策手段"提供来华留学生教育管理服务和支持(S5)"与政策预期结果的一致性评估

(1) 规定来华留学生教育管理体制和工作机制(S5-1),有利于完善来华留学生从入学前到毕业后的管理体制,形成劳动与就业部门、医疗部门、保险部门、出入境管理部门、教育管理部门等的合作工作机制,共同为来华留学生教育活动保驾护航,实现来华留学生教育有秩序且教育质量持续提升(ER1)。所以,评估结果为:S5-1 和 ER1 之间具有一致性。

(2) 高校根据本校来华留学生实际情况,制定符合本校实际的来华留学档案管理和信息管理制度(S5-3),有利于制定来华留学生档案搜集和管理标准,明确来华留学生档案搜集和管理分工,提高来华留学生档案利用率,进而实现来华留学生教育有秩序(ER1)。所以,评估结果为:S5-3 和 ER1 之间具有一致性。

(3) 世界留学强国,例如美国、英国、澳大利亚都通过完善移民政策,提倡"技术移民",为优质国际留学生毕业后在留学国家移民提供便利条件和措施。健全来华留学生移民和出入境事务管理和服务(S5-5),有利于来华留学生教育同国际接轨,制定出符合国际要求的移民和出入境管理规定,实现来华留学生教育标准与国际接轨且受到广泛认可(ER2)。所以,评估结果为:S5-5 和 ER2 之间具有一致性。

(4) 国际主要留学大国非常重视国际留学生校友工作,一方面,政府出台相关政策为国际留学生校友工作提供指导和支持,例如,澳大利亚出台《澳大利亚全球校友参与战略》(*Australia Global Alumni Engagement Strategy*),日本在《第二期教育基本振兴计划》(*The Second Basic Plan for the Promotion of Education*)中提出"政府要为国际留学生校友网络建设提供资金支持",德国在《联邦教育与研究部行动计划》(*Action Plan of the Federal Ministry of Education and Research*)中提出要"完善国际留学生校友关系"。"建立来华留学生校友工作制度(S5-7)",通过建立海外校友分会、建立来华留学生校友网站、建立来华留学生信息数据库、为来华留学生提供学术和留学指导等活动,实现来华留学生校友工作与国际接轨(ER2)。所以,评估结果为:S5-7 和 ER2 之间具有一致性。

四、一致性评估小结

(一) 政策价值立场与政策目标的一致性评估小结

《质量规范》的价值立场与目标存在清晰的逻辑关系、影响关系和因果关系,各价值立场和目标之间不存在矛盾冲突,这说明《质量规范》的政策目标,与中央政府的价值立场是协调一致和相向而行的,其价值立场与目标具有一致性。

(二) 政策目标与政策手段的一致性评估小结

虽然每个政策手段都至少支持一项政策目标,但是依靠《质量规范》现有政策手段,部分政策目标实现情况并不理想。

(1)《质量规范》的政策手段,大多数都是为了实现规范来华留学生教育质量内部保障(G3),对如何规范来华留学生教育质量外部保障(G1)和实现来华留学生外部和内部质量保障机制互联互通(G4)的政策手段涉及不多,也就是说,缺乏对来华留学生教育外部质量保障机构、外部质量保障方式、外部质量保障标准、外部质量保障程序的规定,对如何协调高校内部质量保障机制、政府外部质量监管机制、社会机构外部质量保障机制的措施并没有涉猎。

(2) 实现提高来华留学生教育毕业资质国际认可度(G5)的政策手段,在《质量规范》中也并不充分,仅涉及调整专业、完善专业人才培养方案、提高教师能力、规范教学管理几个方面,对如何完善来华留学生就业教育引导机制、构建来华留学生就业服务体系、提高来华留学生就业能力措施等方面并没有提及。

(三) 政策手段与政策预期结果的一致性评估小结

《质量规范》的政策手段与政策预期结果,基本上具有一致性,只有个别政策手段与政策预期结果之间存在削减关系。

(1) 如果高校在设置和调整招收来华留学生专业(S4-1)时,仅局限在汉语言、中医等具有中国特色的专业上,这会导致来华留学生招生专业结构不合理,就会削减"来华留学生教育标准与国际接轨且受到广泛认可(ER2)"的政策预期。

(2) 来华留学生获得的各类奖学金(S2-4),可以解决来华留学生在华学习生活的经济问题,让来华留学生无后顾之忧,这可能会导致来华留学生出现学习惰性,削减"来华留学生就业能力得到提升(ER3)"的政策预期。

第四节　《质量规范》的充要性评估

充要性评估主要检验政策实施的资源是否合理充足,是否存在资源误置、资源浪费、资源脱节。"资源误置就是重复行动或低效使用,或者被用去制造不良的或意外的结果;资源脱节就是一个政策的实施导致其他政策因此半途而废,或者导致其他政策的资源被无理转移。"充要性评估包括两个部分:必要性和充分性。必要性评估是分析政策实施所用资源是否存在重复和浪费;充分性评估是分析政策实施所需资源是否充分,资源不充分会导致失败和损失。具体充要性评估过程如图4-1所示。鉴于外部分析要取决于个人的角色和职能,不具有普遍性,有关《质量规范》的充要性评估将主要讨论个别评估和整体评估两个部分。

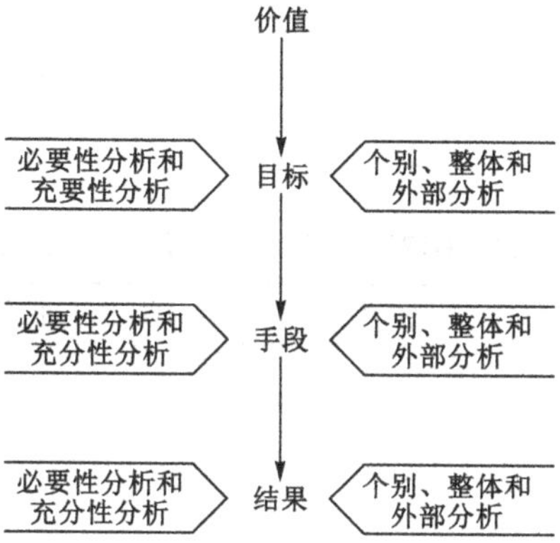

图4-1　充要性评估过程

来源:梁鹤年.政策规划与评估方法[M].北京:中国人民大学出版社,2009,77.

一、必要性评估

(一) 政策目标对于政策价值的必要性评估

(1) 政策目标对于政策价值必要性的个别评估

根据前文政策目标与政策价值立场的一致性评估结果可知,《质量规范》的政策目标与政策价值立场并不存在削减或冲突现象,也就是,每一个政策目标都可以满足一个或多个政策价值立场,即每个政策目标对于实现政策价值立场都是必要的。根据此逻辑,《质量规范》政策目标对于政策价值立场必要性的个别评估结果,同二者的一致性评估结果相同。具体如表 4-7 所示。

表 4-7 政策目标(G)对于政策价值立场(V)必要性的个别评估结果

政策价值立场 政策目标	V1	V2	V3
G1	+	+	+
G2	+	+	0
G3	+	+	0
G4	+	+	+
G5	0	+	0

注:+表示有必要,0 表示不必要,一表示存在削减或冲突关系。

(2) 政策目标对于政策价值立场必要性的整体评估

政策目标对于政策价值立场必要性的整体分析,主要是分析当其他政策目标同时被考虑时,该目标是否仍是必要的。也就是说,要确定没有重复的目标。《质量规范》政策目标对于政策价值立场必要性的整体评估结果,具体如表 4-8 所示。

表 4-8 政策目标(G)对于政策价值立场(V)必要性的整体评估

政策目标	G1	G2	G3	G4	G5
G1		+	+	+	+
G2	+		0	+	+
G3	+	+		+	+
G4	0	0	0		+
G5	+	+	+	+	

注:+表示有必要,0 表示不必要,一表示存在削减或冲突关系。

① 同时考虑“规范来华留学生教育质量外部保障(G1)”与其他 4 个政策目标时,没有目标重复设置情况,所以,评估结果为:“规范来华留学生教育质量外部保障(G1)”对于其他 4 个政策目标是必要的。

② 同时考虑“提高来华留学生教育招生生源质量(G2)” 与其他 4 个政策目

标时，发现“提高来华留学生教育招生生源质量（G2）”属于“规范来华留学生教育质量内部保障（G3）”的一部分，存在目标重复设置情况，所以，评估结果为：“提高来华留学生教育招生生源质量（G2）”对于“规范来华留学生教育质量内部保障（G3）”是不必要的，“提高来华留学生教育招生生源质量（G2）”对于 G1、G4、G5 是必要的。

③ 同时考虑“规范来华留学生教育质量内部保障（G3）”与其他 4 个政策目标时，没有目标重复设置情况，所以，评估结果为：“规范来华留学生教育质量内部保障（G3）”对于其他 4 个政策目标是必要的。

④ 同时考虑“实现来华留学生外部和内部质量保障机制互联互通（G4）”与其他 4 个政策目标时，发现 G4 同 G1、G2、G3 相比，G4 是最有效的政策目标，所以，评估结果为：“实现来华留学生外部和内部质量保障机制互联互通（G4）”对于 G1、G2、G3 是不必要的，对于 G5 是必要的。

⑤ 同时考虑“提高来华留学生教育毕业资质国际认可度（G5）”与其他 4 个政策目标时，没有目标重复设置情况，所以，评估结果为：“提高来华留学生教育毕业资质国际认可度（G5）”对于其他 4 个政策目标是必要的。

（二）政策手段对于政策目标的必要性评估

（1）政策手段对于政策目标必要性的个别评估

根据前文政策手段与政策目标的一致性评估结果可知，《质量规范》的政策手段与政策目标并不存在削减或冲突现象，也就是，每一个政策手段都可以帮助实现一个或多个政策目标，即每个政策手段对于实现政策目标是必要的。根据此逻辑，《质量规范》政策手段对于政策目标必要性的个别评估结果，同二者的一致性评估结果相同。具体如表 4-9 所示。

表 4-9　政策手段(S)对于政策目标(G)必要性的个别评估结果

政策目标 政策手段	G1	G2	G3	G4	G5
S1	0	0	+	0	0
S2-1	0	+	+	0	0
S2-2	0	+	0	0	0
S2-3	0	+	+	0	0
S2-4	0	+	+	0	0
S3	0	+	0	0	0
S4-1	0	0	+	0	+
S4-2	0	0	+	0	+

表 4-9(续)

政策目标 政策手段	G1	G2	G3	G4	G5
S4-3	0	0	+	0	+
S4-4	0	0	+	0	+
S4-5	0	0	+	0	0
S4-6	0	0	0	0	0
S4-7	0	0	+	0	+
S5-1	0	0	+	+	0
S5-2	0	0	0	0	0
S5-3	0	0	+	0	0
S5-4	0	0	0	0	0
S5-5	0	+	0	0	0
S5-6	0	0	0	0	0
S5-7	0	+	0	0	0

注：+表示有必要，0 表示不必要，一表示存在削减或冲突关系。

(2) 政策手段对于政策目标必要性的整体评估

《质量规范》中的每一个政策手段与其他政策手段同时考虑时，这个政策手段仍是必要的，这说明 S1—S5 这 5 个政策手段不存在削减或冲突，彼此都是必要的。具体评估结果，如表 4-10 所示。

表 4-10　政策手段(S)对于政策目标(G)必要性的整体评估结果

政策手段	S1	S2	S3	S4	S5
S1		+	+	+	+
S2	+		+	+	+
S3	+	+		+	+
S4	+	+	+		+
S5	+	+	+	+	

注：+表示有必要，0 表示不必要，一表示存在削减或冲突关系。

(三) 政策预期结果对于政策手段的必要性评估

(1) 政策预期结果对于政策手段必要性的个别评估

根据前文政策预期结果与政策手段的一致性评估结果可知，《质量规范》的政策预期结果与政策手段的一致性并不存在削减或冲突现象，也就是，每一个政策预期结果反映了一个或多个政策手段的实施结果，即每个政策预期结果对于政策手段来说都是必要的。根据此逻辑，《质量规范》政策预期结果对于政策手段必要性的个别评估结果，同二者的一致性评估结果相同。具体如表4-11所示。

表 4-11　政策预期结果(ER)对于政策手段(S)必要性的个别评估结果

政策预期结果 / 政策手段	ER1	ER2	ER3
S1	+	+	+
S2-1	+	+	0
S2-2	+	0	0
S2-3	+	+	0
S2-4	+	+	−
S3	+	+	+
S4-1	+	−	+
S4-2	+	+	+
S4-3	+	+	+
S4-4	+	+	+
S4-5	+	+	+
S4-6	0	0	0
S4-7	+	0	0
S5-1	+	0	0
S5-2	0	0	0
S5-3	+	0	0
S5-4	0	0	0
S5-5	0	+	0
S5-6	0	0	0
S5-7	0	+	0

注：+表示有必要，0表示不必要，−表示存在削减或冲突关系。

(2) 政策预期结果对于政策手段必要性的整体评估

①“来华留学生教育变得有秩序且教育质量持续提升(ER1)”对于政策手段必要性的整体评估

为实现“来华留学生教育变得有秩序且教育质量持续提升(ER1)”，需要规定来华留学生教育人才培养目标(S1)，规定来华留学生招生要求(S2)，重视来华留学生预科教育(S3),规范来华留学生教育教学(S4),提供来华留学生教育管理服务和支持(S5)。也就是说,这 5 种政策手段都能实现政策预期结果 ER1。

在实现政策预期结果 ER1 的 5 种政策手段中,同 S1、S2、S3、S5 相比,S4 的资源投入对来华留学生教育质量的影响更加直接、更加显著、更加快捷,资源回报率更加明显。所以,评估结果为:尽管 S1、S2、S3、S4、S5 都能实现 ER1,但是资源使用最经济的是 S4。

②“来华留学生教育标准与国际接轨且受到广泛认可(ER2)”对于政策手段必要性的整体评估

为实现“来华留学生教育标准与国际接轨且受到广泛认可(ER2)”,需要规定来华留学生教育人才培养目标(S1),规定来华留学生招生要求(S2),重视来华留学生预科教育(S3),规范来华留学生教育教学(S4),提供来华留学生教育管理服务和支持(S5)。

在实现政策预期结果 ER2 的 5 种政策手段中,同 S1、S2、S3、S5 相比,S4 的资源投入更有利于构建与国际接轨的校园文化、课程体系、专业设置、师资结构、教学管理制度等,实现 ER2。所以,评估结果为:尽管 S1、S2、S3、S4、S5 都能实现 ER2,但是资源使用最经济的是 S4。

③“来华留学生就业能力得到提升(ER3)”对于政策手段必要性的整体评估

为实现“来华留学生就业能力得到提升(ER3)”,需要规定来华留学生教育人才培养目标(S1),重视来华留学生预科教育(S3),规范来华留学生教育教学(S4)。

在实现政策预期结果 ER3 的 3 种政策手段中,同 S1、S3 相比,S4 的资源投入更能够增加来华留学生就业知识储备、科学规划来华留学生就业预期、提高来华留学生就业能力,实现 ER3。所以,评估结果为:尽管 S1、S3、S4 都能实现 ER3,但是资源使用最经济的是 S4。

二、充分性评估

(一)政策目标对于政策价值立场的充分性评估

(1)政策目标对于政策价值立场充分性的个别评估

政策目标对于政策价值立场充分性的个别评估,主要评估某个政策目标能否充分实现政策价值,但是,在实际操作中,一个甚至多个政策目标都不一定具备实现政策价值立场的充分性。

由于来华留学生教育更有秩序(V1)、来华留学生教育质量持续提高(V2)

和保障各高校来华留学生教育的自主权(V3),这3个政策价值内涵丰富、体系复杂,涉及的因素、主体、关系众多,所以,G1—G5的任意单一政策目标,都不能为V1、V2、V3的实现提供充分保障,具体评估结果如表4-12所示。

表4-12 政策目标(G)对于政策价值立场(V)充分性的个别评估结果

政策价值立场 / 政策目标	V1	V2	V3
G1	—	—	—
G2	—	—	0
G3	—	—	—
G4	—	—	—
G5	0	—	0

注:+表示充分的,0表示不相关,—表示不充分。

(2) 政策目标对于政策价值立场充分性的整体评估

政策目标对于政策价值立场充分性的整体评估,就是要评估所有政策目标综合起来能否充分实现政策价值立场,具体评估结果如表4-13所示。如果首要目标G4和次要目标G1、G2、G3、G5均能实现,基本上构建了政府、社会、高校"三位一体"、职责明晰的来华留学生教育质量保障体系,那么,政策价值立场V1和V3还是能够充分实现的。所以,政策目标(G1—G5)对于政策价值立场(V1和V3)充分性的整体评估为:政策目标(G1—G5)是政策价值立场V1和V3的充分性保障。

表4-13 政策目标(G)对于政策价值立场(V)充分性的整体评估结果

政策价值立场 / 政策目标	V1	V2	V3
G1—G5	+	—	+

注:+表示充分的,0表示不相关,—表示不充分。

对于V2来说,提高来华留学生教育质量需以系统、科学、完备的外部规制为基础。目前,我国来华留学教育质量保障外部规制还存在以下问题:一是来华留学生教育质量保障总领性立法缺位,来华留学生教育质量保障缺少基本的法律遵循;二是来华留学生教育过程,包括招生、考试、培养、毕业等,缺乏统一的质量控制标准体系,来华留学生教育质量保障缺少"最低"底线。综合考虑G1—G5,其中并没有完善相关立法和标准的政策目标,所以,政策目标(G1—G5)对于政策价值立场(V2)充分性的整体评估为:政策目标(G1—G5)对于实现政策价值立场 V2 是不充分的。

（二）政策手段对于政策目标的充分性评估

(1) 政策手段对于政策目标充分性的个别评估

对于实现政策目标具有必要性的政策手段，并不一定是实现这一政策目标的充分保障。事实上，一个或多个政策手段都不一定具备实现政策目标的充分性。

由于所设置的来华留学生教育质量保障 5 个政策目标，内涵丰富、体系复杂，涉及的因素、主体、关系众多，所以，S1—S5 的任意单一政策手段，都不能为 G1、G2、G3、G4、G5 的实现提供充分保障，具体评估结果如表 4-14 所示。

表 4-14　政策手段(S)对于政策目标(G)充分性的个别评估结果

政策目标 / 政策手段	G1	G2	G3	G4	G5
S1	0	0	—	0	0
S2	0	—	—	—	0
S3	0	—	—	—	0
S4	0	0	—	—	0
S5	0	—	—	—	0

注：＋表示充分的，0 表示不相关，一表示不充分。

(2) 政策手段对于政策目标充分性的整体评估

政策手段对于政策目标充分性的整体评估，就是要评估所有政策手段综合起来能否充分实现政策目标，具体评估结果如表 4-15 所示。

表 4-15　政策手段(S)对于政策目标(G)充分性的整体评估结果

政策目标 / 政策手段	G1	G2	G3	G4	G5
S1－S5	0	—	＋	0	—

注：＋表示充分的，0 表示不相关，一表示不充分。

政策手段 S1—S5 中，实现政策目标 G2 的政策手段，仅包括审核学历、语言、考试、学术规定等泛泛的说法，并没有提及明确的来华留学生招生国家统一标准和来华留学生招生质量监管等方面的内容。所以，评估结果为：政策手段(S1—S5)对于实现政策目标 G2 是不充分的。

政策手段 S1—S5 中，实现政策目标 G3 的政策手段，涵盖来华留学生招生、来华留学生教育教学管理、来华留学生教育管理体制和工作机制、来华留学生档案管理等，这些政策手段如果都落实到位，那么政策目标 G3 是可以充分实现的。所以，评估结果为：政策手段（S1—S5）对于实现政策目标 G3 是充分的。

政策手段 S1—S5 中，虽然也有关于来华留学生招生、来华留学生教育教学、来华留学生管理和服务等方面的内容，但是并没有提及精准的来华留学生就业能力培养目标、合理的来华留学生就业能力培养机构、全面的来华留学生就业能力培养实践体系、丰富的来华留学生就业能力培养举措等方面的内容，可见现有政策手段对于实现政策目标 G5 是不充分的。所以，评估结果为：政策手段（S1—S5）对于实现政策目标 G5 是不充分的。

（三）政策预期结果对于政策手段的充分性评估

（1）政策预期结果对于政策手段充分性的个别分析

对于政策手段实施后具有必要性的政策预期结果，并不一定是这些政策手段实施产生的全部结果。事实上，一个或多个政策预期结果，都不一定能够充分反映出政策手段的全部实施后果。

5 大类政策手段，相互影响、相互制约，共同直接或间接地发挥作用，实现政策预期结果。也就是说，政策预期结果是多个政策手段实施后的综合结果，一个或任意几个政策手段的结合，都不足以充分实现政策预期结果。具体评估结果如表 4-16 所示。

表 4-16 政策预期结果（ER）对于政策手段（S）充分性的个别评估结果

政策预期结果 / 政策手段	ER1	ER2	ER3
S1	—	—	—
S2	—	—	0
S3	—	—	—
S4	—	—	—
S5	—	—	0

注：＋表示充分的，0 表示不相关，－表示不充分。

（2）政策预期结果对于政策手段充分性的整体分析

《质量规范》中所采取的政策手段主要是针对高校，对高校来华留学生的招生、教学、毕业、管理等提出了一些泛泛规定，没有明确标准，没有具体权责，政策执行所需资源是不充分的，缺少政策预期结果实现的具体工具，使得《质量规范》的政策手段不充分，不足以实现政策预期目标，导致政策实际结果不能很好地体现政策手段，具体如表 4-17 所示。所以，评估结果为：政策预期结果对于政策手段整体上是不充分的。

表 4-17 政策预期结果(ER)对于政策手段(S)充分性的整体评估结果

政策预期结果 政策手段	ER1	ER2	ER3
S1－S5	—	—	—

注:＋表示充分的,0 表示不相关,－表示不充分。

三、充要性评估小结

(一) 政策目标对于政策价值立场的充要性评估小结

(1) 每个政策目标,对于政策价值立场来说,都具有不同程度的必要性。5 个政策目标中,有 4 个政策目标至少支持 2 个政策价值立场。政策目标“规范来华留学生教育质量外部保障(G1)”和“实现来华留学生外部和内部质量保障机制互联互通(G4)”,对于 3 个政策价值立场都是必要的,这说明 G1 和 G4 两个目标特别重要,是实现中央价值立场的关键。

(2) 对于来华留学生教育质量持续提高(V2)来说,外部规制是基础。但是如前所述,目前我国来华留学教育质量保障外部规制还存在以下问题:一是来华留学生教育质量保障总领性立法缺位,来华留学生教育质量保障缺少基本的法律遵循;二是来华留学生教育过程,包括招生、考试、培养、毕业等,缺乏统一的可操作的质量控制标准体系,来华留学生教育质量保障缺少底线,使高校来华留学生质量保障工作具有很大的随意性和自主性。所以,政策目标对于实现政策价值立场 V2 是不充分的。

(二) 政策手段对于政策目标的充要性评估小结

(1) 部分政策手段虽然对实现某个政策目标是不必要的,但是该政策手段会影响其他政策手段功能的发挥,所以,从整体上考虑,所有的政策手段对于政策目标来说,都是必要的。相对来说,比较重要的政策手段有:规定不同学位来华留学生入学标准中的最低学历要求、语言能力要求(S2-1)、规定高等学校应对申请入学的来华留学生进行入学考试或考核,并明确规定来华留学生入学的学术水平要求和评价方式(S2-3)、规定高校应制定明确的奖学金评定标准和程序(S2-4)、规定来华留学生教育管理体制和工作机制(S5-1)。

(2) 对于提高来华留学生教育招生生源质量(G2)和提高来华留学生教育毕业资质国际认可度(G5)这两个政策目标,即使涉及的所有政策手段都发挥作用,也不可能充分实现。原因是:提高来华留学生招生生源质量(G2)和提高来华留学生教育毕业资质国际认可度(G5),根本上是要依靠我国高等教育的综合实力,而提升高等教育综合实力并不能通过《质量规范》得到充分保障。

(3) 对于规范来华留学生教育质量外部保障(G1)和实现来华留学生外部和内部质量保障机制互联互通(G4)这两个政策目标，现有政策手段存在不相关现象，也就是说，《质量规范》没有涉及来华留学生教育质量保障体系，特别是外部保障体系方面的规定。

(三) 政策预期结果对于政策手段的充要性评估小结

(1) 为了准确体现政策手段的实施效果，3个政策预期结果都是必要的。在5大类政策手段当中，规范来华留学生教育教学(S4)是实现政策预期结果的最经济方式，这也是《质量规范》为何会关注来华留学生教育内部质量保障的原因。

(2) 现有政策手段对实现政策预期结果是不充分的，其根本原因在于：一是来华留学生教育质量保障缺乏基本的法律依据；二是我国尚未建立起完善的来华留学生教育质量保障体系。

第五节　《质量规范》的回应性评估

满足各类利益相关者需要是一项政策制定的出发点。因此，对政策满足各个利益相关需求情况进行评估，也就是对于政策实施的回应性进行评估，可以在一定程度上反映出政策存在的问题。如果现有政策对各个利益相关者的需求都有所回应，那么这个政策就是相对合理的；反之，如果现有政策对某个利益相关者的需求没有回应，那么这个政策就是需要进行修正的。《质量规范》的回应性评估结果如表4-18所示。

表4-18　《来华留学生高等教育质量规范(试行)》回应性评估结果

来华留学生教育质量保障政策利益相关者	基本需求内容	回应情况
中央政府	1. 提升中国高等教育国际化水平	+
	2. 规范来华留学生招生、培养和管理行为	+
	3. 为来华留学生在中国境内学习提供便利	+
	4. 提升来华留学生教育质量	+
高校	1. 实现高校内部提升和发展	+
	2. 保障办学条件和管理规范	+
	3. 保障毕业生质量达到学历资格要求	+
	4. 扩大高校国际影响力	+
	5. 政策与资金的充分支持	0

表 4-18(续)

来华留学生教育质量保障政策利益相关者	基本需求内容	回应情况
用人单位	1. 培养出符合其要求的人才	0
	2. 实现科技成果转化	0
	3. 良好的专业素养和团队意识	0
	4. 能为组织带来效益	0
教师	1. 改进教学质量	+
	2. 提升学术能力	0
	3. 保障工资福利	0
	4. 促进职业发展	0
高校行政工作人员	1. 良好的大学形象	+
	2. 教学质量提升后的声誉影响	+
	3. 大学的长期存在和发展	0
来华留学生及其家长	1. 专业的知识技能	+
	2. 良好的就业机会	+
	3. 就读高校的良好发展	0
	4. 优秀的师资和学科专业	+
	5. 愉快的学习生活环境	+

注:+表示对基本需要的影响是正面的,0 表示对基本需要几乎没有影响。

一、《质量规范》对中央政府基本需要的回应

来华留学生数量是评价中国高等教育国际化水平的重要指标,由教育质量驱动的来华留学生数量提升,是中国高等教育国际化水平不断扩大的正确路径。因此,《质量规范》是对中央政府“提升中国高等教育国际化水平”这一需要的回应,是正面的。

政策手段“规定来华留学生招生要求(S2)”、规范来华留学生教育教学(S4)、提供来华留学生教育管理服务和支持(S5),分别对来华留学生招生、教育教学、教育管理提出了基本要求,是对中央政府“规范来华留学生招生、培养和管理行为”这一需要的回应,是正面的。

政策手段“规定来华留学生教育管理体制和工作机制(S5-1)”“规定来华留学生教育办学资源和支持条件(S5-2)”“健全来华留学生档案和信息管理制度(S5-3)”、健全来华留学生移民和出入境事务管理和服务(S5-5),是对中央政府

“为来华留学生在中国境内学习提供便利”这一需要的回应，是正面的。

政策预期结果“来华留学生教育变得有秩序且教育质量持续提升(ER1)”“来华留学生就业能力得到提升(ER3)”，是对中央政府“提升来华留学生教育质量”这一需求的回应，是正面的。

二、《质量规范》对高校基本需要的回应

来华留学生教育内部质量保障体系，是高校内部管理机制和工作机制的有机组成部分。结构合理的来华留学生专业设置(S4-1)、有能力的来华留学生教育师资队伍(S4-4)、健全的来华留学生教学管理制度(S4-7)，是整个高校教学质量和综合实力的缩影，是对“实现高校内部提升和发展”这一需求的回应，是正面的。

政策手段“规定高校来华留学生教育应具备的教学设施和资源(S4-5)”“规定高校应建立健全来华留学生教学管理制度(S4-7)”“规定来华留学生教育管理体制和工作机制(S5-1)”“规定来华留学生教育办学资源和支持条件”(S5-2)，是对高校“保障办学条件和管理规范”这一需求的回应，是正面的。

政策手段“制定学校层次的来华留学生专业培养方案(S4-3)”“提高来华留学生教育师资队伍能力(S4-4)”是对高校“保障毕业生质量达到学历资格要求”这一需求的回应，是正面的。

来自世界各地的来华留学生毕业后，会在世界不同的地方从事不同的工作，一直展示着中国来华留学生教育的培养成果，成为来华留学生教育的“代言人”和“宣传员”。因此，政策手段“建立来华留学生校友工作制度(S5-7)”，是对高校“扩大高校国际影响力”这一需求的回应，是正面的。

三、《质量规范》对教师基本需要的回应

政策手段“提高来华留学生教育师资队伍能力(S4-4)”，在《质量规范》中，主要涉及来华留学生教师能力要求、队伍建设、教学研究三个方面的内容，是对教师“改进教学质量”这一基本需要的回应，是正面的。

四、《质量规范》对高校行政工作人员基本需要的回应

政策手段“建立来华留学生校友工作制度(S5-7)”，是对“良好的大学形象”和“教学质量提升后的声誉影响”这两项基本需要的回应，是正面的。当然，仅仅依靠校友工作制度塑造大学形象和提高声誉是不够的，大学形象和声誉是大学历史积淀、人才培养理念、长期发展过程的综合性反映，大学形象和声誉的形成和维持是一个尤其复杂的过程，不仅需要大学进行科学定位和战略规划，还需要

在形象和声誉形成后，避免公共危机出现，将形象和声誉维持在一个持续稳定的水平。

五、《质量规范》对来华留学生及其家长基本需要的回应

政策手段“规范来华留学生教育教学（S4）”，是对来华留学生及其家长获取“专业的知识技能”这一基本需要的回应，是正面的。

政策预期结果“来华留学生就业能力得到提升（ER3）”，是对来华留学生及其家长获取“良好的就业机会”这一基本需要的回应，是正面的。

政策手段“提高来华留学生教育师资队伍能力（S4-4）”和“高校当依照国家有关规定设置和调整招收来华留学生的专业（S4-1）”，是对来华留学生及其家长获取“优秀的师资和学科专业”这一基本需要的回应，是正面的。

政策手段“提供来华留学生教育管理服务和支持（S5）”，是对来华留学生及其家长获取“愉快的学习生活环境”这一基本需要的回应，是正面的。

六、回应性评估小结

（1）《质量规范》对中央政府、高校基本需要的回应性最好，这两类利益相关者基本需要绝大部分得到了回应，这也与《质量规范》的中央政策主导观点相一致。

（2）《质量规范》对高校高级行政工作人员、来华留学生及其家长基本需要的回应性较好，高校高级行政工作人员的 3 个基本需要回应了 2 个，来华留学生及其家长的五个基本需要回应了 4 个，这说明中央在制定《质量规范》时，兼顾了这 2 类利益相关者的需求。

（3）《质量规范》对教师基本需要的回应性较差，教师的 4 个基本需要只回应了 1 个，这说明《质量规范》对来华留学生教师的规范相对不足。

（4）《质量规范》对用人单位的 4 个基本需要都没有回应，这说明中央制定的《质量规范》与用人单位对来华留学生教育的实际需求之间还存在一定的差距，这也是影响来华留学生就业能力的重要因素之一。

第六节 《质量规范》评估结果小结

运用 S-CAD 方法对《质量规范》进行一致性分析、充要性分析、回应性分析后，得出以下结论：

（1）《质量规范》的逻辑性较强，政策价值立场与政策目标、政策目标与政策手段、政策手段与政策预期结果基本上具有一致性。

(2)《质量规范》的充要性评估结果表明，总的来说，必要性较强，充分性不足。也就是说，《质量规范》的政策手段还不足以实现政策目标，达到预期政策结果。其根本原因在于：一是来华留学生教育质量保障缺乏基本的法律依据；二是我国尚未建立起完善的来华留学生教育质量保障标准体系；三是来华留学生教育质量保障体系不健全；四是忽视来华留学生就业能力的培养等。

(3)《质量规范》的回应性评估结果显示，该规范对中央、高校的基本需求回应最好，对高校行政工作人员、来华留学生及其家长基本需要的回应性次之，对教师基本需要的回应性较差，对用人单位基本需要则没有回应。这说明，《质量规范》对来华留学生教师的相关规范不足，没有从用人单位需求角度考虑来华留学生教育质量问题，导致《质量规范》实用性有待进一步完善和提高。

第五章 黑龙江省与俄罗斯跨境高等教育合作

“一带一路”是以习近平同志为核心的党中央谋划新时代中国经济可持续发展而实施的重大规划，是习近平新时代中国特色社会主义经济思想的重要组成部分，也是打造人类命运共同体的重要举措，同时，也向世界传递了共建共享的中国方案。黑龙江省政府提倡的黑龙江陆海丝绸之路经济带建设，与国家“一带一路”倡议契合，国家发展改革委也已将黑龙江陆海丝绸之路经济带部分列入国家“一带一路”规划。

党的十九大指出，我国已经迈入中国特色社会主义新时代，开启“强起来”新时代建设征程。国家要想强盛，教育必须先行；教育要想强盛，方式必须先进。跨境高等教育是吸收国际教学新理念和实现同国际高等教育新发展同频共振的重要举措，同时，也是促使世界高等教育认真倾听中国声音、融入中国元素、用中国标准评估的便捷渠道。黑龙江省作为我国对外开放的重要门户和向北开放的重要窗口，拥有将近 3 000 公里边境线和 25 个国家级开放口岸的天然优势，分别与俄罗斯滨海边疆区、哈巴罗夫斯克边疆区等毗邻。中俄友谊源远流长，有着“胳膊肘般的感情”。独特的地缘优势让黑龙江成为中俄合作的“桥头堡”，特别是在对俄高等教育合作上。如今，黑龙江省已成为我国对俄合作办学最早，办学项目最多，联合培养规模较大的省份，黑龙江省与俄罗斯跨境高等教育合作硕果累累。

第一节 黑龙江省与俄罗斯跨境高等教育合作的发展历程

黑龙江省与俄罗斯跨境高等教育合作历史悠久，其具体的实证可以追溯到公元 17 世纪。在中俄错综复杂的双边关系的影响下，黑龙江省与俄罗斯跨境高等教育合作宛若跌宕起伏的画卷。

一、民国时期的黑龙江省与苏联跨境高等教育合作

20 世纪 20 年代至 30 年代末，南京国民政府时期的对外教育交流主要以欧美为主，而此时黑龙江省以俄侨教育和留苏教育为主要形式的中苏教育交流仍然十分活跃。随着 1917 年俄国十月革命的爆发，哈尔滨市作为在沙俄时期开辟

的中东铁路附属地，成为大批俄侨首选的逃难地，哈尔滨市也因此成为俄侨的主要聚居地区。俄国侨民的迁入促使黑龙江省高等教育领域发展非常迅速。在中东铁路管理局的支持下，哈尔滨法政学院、哈尔滨工业大学等高等教育机构相继建立。哈尔滨法政学院，原名为哈尔滨高等经济法律学校，由白（旧）俄侨民主办，后根据《中苏学务协定》，合并于哈尔滨工业大学，"其中法律、经济、政治及预科由中国人主办，东方经济、铁道运输由俄人主办"。哈尔滨工业大学，其前身为沙俄经营的中东铁路于1902年创立的工业学校，后来在1920年10月改为高等技术学校，1922年4月又更名为哈尔滨中俄工科大学校，1928年2月，该校改为由中苏两国共管，校长由俄人担任。"九一八"事变后，又成为苏联人控制的私立哈尔滨高等工业学校。日本帝国主义入侵东北之后，该校逐渐被日本人接管。1938年1月，学校更名为哈尔滨工业大学。抗日战争胜利后，该校仍由中苏共管，后苏联将学校全部移交给中国政府。

二、新中国成立初期的黑龙江省与苏联跨境高等教育合作

新中国成立初期，我国执行向苏联"一边倒"的基本国策，致使当时的中国对外教育交流主要倾向于苏联。1951年11月20日，教育部颁布了《关于各级教育行政机关及学校对外关系的指示》，将新中国初期的对外教育交流与合作限定在以苏联为首的社会主义国家阵营，全中国掀起了全面向苏联学习的热潮。1949年至1951年，此阶段为黑龙江省与苏联高等教育交流的热潮初期。1950年，教育部提出《哈尔滨工业大学改进计划》，明确要求哈尔滨工业大学仿照苏联工业大学开展办学活动，培养理工人才，使哈尔滨工业大学成为学习苏联高校经验的"试验田"。1951年，以弗·瓦·古林总顾问为首的第一批苏联专家进驻哈工大，他们帮助哈工大制定了《哈尔滨工业大学五年发展计划》，草拟了哈工大第一份发展规划蓝图。1952年至1957年，此阶段为黑龙江省与苏联高等教育合作交流的高潮期。1952年，中国提出要"全面地""彻底地""系统地"学习苏联的先进经验，由此导致了我国高等学校院系的大规模调整工作。通过此次调整，黑龙江省内大多数高校由旧中国时期大而庞杂的院系体制转变为苏联高校模式的按专业分设的系科体制，多科综合大学改为文理综合大学。1951年至1957年间，哈工大先后聘请苏联专家67人，在全国高校中位居第二位。苏联专家为哈工大培养了557名研究生和进修教师，教授了151门课程，编写了66门主要专业课程讲义，帮助建立了68个具有现代化设备的实验室。到1954年5月，高等教育部和第一机械工业部认为，哈工大"已基本上改造成为采用苏联教学制度的新型工业大学"。1958年至1966年，此阶段为黑龙江省与苏联高等教育合作交流的高潮冷却期。从1958年开始，中苏两国在政治上不断产生重大分歧，导致

黑龙江省与苏联高等教育合作交流热潮遽然而退直至完全冷却。1958 年，我国教育界开始对曾经奉为经典的凯洛夫《教育学》进行批判。于是，黑龙江省的高等教育机构掀起了批判高校生搬硬套苏联教育模式的运动，力图脱离学习苏联教育经验的轨道，开始探索自己的教育改革之路。1966 年始，黑龙江省与苏联高等教育合作交流全面中断。

三、改革开放至苏联解体时期的黑龙江省与苏联跨境高等教育合作

1966—1982 年，黑龙江省与苏联的高等教育合作交流全面停止。1982 年至 1986 年，经过中苏双方漫长的政治磋商，两国在高等教育领域的合作逐渐复苏。中苏两国关系正常化到苏联解体，是两国在教育交流恢复后快速发展的黄金时期。在此基础上，黑龙江省充分利用与苏联接壤的地缘优势，积极开展对苏高等教育合作交流活动。1990 年，黑龙江省教委制定了高校对苏交流的五年规划，以及和俄罗斯联邦共和国高教与中专部实施教育交流的两年计划，同时派出黑龙江省高等教育代表团访问俄罗斯联邦共和国，签署了教育交流合作协议，并建立起中苏两国地方教育行政部门之间的友好合作关系。黑龙江省各高校也与苏联对口院校开展了教育交流，如哈尔滨工业大学、黑龙江大学、东北农学院利用与苏联高校的友好校际关系开展了系列教育、学术交流活动，其他院校也积极寻找苏联对口院校进行教师交流、教材互换、科研合作等实质性工作。

四、苏联解体后的黑龙江省与俄罗斯跨境高等教育合作

苏联解体后，中国与俄罗斯建立起正常外交关系，随着面向 21 世纪的中俄战略协作伙伴关系的建立和巩固，黑龙江省和俄罗斯在高等教育方面的合作和交流得以较快恢复和发展。黑龙江省凭借地缘优势，其所辖地区包括哈尔滨市、牡丹江市、绥芬河市、佳木斯市、黑河市、鸡西市等，均与俄罗斯有着直接的教育合作交流活动。自 1996 年开始，黑龙江省率先与俄罗斯开展合作办学项目，东北农业大学与俄罗斯太平洋国立大学联合招收计算机科学与技术、土地资源管理、国际经济与贸易专业的学生。2002 年，黑龙江省对俄合作办学项目全面铺开。2006 年，在中国“俄罗斯年”活动的影响下，黑龙江省与俄罗斯的跨境高等教育合作活动开始进入“蜜月”期。2006 年 10 月，中国东北地区与俄罗斯远东及西伯利亚地区大学校长第六届论坛在哈尔滨召开。2009 年，黑龙江省第 1 个、全国第 4 个对俄大学生基地——黑河中俄大学生交流基地正式成立，负责开展黑龙江、吉林、辽宁三省的大学生对俄活动。2011 年，黑龙江大学成立中俄学院，成为全国最大的俄语人才培养基地和全国唯一的专司俄罗斯全面研究的学院。2012 年，《黑龙江省教育对俄交流与合作行动计划》正式启动，同时，设立中

国东北地区与俄罗斯远东及西伯利亚地区大学校长论坛秘书处，负责对俄跨境高等教育合作的全面工作。在这一阶段，东北农业大学带头建立了中国东北地区与俄罗斯远东及西伯利亚地区大学联盟，哈尔滨工业大学带头建立中俄工科大学联盟。2014 年，中俄医科大学联盟成立，开展学位联授和互授、学分互认，黑龙江省与俄罗斯跨境高等教育合作层次不断提高。

第二节　黑龙江省与俄罗斯跨境高等教育合作的现状

近年来，黑龙江省紧紧抓住"一带一路"国家战略规划、《建设中蒙俄经济走廊规划纲要》成功签订的重大机遇，与俄罗斯跨境高等教育合作成果丰硕，从而成为我国对俄跨境教育合作的大省。充分发挥黑龙江省与俄罗斯紧紧相邻的地理优势，扎实开展与俄的跨境高等教育合作，一直是黑龙江省开展国际教育合作的重要工作方向。经济合作与发展组织（OECD）在 2004 年对跨境高等教育作出了相关界定，指出"跨境高等教育主要包括三种形式，即人员跨境流动、项目跨境流动、机构跨境流动"。本章将以经济合作与发展组织的界定为依据，主要分析黑龙江省与俄罗斯跨境高等教育在人员、项目和机构三个方面的合作现状及问题。

一、黑龙江省与俄罗斯留学人员跨境流动现状

人员跨境流动主要包括教师和学生两类人员的跨境流动。教师的跨境流动受到多种因素的影响，例如资助成本、准入制度、学术研究方向、研究者的国际竞争等，导致对教师的跨境流动统计比较困难。对学生的跨境流动，目前相关机构和学者主要统计各国的留学生情况。

黑龙江省凭借地域优势，多年来一直是接收俄罗斯留学生人数较多的省份。2015 年，由于西方制裁，俄罗斯出现经济危机，导致来华的俄罗斯留学生数量减少，因此，2015 年俄罗斯留学生数据不具代表性。鉴于此，本研究选择 2006 年、2007 年、2014 年、2016 年的俄罗斯留学生数据予以分析，如表 5-1 所示。与 2006 年相比，2007 年、2014 年、2016 年黑龙江省俄罗斯留学生增长率分别为 16.36％、90.5％、81.77％，但同期，黑龙江省俄罗斯留学生人数占黑龙江和全国来华留学生人数的比例却一直呈现下滑趋势。与 2006 年相比，黑龙江省俄罗斯留学生占黑龙江省留学生总人数的比例在 2014 年、2016 年分别下降了 6.43 和 12.07 个百分点，占全国来华留学生总人数的比例则分别下降了 6.99、16、17.75 个百分点。这说明，尽管黑龙江省俄罗斯留学生人数每年都在持续增长，但其增长规模和速度不及其他国家，致使俄罗斯留学生已经不是黑龙江省留学生的主

流群体。同时，越来越多的俄罗斯留学生选择到我国其他省份留学，黑龙江省作为接收俄罗斯留学生大省的地位受到挑战。

表 5-1　2006 年、2007 年、2014 年、2016 年黑龙江省接收俄罗斯留学生情况

	2006 年	2007 年	2014 年	2016 年
黑龙江省接收俄罗斯留学生人数/人	1 821	2 119	3 469	3 310
黑龙江省接收来华留学生人数/人	5 174	5 787	12 056	14 310
黑龙江省俄罗斯留学生人数占本省来华留学生总数比例/%	35.20	36.62	28.77	23.13
全国俄罗斯留学生人数/人	5 035	7 261	17 202	17 971
黑龙江省俄罗斯留学生人数占全国俄罗斯留学生人数比例/%	36.17	29.18	20.17	18.42

二、黑龙江省与俄罗斯高等教育合作办学项目现状

广义的跨境教育合作项目包括中外合作办学项目、校际交流项目、国际大学联盟项目等。基于数据限制，本章主要分析黑龙江省与俄罗斯合作办学项目情况。

(1) 合作项目的数量与质量

根据教育部中外合作办学监管工作信息平台于 2017 年 8 月 18 日发布的经审批和复核的中外合作办学机构或项目名单，目前，本科中俄合作办学项目 116 个，其中隶属黑龙江省的项目有 81 个，占本科中俄合作办学项目总数的 70%；硕士及以上中俄合作办学项目 4 个，隶属黑龙江省的项目为 1 个，占硕士及以上中俄合作办学项目的 25%。

由此可见，黑龙江省中俄合作办学项目在数量上占据我国中俄跨境高等教育合作的绝对优势，但是这些项目均为黑龙江省引进俄罗斯高等教育资源，尚无黑龙江省高校赴俄罗斯开展境外合作办学项目。同时，黑龙江省引进的俄罗斯合作办学项目层次偏低，在 82 个中俄合作办学项目中，仅有一个硕士中俄合作办学项目，即黑龙江大学、黑河学院与俄罗斯布拉戈维申斯克国立师范大学合作举办的教育学硕士学位教育项目。

(2) 合作专业的数量和质量

截至目前，黑龙江省与俄罗斯开展的 82 个本科及硕士中俄合作办学涉及的专业如下：计算机科学与技术(8)、数学(5)、俄语(5)、会计(6)、美术(4)、工商管理(4)、音乐(4)、国际经济与贸易(5)、化学(3)、临床医学(3)、法学(3)、教育学(2)、生物学(2)、物理学(2)、信息管理与信息系统(2)、食品科学与工程(2)、旅游管理(2)、市场营销(2)、心理学(1)、历史(1)、艺术设计(1)、电子信息工程(1)、油

气储运工程(1)、自动化(1)、体育教育(1)、金融学(1)、土地资源管理(1)、麻醉学(1)、医学检验(1)、影像学(1)、口腔学(1)、中西医临床医学(1)、精神医学(1)、船舶与海洋工程(1)、农林经济管理(1)、土木工程(1)。

由此可见,黑龙江省与俄罗斯开展的合作教育所涉及的专业非常广泛,且大多数集中在应用型或理工类专业,但是引进俄罗斯优势专业的合作办学项目所占比例不大。俄罗斯精密机械与光学学院的计算机软件和网络排名世界前茅、通信专业在世界独占鳌头、自动控制专业是世界强项、航空航天专业世界一流、建筑教育水平位居世界前五、美术专业世界闻名、柴可夫斯基音乐学院的钢琴和作曲专业世界第一、芭蕾舞专业举世闻名。而在黑龙江省与俄罗斯合作办学项目中,仅引进 8 个计算机科学与技术专业项目,占黑龙江省与俄罗斯合作办学项目总数的 9.8%;5 个俄语专业项目,占黑龙江省与俄罗斯合作办学项目总数的 6.1%;1 个油气储运工程项目。从俄罗斯引进优势专业的合作办学项目所占比例不及黑龙江省与俄罗斯合作办学项目总数的 15%,可见黑龙江省与俄罗斯合作办学项目所涉及的专业质量不高。

(3) 合作高校的数量和质量

黑龙江省内参与对俄合作办学的高校为 20 个,参与高校及各高校对俄合作办学项目数量分别是:哈尔滨师范大学(11)、齐齐哈尔大学(11)、黑河学院(7)、东北农业大学(7)、大庆师范学院(5)、东北石油大学(5)、东北林业大学(5)、绥化学院(5)、佳木斯大学(4)、牡丹江医学院(4)、黑龙江八一农垦大学(3)、齐齐哈尔医学院(3)、哈尔滨理工大学(3)、黑龙江大学(2)、黑龙江科技大学(2)、黑龙江东方学院(1)、哈尔滨工程大学(1)、哈尔滨医科大学(1)、黑龙江中医药大学(1)、牡丹江师范学院(1)。俄罗斯参与同黑龙江省合作办学的高校数量是 25 个,参与高校及各高校同黑龙江省合作办学项目的数量分别为:布拉戈维申斯克国立师范大学(10)、符拉迪沃斯托克国立经济服务大学(8)、库班国立技术大学(5)、符拉迪沃斯托克国立医科大学(5)、后贝加尔车尔尼雪夫斯基国立人文师范大学(5)、克拉斯诺亚尔斯克国立师范大学(4)、阿穆尔国立大学(4)、太平洋国立经济大学(4)、远东国立技术水产大学(4)、莫斯科肖洛霍夫国立开放师范大学(3)、西伯利亚国立技术大学(3)、赤塔国立医学院(3)、莫斯科国立师范大学(2)、国立赫尔岑师范大学(2)、远东联邦大学(2)、国立列宾美术学院(2)、远东国立人文大学(1)、新西伯利亚联邦大学(1)、伊尔库茨克国立语言大学(1)、克麦罗沃食品工业技术学院(1)、远东国立农业大学(1)、南乌拉尔国立大学(1)、阿穆尔国立医学院(1)、远东国立大学(1)、圣彼得堡国立海洋技术大学(1)。可见,无论是黑龙江省还是俄罗斯,参与合作教育的高校数量都是可观的。

但是,无论是黑龙江省还是俄罗斯,参与合作教育的高水平大学数量都不多。黑龙江省有“双一流”建设高校4所，分别是哈尔滨工业大学、哈尔滨工程大学、东北农业大学、东北林业大学。在黑龙江省与俄罗斯开展的合作办学项目中，无哈尔滨工业大学参与的项目，另外3所高校参与的对俄合作项目共为13个，仅占对俄项目总额的15.9%。俄罗斯“5－100计划”（注：俄罗斯一项重点高校名单计划，包括的16所大学分别为：莫斯科国立大学、圣彼得堡国立大学、圣彼得斯堡技术大学、圣彼得堡国立精密机械和光学学院、圣彼得堡国立电子技术大学、俄罗斯高等经济学院、新西伯利亚国立大学、莫斯科鲍曼国立技术大学、莫斯科国立国际关系学院、托木斯克国立大学、莫斯科物理技术学院、国立核研究大学、托木斯克理工大学、诺夫哥罗德大学、乌拉尔联邦大学、远东联邦大学。）在俄罗斯与黑龙江省开展的合作办学项目中，属于“5－100计划”大学的仅有远东联邦大学的2个合作项目，占与黑龙江省合作办学项目总数的2.4%。可见，尽管黑龙江省与俄罗斯开展合作办学的高校数量可观，但高水平大学所占比例偏低，从而导致合作办学的质量不高。

三、黑龙江省与俄罗斯高等教育合作办学机构现状

跨境教育机构主要指教育提供者（机构、组织、公司）以实体或虚拟形式跨越国境存在，为学生和其他消费者提供教育/培训项目和/服务。中外合作办学机构是跨境教育合作的最高级状态，学习者可以选择不在学位授予机构所在国学习，从而达到既能获得国际知名学府毕业证书和学位证书，又能不出国门且减少求学经济压力的目的。因此，中外合作办学机构在资质、申报、批准、建设、招生、评估等方面的要求和限制更加严格，这使得中外合作办学机构能更科学合理地反映出中外合作办学的深度和质量。

我国共有中俄合作办学机构3个，分别为江苏师范大学圣彼得堡彼得大帝理工大学联合工程学院、深圳北理莫斯科大学和渭南师范学院莫斯科艺术学院，其中江苏师范大学圣彼得堡彼得大帝理工大学联合工程学院和深圳北理莫斯科大学同时具备本科和硕士以上学位的中外合作办学资质，3个机构都不隶属黑龙江省。也就是说，到目前为止，尽管黑龙江省的中外合作办学项目数量位居全国首位，但尚无中外合作办学机构落户黑龙江。而距离黑龙江省三千余公里的广东省，在无地缘优势的限制下，仍在2016年5月建立了中俄合作办学机构——深圳北理莫斯科大学，该大学由深圳市人民政府、莫斯科国立罗蒙诺索夫大学和北京理工大学联合举办，2017年起面向全球招收本科生和硕士研究生，博士的招生工作计划于2018年启动。高级别的中俄合作办学机构，缘何舍近求远，跨越大半个中国，舍弃接壤俄罗斯的黑龙江省，是广大黑龙江教育人需思考的问题。这也说明黑龙江省虽是对俄高等教育合作的大省，但还不是强省。

第三节　黑龙江省与俄罗斯跨境高等教育合作的未来发展路径

2013年，国务院将黑龙江省全面对外开放视为国家战略，批准通过《黑龙江和内蒙古东北部地区沿边开发开放规划》，为黑龙江省开展与俄罗斯的跨境高等教育合作提供了便利的政策条件。同年，习近平总书记提出了"一带一路"倡议，黑龙江省政府积极响应国家战略，充分利用黑龙江省与俄罗斯远东地区毗邻的优势，制定了《"中蒙俄经济走廊"黑龙江陆海丝绸之路经济带建设规划》，为黑龙江省与俄罗斯开展跨境高等教育合作提供了更加有效的政策保障。在有政策支持的前提下，如何进一步扩展黑龙江省与俄罗斯跨境高等教育合作的规模和提高其质量，可以从以下几个方面着手。

一、对接"一带一路"建设，从战略高度谋划对俄跨境高等教育合作

"一带一路"倡议和黑龙江省"龙江丝路带"建设规划，为黑龙江省与俄罗斯的跨境高等教育全面合作提供了新的机遇，为了实现黑龙江省与俄罗斯跨境高等教育合作的跨越式发展，要把黑龙江省与俄罗斯的跨境高等教育合作放在战略的高度来考虑。黑龙江省是连接俄罗斯、欧洲和东北亚的重要枢纽和主通道，相比其他对俄经济走廊，具有得天独厚的优势。要发挥黑龙江省作为推动丝绸之路经济带与欧亚经济联盟对接、建设"中蒙俄经济走廊"和开展对俄地方合作重点地区的优势，推动黑龙江省与俄罗斯跨境高等教育的全方位合作，引领并实现黑龙江省与俄罗斯跨境高等教育合作战略升级。

在对俄高等教育合作方面，黑龙江省政府应做好顶层设计并加强宏观指导。为了推动黑龙江省与俄罗斯跨境高等教育合作的进一步发展，一方面，黑龙江在巩固传统的与西伯利亚和远东地区大学合作的基础上，要想方设法开辟与莫斯科和圣彼得堡等教育发达地区的合作空间；另一方面，黑龙江省与俄罗斯的跨境高等教育合作，要实现从学校自主和自发合作向政府主导和引导合作的转变，将黑龙江省与俄罗斯的跨境高等教育合作放到黑龙江省总体建设的框架下，予以系统规划和整体设计。这样，才能实现黑龙江省与俄罗斯的跨境高等教育合作的规模不断扩大和质量不断提高，有力促进双边关系的良性互动发展，从而建成并深化黑龙江省与俄罗斯全面战略伙伴关系。

二、借力"龙粤合作"契机，努力提升对俄跨境高等教育合作层次

2017年3月，借助《东北地区与东部地区部分省市对口合作工作方案》的出

台，黑龙江省——北方资源大省和广东省——南方经济发展排头兵，确立了对口合作关系。2016 年，广东省提出实施 7+7 高水平大学打造计划，即要建设 7 所高水平大学和 7 所大学的一流学科，随后又提出 3 所高水平理工科大学打造计划，深圳和珠海大力引进世界名校，形成各类一流大学齐聚的局面。通过广东省政府的不断努力，广东省的高等教育在全国高等教育格局中已经占据一席之地。黑龙江省要借力"龙粤合作"契机，积极与广东省高校和科研院所开展交流合作，鼓励龙粤高校开展合作办学，共建大学科技园和创业创新平台。

同时，黑龙江省要抓住"龙粤合作"带来的机遇，与广东省引进的俄罗斯一流大学——深圳北理莫斯科大学进行密切交流，以谋求未来提高黑龙江省与俄罗斯跨境高等教育合作层次的可能性。此外，黑龙江省要积极引进俄罗斯优质教育资源，特别要与俄罗斯"5－100 计划"中的大学积极开展合作办学；提高合作办学中研究生层次所占比例；引进俄罗斯优质课程资源，例如船舶与海洋工程、航空航天、火箭、核能、矿业、地质等专业；完善吸引俄罗斯高水平人才的政策体系，通过实施"海外学人科研项目资助计划"和"境外双语教师资助计划"，使俄罗斯的专家学者乐于到黑龙江省高校开展教学科研交流活动。

三、结合"双一流"建设，打造黑龙江省与俄罗斯跨境高等教育合作品牌

2015 年 10 月，国务院发布了《统筹推进世界一流大学和一流学科建设总体方案》，提出要"加强与世界一流大学和学术机构的实质性合作"和"切实提高我国高等教育的国际竞争力和话语权"。在此基础上，黑龙江制订了双一流大学和学科方案，提出到"2020 年，1 所高校进入世界一流大学行列，6 所左右高校进入国内同类院校一流大学行列"。在高等教育国际合作方面，黑龙江省要结合自身对俄教育的优势和特色，加快黑龙江省与俄罗斯高水平大学合作步伐，努力打造黑龙江省与俄罗斯跨境高等教育品牌。

品牌建设是跨境高等教育发展到一定阶段的必然产物，是跨境高等教育开展内涵建设的重要内容。黑龙江省与俄罗斯跨境高等教育的品牌建设，对提高黑龙江省与俄罗斯跨境高等教育的数量和质量、增加黑龙江省与俄罗斯跨境高等教育的经济效益、抵御其他跨境教育竞争都具有重要的现实意义。为此，一要科学规划黑龙江省与俄罗斯跨境高等教育合作项目品牌，明确项目的性质、特色、办学规模、办学主体等；二要强化黑龙江省与俄罗斯跨境高等教育合作项目品牌的内部属性建设，明确项目的学科和专业规划，加强对项目经费、学生、师资等方面的管理；三要推进黑龙江省与俄罗斯跨境高等教育合作项目品牌国际化，瞄准国际生源和国际劳动力市场，增强在国际就业市场竞争的实力；四要优化黑龙江省与俄罗斯跨境高等教育合作项目品牌传播环境，建设专门的品牌传播团

队，引入多元化的品牌传播渠道，包括网络、传统媒体、新媒体、自媒体、学生和教师的人际传播、国际教育展、国际研讨会等，实现品牌推广。

四、落实“教育对外开放”政策，鼓励和引导黑龙江省高水平大学赴俄开展跨境高等教育

2016 年 4 月，中共中央办公厅、国务院办公厅印发了《关于做好新时期教育对外开放工作的若干意见》，提出要增进区域教育合作交流，深化双边多边教育合作，特别是“一带一路”共建国家的教育合作。黑龙江省结合自身实际，制定了《黑龙江省中长期教育改革和发展规划纲要(2010—2020)》，提出黑龙江省要充分发挥地缘、历史、文化和资源优势，构建主要面向俄罗斯、日本、韩国等东北亚国家和欧美发达国家的教育对外开放格局，提升黑龙江省高等教育的国际影响力与竞争力，努力把黑龙江省建设成为我国面向东北亚教育对外开放的重要窗口。

境外办学，是跨境高等教育合作的重要组成部分，也是“走出去”战略的重要环节。黑龙江省要鼓励和引导省内高水平大学赴俄开展跨境高等教育，以提高黑龙江省高等教育的知名度和竞争力。为此，一要出台黑龙江省内高水平大学赴俄开展跨境高等教育的具体实施方案，明确黑龙江省开展对俄境外办学的战略部署、申报遴选、项目实施、项目监管的具体步骤和指标；二要明确黑龙江省内高水平大学赴俄开展境外办学的定位和专业设置，合理分配“汉语教学”所占比例，区别于“孔子学院”的办学目的；三要提高黑龙江省内高校的办学水平，致力于建设世界一流的高校，提高黑龙江省开展对俄跨境高等教育的能力和水平；四要设立一个专门机构，负责对俄跨境高等教育质量监督和保障，并委托第三方对黑龙江省赴俄开展的境外办学水平、可行性和质量进行评估；五要积极开展黑龙江省内高校与俄罗斯的学历学位认证，保障黑龙江省开展对俄跨境高等教育的国际声誉。

第六章　中俄跨境高等教育合作的未来展望

“在两国元首的战略引领下，中俄新时代全面战略协作伙伴关系继续高水平发展。面对新冠疫情持续反复、国际形势复杂演变、全球经济复苏乏力等多重考验，中俄务实合作始终保持前进动力，取得前所未有的成果，为推动两国关系的发展作出重要贡献。”① 中俄新时代全面战略协作伙伴关系的构建和维系，既依赖于政府间的战略指引，也离不开民间的支持和认同，而跨境高等教育合作是深化和夯实中俄合作的重要手段。

目前，在“一带一路”倡议的引领和支持下，中俄迎来了关系发展的良好契机。任何发展都离不开人才的作用，高校作为培养人才的重要机构，更是成为培养人才的主要阵地。中俄作为“一带一路”沿线的重要大国，对“一带一路”倡议的顺利实施具有重要的作用。中俄跨境高等教育合作，也在“一带一路”建设的契机下，迎来了重要的发展阶段。

第一节　完善中俄跨境高等教育顶层设计

新时代背景下，共建中俄跨境高等教育合作战略，构建中俄跨境教育共同体，打造中俄跨境高等教育合作新关系，实现中俄跨境高等教育合作集约化发展，是中俄参与全球高等教育治理的重要方式。中俄跨境高等教育合作不仅要保持既有水平，还要在互利共赢的基础上实现高质量发展，这需要中俄双方不断完善中俄跨境高等教育的顶层设计，为中俄跨境高等教育合作提供战略支撑和制度保障。

一、共建中俄跨境高等教育合作战略框架

“一带一路”涵盖亚非欧三大洲，已经发展成为重要的国际公共产品和国际合作平台，是构建人类命运共同体的实践平台。“一带一路”建设的途径之一就是实现民心相通，而跨境高等教育是实现“一带一路”共建国家民心相通的重要手段。中国和俄罗斯作为“一带一路”建设的重要大国，在发展中俄跨境高等教

① 李春辉. 中俄务实合作韧性强潜力足[EB/OL]. (2022-12-28)[2023-01-09]. http://www.ce.cn/xwzx/gnsz/gdxw/202212/28/t20221228_38311985.shtml.

育合作过程中面临中俄两国高等教育文化传统迥然有异、高等教育发展水平参差不齐、高等教育投入和支撑程度大相径庭等问题。为实现中俄跨境高等教育合作的深入发展，中俄两国需率先形成对“一带一路”合作框架的价值认同和目标期待。“一带一路”倡议所倡导的人类命运共同体理念，决定了中俄跨境高等教育合作的性质和发展方向，即中俄两国通过开展各类的跨境高等教育合作，汇聚中俄两国优质的高等教育资源，实现科研协作创新和成果联合应用，打造“一带一路”中俄跨境高等教育合作平台，为中俄两国培养出具有国际视野和全球胜任力的服务于“一带一路”建设的人才。在达成价值认同的基础上，中俄两国还需建立中俄跨境高等教育合作战略框架，该战略框架需集长期性、广泛性、综合性和共识性等特点于一体，统领中俄跨境高等教育共同体在不同专业和不同层次的中俄跨境高等教育合作。在中俄跨境高等教育合作战略框架建设过程中，中国作为“一带一路”倡议的发起者和组织者，需更多地发挥主体性功能，展现中国教育政策规划和治理的能力和责任担当，协调中俄跨境高等教育合作的顶层设计，完善中俄跨境高等教育合作机制，调动中俄跨境高等教育合作的积极性，充分挖掘和整合中俄跨境高等教育合作相关资源，利用中俄跨境高等教育机构的互补优势，依靠中俄跨境高等教育合作中的教学和科研活动，将中俄两国高等教育在知识、资源、平台、数据等方面更紧密地联合在一起，推进和加强中俄跨境高等教育合作战略。

在中俄跨境高等教育合作框架内，尝试建立中俄跨境高等教育合作长效机制，成立中俄跨境高等教育常设机构和专属职能部门，负责中俄跨境高等教育合作的协调、跟踪、监管等职责。建立中俄跨境高等教育合作智库，开展中俄跨境高等教育合作的战略和政策研究。制定中俄跨境高等教育合作机制的框架体系，包括目标机制、激励机制、运行机制、协调机制、保障机制和创新机制等，促进中俄跨境高等教育合作实现创新、开放、活跃的共同发展态势。

二、构建中俄跨境高等教育共同体

“一带一路”已经形成一整套与人类命运共同体理念高度契合的价值理念，符合中华民族怀柔远人、和谐万邦的天下观，是推动构建人类命运共同体的重要实践平台。中俄两国在这个实践平台上，都具有提高在全球教育治理体系中制度性话语权的强烈诉求，具有深度参与全球教育治理的恰当机会，具有重构全球教育治理新格局的共同使命。中俄两国在政治上高度互信，战略上密切合作，国际立场相似，这使得中俄两国具有建立中俄跨境高等教育共同体的天然优势。目前，中俄两国已经建立了 13 个以学科或地域分类的中俄同类大学联盟，双方参与院校达 700 所，是目前世界上最大的高等教育交流合作网络，为构建中俄跨境高等教育共同体建立了组织基础。全球教育治理的话语权是建立在硬实力基础上的，鉴于此，中俄两国要通过跨境高等教育合作，增强两国高等教育的国际竞争力，将中俄两国的高等教育发展优势转化为全球教育治理的话语优势，增加反抗全球教育领域不公平不合理制度的砝码。为了实现中俄两国国家利益的最大化，中俄两国在全球教育规则制定中要统一立场，联合发声，利用中俄两国强强联合和抱团取暖的优势，深度参与国际教育政策、规则、标准的制定，开拓与联合国教科文组织、经济合作与发展组织、上海合作组织等国际组织的教育合作空间。中俄两国在跨境高等教育合作中，需长远地考虑两国的发展和利益，正视合作中存在的差异和问题，求同存异，避免冲突的发生。

三、打造中俄跨境高等教育合作新关系

在跨境高等教育合作过程中，中俄两国需走出结盟范式，打破历史上中俄两国依靠地缘优势和冷战思维形成的跨境高等教育合作关系，打造中俄跨境高等教育合作新关系。新时代，中俄跨境高等教育合作不是要在全球教育治理平台打造小团体，也不是构建排他性的结盟组织，而是要建立伙伴关系。全球高等教育体系是一个和谐共生的生态系统，中俄两国作为这个生态系统的有机组成部分，不能仅局限于两国的跨境高等教育合作，而应立足于整个生态系统，探究对中俄跨境高等教育合作具有影响的重要生态因素。中俄跨境高等教育，要思考在中美俄三边框架下，如何处理中俄跨境高等教育合作关系。目前，俄罗斯与以美国为代表的西方北约国家对抗持续，中美关系面临严重困难，中俄加强跨境高等教育合作是刚性需求，但“一带一路”倡议下倡导的中俄跨境高等教育合作，并不是意图建立针对美国的对抗性或替代性机制，而是设法改变美国在世界教育舞台的霸权地位，打破世界教育体系对美国的全面依赖。中俄跨境高等教育合作，要实现中俄美三边关系的和谐互动，寻求三方协作空间，避免三边对抗升级。

第二节　增强中俄人员流动

中俄两国一直致力于在政治、经济、文化、社会、教育等各方面的合作，中俄人员流动历史源远流长，中俄跨境高等教育合作更是将跨文化理解和价值观教育融入合作进程。新时代，应进一步扩大中俄人员包括留学生和教师的流动规模，不断提升中俄跨境高等教育人员流动的质量和国际影响力。

一、提高中俄留学生的国际市场占有率

进一步扩大中俄留学生规模，提高中俄留学生占全球国际学生流动的比例，

扩大中俄留学生的国际影响力。

政府通过顶层设计和政策推动，进一步完善推动中俄留学生规模发展的配套机制，综合运用经济、法律、行政等宏观调控手段引导中俄留学生规模发展。俄罗斯为吸引更多的留学生，提出为外国留学生提供简化永久居留证的办理手续、提高国际留学生奖学金额度、提供更多吸引留学生的项目，为中国俄语高端人才提供了巨大的发展空间。中国为了吸引更多的俄罗斯留学生来华，也制定了一系列相关政策，包括放宽来华留学政策、简化来华留学程序、完善中国政府奖学金评定指标体系、加大来华留学生创新创业支持、来华留学生免征个税等。

在中俄学位互认的基础上，进一步降低留学成本，也可以推动中俄留学生规模的扩张。留学成本是留学生选择目的国率先需要考虑的问题，与欧美国家动辄数百万元的留学费用相比，来华和赴俄留学的费用能让更多普通家庭接受。例如：乌拉尔联邦大学和喀山联邦大学，属于俄罗斯联邦教育部直属高校（类似中国的 985 院校），其本科学费每年约 12 000～18 000 元人民币；中国大多数本科学费每年约 6 000～10 000 元人民币。此外，可充分发挥中俄政府奖学金作用，提升中俄政府奖学金的激励效应；尝试实施中俄留学生无息或低息贷款，降低中俄留学生生活成本；加强俄语教育推广，降低中俄留学的文化适应成本。

二、努力使中国成为中俄留学生教育的“输出方”

中国要想成为中俄留学生教育的“输出方”，首先应该考虑的就是规模，即要使俄来华留学生数量超过中赴俄留学生数量，实现教育出口。这在前文扩大国际占有率已经论述，在此不再赘述。除教育输出方外，中国还需努力成为中俄留学生教育的“文化输出方”和“贸易输出方”。

(1) 促使中国成为中俄留学生教育的“文化输出方”。

无论是俄来华留学生，还是中赴俄留学生，都是传播中国文化的重要媒介，反过来，中国文化“走出去”又促使中俄留学生教育迈向新台阶。要系统地设计文化输出内容，明确讲什么中国故事，怎样讲中国故事，确保中国故事能够被中俄留学生理解和接受。中国传统文化的世界认知度相对较高，在保持中国传统文化内涵的基础上，适当地推陈出新、古为今用，将中国传统文化内容与现代化的科学技术、前卫的艺术形式相结合，实现中俄留学生有意识地学习中国传统文化、下意识地推广中国文化。寻找中俄文化共性，畅通中俄文化对话，促进中俄文化融合。中国文化还需与时俱进，充分利用全媒体时代机遇，向中俄留学生传播那些能够体现中国改革开放成果、新时代中国科技文明、现代化中国生活风俗的中国文化精髓，例如中国的“新四大发明”——网购、共享单车、移动支付、高铁等。

(2) 促使中国成为中俄留学生教育的“贸易输出方”。

一方面,中赴俄留学生在文化因素和心理因素的干预下,会更偏好中国产品,从而促使俄罗斯进口更多的中国商品。另一方面,俄罗斯来华留学生在保持自身消费习惯的同时,也会尝试体验和消费中国商品,从而提升国内一些产品的销售额;“人才环流”趋势导致大批俄来华留学生毕业后回国,这些留学生返回俄罗斯后,可能会继续保持消费中国产品的习惯,这也会带动中国产品的对俄出口。因此,在对俄来华留学生教育中,可有意识地消除中俄双方的文化、语言和制度差异,建立畅通的中俄人才信息网络,进而克服信息壁垒,提升中国商品对俄的出口规模。

三、加强中俄跨境高等教育合作中的教师流动建设

中俄教师相互流动是提升中俄教师教学和科研能力,帮助中俄教师知晓和理解对方文化,夯实中俄跨境高等教育合作人才支撑的重要手段。通过中俄教师相互流动,有助于中俄教师加强合作,攻克学术难题;有助于促进中俄双方文化交流,打造国际化师资队伍;有助于中俄国际课程的开发和建设,推动一流大学建设;有助于拓展中俄教师的国际视野和教学经验,促进教师个人发展。

(1) 完善中俄高等教育教师流动政策。

中俄两国都十分重视通过政策驱动聚集全球各行业人才,同时,中俄两国都以政策性的国家意志强调高等教育机构是知识工作者的流动中心。为了在激烈的全球人才竞争中取得胜利,中国需改变以往的以零散指导性意见为主的中俄高等教育教师流动政策,制定专门规范的中俄高等教育教师流动政策,形成完整的中俄高等教育教师流动政策体系,既要有宏观上调控中俄高等教育教师流动的顶层政策设计,又要有涉及中俄高等教育教师流动各个环节的可操作性指导细节,通过政策引领吸纳更多的俄罗斯学术劳动力。

(2) 实现中俄高等教育教师流动多元化。

采用激励的手段,激发中俄高等教育教师流动的积极性,进而不断提升中俄高等教育教师的职业技能和学术能力。要根据中俄高等教育教师的实际情况,采用多元化的高等教育教师流动方式,实现中俄高等教育教师流动期限短中长互补,公费、半公费、自费中俄高等教育教师流动形式共存,支持包括支教、访学、国际合作项目等不同类型的中俄高等教育教师流动。

(3) 打造多校联盟的中俄高等教育教师流动项目。

要充分认识到中俄两国是互利共赢的合作伙伴,通过中俄跨境高等教育合作,实现优势学科的交叉互补和严密的组织架构对接,促进中俄学术资源共享,促成中俄高等教育教师以学术项目为基础的相互流动。构建中俄高等教育学术

共同体，搭建中俄高等教育机构合作平台，灵活开展多校联盟的中俄高等教育教师流动项目，定期组织赴俄回国的教师分享学术经验、汇报科研成果，倡导中俄高等教育机构教师互学互助，打造中俄跨境高等教育教师流动学术智慧库，使中俄盟校教师都能从中受益。

（4）优化中俄高等教育教师流动的学科。

需优化不同学科的中俄高等教育教师流动，结合经济建设和学校发展，把各学科中俄高等教育教师的流动频次与人数协调在合理的范围内，防止出现学科的厚此薄彼。尺有所短，寸有所长。要加强学科建设力度，让学科建设在中俄高等教育教师流动中汲取养分。在航天、核能、数学、物理、自然勘探等俄罗斯优势专业学科领域，可加大资金投入，输送更多的中国高等教育教师赴俄进行学习和交流。

第三节　加快中俄项目流动建设

目前，中俄跨境高等教育项目合作主要涉及中俄合作办学。新时代，中俄合作办学迎来了跨越式发展时期，无论是中俄合作办学规模，还是中俄合作办学质量，都有了显著提升。

一、扩大中俄合作办学规模

规模是扩大中俄合作办学国际影响力需率先考虑的因素。未来，中俄合作办学可适度扩大规模，促使中俄合作办学在国际学生教育领域获得更多的话语权，扩大国际上的“中俄合作办学声音”。

鼓励中国高校同俄罗斯高校开展合作办学。完善中俄合作办学政策，建立国家-省域-高校“三位一体”的中俄合作办学支持政策，为中俄合作办学规模扩张奠定制度基础。各高校可探寻自身独特的中俄合作办学发展道路，在引进俄方教育资源的基础上，结合本地区与本校实际，对中俄合作办学的专业设置、课程体系、管理制度等进行创新，增加中俄合作办学对学生的吸引力。明确中俄合作办学发展的竞争优势，激发中俄合作办学的国际化优势，例如充分利用俄罗斯留学生、赴俄交换生、俄罗斯籍教师、双语教学等国际化资源，促进中俄合作办学质量提升；明晰中俄合作办学的学科优势，紧密依托从俄方合作大学引入的优势学科，集中有限的资源重点建设这些学科，从而辐射带动其他相关学科的发展，最终促进中俄合作办学水平提高，为中俄合作办学规模扩张奠定基础。

二、尝试均衡中俄合作办学地域分布

中俄合作办学对区域经济发展具有重要影响，国家层面可充分发挥宏观调控职能，建立中俄合作办学空间布局国家指导平台，制定区域中俄合作办学发展规划，充分发挥空间规划对中俄合作办学地域分布的调整作用。针对中俄合作办学呈现的“东强西弱”现象，一方面，搭建东、中、西部中俄合作办学联合发展平台，借助东部优质高等教育资源的辐射功能，扩大中西部地区中俄合作办学规模，提升中西部地区中俄合作办学层次，打破中俄合作办学空间分布不均衡现状。另一方面，加强中西部地区高等教育内涵式建设，改变中俄合作办学要么扎堆东部高等教育发达地区，要么集中在中俄接壤地区的空间分布现状，提升中西部地区对俄罗斯优质高等教育资源的吸引力。借助“一带一路”倡议，推进“一带一路”沿线中西部城市的中俄合作办学发展，打破中西部地区中俄合作办学集中在江西、四川、新疆等省区的空间布局，将中俄合作办学扩大到“一带一路”沿线的各个中西部城市，实现中俄合作办学的地域均衡发展。

三、完善俄语教育体系

完整科学的俄语教育体系是开展中俄合作办学的语言基础和支持力量，掌握俄语的学生人数越多，中俄合作办学越会有发展扩大的可能。中俄合作办学体系做大做强，可从以下几个方面着手：一是兼顾整体和重点。整体上，从国家外语战略考虑俄语教育，中俄全面战略合作伙伴关系促使中俄之间的交流沟通日益频繁，将俄语确定为国家外语战略的“关键语言”，建立俄语教育体系，有利于深化中俄、中欧之间的合作与交融，构建“一带一路”沿线的俄语国家共同体；重点上，在与俄罗斯具有地缘优势的黑龙江、吉林、辽宁、内蒙古、新疆等省区，以及俄语教育具有学科优势的北京、山东、江苏等省份，[①]建立俄语重点建设区，鼓励中学恢复或扩大俄语教育，提升俄语教师教学水平。二是兼顾规模和质量。规模上，对高考俄语考生实施一定的政策倾斜，提升俄语从业人员的待遇，进而实现俄语学习人员的规模扩张；质量上，修订俄语教育国家标准，制定中国俄语能力等级量表，进而完善俄语教材开发、推进俄语课程建设、规划俄语课程体系，推进中俄合作办学质量建设工程。[②]三是兼顾纵向和横向。纵向上，建立“小学-中学-大学”三位一体的俄语教育体系，确保小学、中学、大学的俄语教育具有系统性、统一性、科学性，使俄语的基础教育与高等教育衔接起来；横向上，解决“俄语小语种”与“俄罗

① 徐先玉.国家战略视阈下的俄语教育改革[J].中国外语教育(季刊),2016(2):9-14.

② 林金辉,凌鹊.中外合作办学高质量发展:政策轨迹和政策供给[J].高校教育管理,2021(6):1-12.

斯大国情”[①]之间不匹配的矛盾，拓宽俄语教育的人文内涵和培养模式，跳出传统的文学和语言范畴，构建大俄罗斯学，加深对俄罗斯各个方面的研究。

四、加强中国在中俄合作办学中的“输出”建设

鼓励中国高校“走进俄罗斯”办学。完善中国高校“走进俄罗斯”办学的顶层设计，结合中俄高等教育资源，统筹规划，保障政策供给。保障中国高校“走进俄罗斯”办学资金，明确中国高校“走进俄罗斯”办学资产性质，制定有关中国高校“走进俄罗斯”办学资金资产的规范性管理文件，设立中国高校“走进俄罗斯办学”资金出入境专门通道，畅通资金流动。扩大中国高校“走进俄罗斯”办学的招生自主权，实现生源持续化和多元化，确保中国在俄高校的可持续发展。保证中国高校“走进俄罗斯”办学项目师资队伍稳定，便利往返签证政策，合理设置教师派驻时间和规模，鼓励教学科研突出的教师参与“走进俄罗斯”办学工作，并对表现突出人员予以适当奖励。评估中国高校“走进俄罗斯”办学项目，建立“走进俄罗斯”办学质量保障体系，构建内部评估和外部评估相结合的评估制度，提高“走进俄罗斯”办学质量。

五、持续推进中俄合作办学发展

俄乌冲突仍在继续，制裁已经导致俄罗斯学生被一些西方国家，如法国、比利时、捷克等开除，在当前情况下，越来越多的俄罗斯学生对通过中俄合作办学来华留学的兴趣大增；在中俄“上不封顶”的全面战略协作伙伴关系的影响下，中国赴俄罗斯开展合作办学的道路完全畅通，俄乌冲突促使中俄合作办学可能实现井喷式增长。面对疫情和西方对俄罗斯实施全面制裁，中俄合作办学需要依托以国家战略为基础的中俄教育合作整体规划，[②]扩大中俄合作办学规模，[③]建立中俄合作办学试验区，[④]确保中俄合作办学的国际市场份额，调整外部招生宣传模式，更新内部运作逻辑，从而应对俄乌冲突导致的逆全球化现象，提升中俄合作办学对国际学生的吸引力。中俄合作办学还需有机融入中俄教育体系，与中俄国际教育环境形成完整的循环机制，一方面，可以通过建立学术共同体、科研共同体、教学共同体，加强中俄合作办学与中俄其他高校之间的交流；另一方

---

① 宁琦. 中国俄语教育 70 年回顾与展望[J]. 上海交通大学学报(哲学社会科学版)，2019(10)：76-88.

② 李重洋. 新时代中俄教育合作的现状、挑战与对策[J]. 世界教育信息，2022(7)：18-24.

③ 吴安娜，黄玫，张子豪. 中俄高等教育合作的阶段性成就、问题及解决方法：基于新时代中俄全面战略协作伙伴关系的总体框架[J]. 天津师范大学学报(社会科学版)，2022(4)：85-93.

④ 王剑波，宋燕，刘媞. 中外合作办学引入国际教育资本的研究[J]. 现代大学教育，2020(2)：105-111.

面，中俄合作办学可立足于自身优势，同开设俄语的中学建立联合培养机制，提高生源质量，对俄语人才实现贯通培养。提高中俄合作办学质量，严格中俄合作办学资格审核，出台中俄合作办学标准体系，弥补 QS 等西方评估标准删除俄罗斯所产生的空白。

第四节　提高来华留学生教育质量

来华留学生教育质量，是吸引国际留学生包括俄罗斯留学生最重要的因素。为了让更多的俄罗斯留学生来华留学，扩大中俄跨境高等教育的规模和质量，提升中俄跨境高等教育合作的国际话语权，提高来华留学生教育质量刻不容缓。

一、优化法律保障，构建来华留学生教育质量保障标准体系

来华留学生教育质量保障需在健全的法律法规和规范的标准体系指导下运行，制定系统的来华留学生教育质量保障法律法规和规范的来华留学生教育标准体系，是保障和提升来华留学生教育质量的基础。为此，我国需依据联合国教科文组织与经济合作与发展组织发布的《跨境高等教育质量保证指南》，结合我国高等教育现状和来华留学生教育发展实际，设计并优化来华留学生教育质量保障政策体系和标准体系，为来华留学生教育质量保障提供法律依据和标准参考。

（一）优化来华留学生教育质量保障法律体系

推动来华留学生教育的发展，确保来华留学生教育质量提升，是实现国家发展战略的实际需求。立足于国家发展战略的宏观视角，根据来华留学生群体特质和我国来华留学生教育发展战略，做好来华留学生教育质量保障的顶层设计工作，明确来华留学生教育质量保障的战略地位，是确保来华留学生教育质量保障顺利实施的根本性制度因素。对于我国而言，来华留学生教育质量保障，是我国国家发展战略的有机组成部分，关系到国家利益的实现。

我国可充分借鉴发达国家在留学生质量保障方面的经验，逐渐改变当前来华留学生教育质量保障政策分散、层次低的现状。通过国家立法明确来华留学生教育质量保障的重要地位以及中央-地方-高校的权责划分，将来华留学生教育质量保障纳入法律制度框架。因此，作为留学教育输出国，我们有必要从国家层面出发，尽快制定“来华留学生教育质量保障法”“来华留学生教育质量保障管理条例”等有关来华留学生教育质量保障的基本法律法规，与《学校招收和培养国际学生管理办法》《来华留学生高等教育质量规范（试行）》等共同构成较为规范完整的法律规章体系，为实施来华留学生教育质量保障提供法律依据，进一步明确来华留学生教育质量保障的法理依归，提高来华留学生教育质量保障的法

制化水平，确保来华留学教育质量保障实现“有法可依”。

（二）构建来华留学生教育质量保障标准体系

标准化系统工程理论是将系统工程理论与方法用于构建质量标准体系的“一种标准化组织管理方法”，[①]包括系统管理和标准化治理两种内涵，被应用于很多领域去解决复杂系统标准体系构建问题。我们也可以标准化系统工程理论为基础，构建来华留学生教育质量保障标准体系。

标准化系统工程理论的六维结构是由霍尔（A. D. Hall）三维空间结构和沃吉次基（John Wagitskiy）标准属性三维结构空间组合、重构形成的。霍尔的三维空间结构，包括时间维、逻辑维、知识维。标准化系统工程六维结构，把知识维改为包括知识在内的条件维，因为只有知识，没有各类条件（人力、资金、物质等）保障，系统不可能实现预期效果。沃吉次基的标准属性三维空间结构，包括级别维、对象维、内容维。标准化系统工程六维结构，把内容维改为性质维，构成相互交叉、相互补充，容纳所有标准系统中每个标准的三维空间。标准化系统工程理论的六维结构，是把霍尔的三维结构和沃吉次基的标准属性三维空间都看作三维相互垂直的长方体，把它们各自的原点 O 重合在一起，这两个长方体都能围绕 O 点转动，这样这两个三维结构就连接在一起构成了一个六维结构，如图 6-1 所示。需要注意的是，在这个六维结构中，逻辑维、时间维是有先后顺序的，所以坐标轴上有箭头；级别维也有级别间的从属顺序，所以坐标轴上也有箭头；其他各维没有严格的方向性。

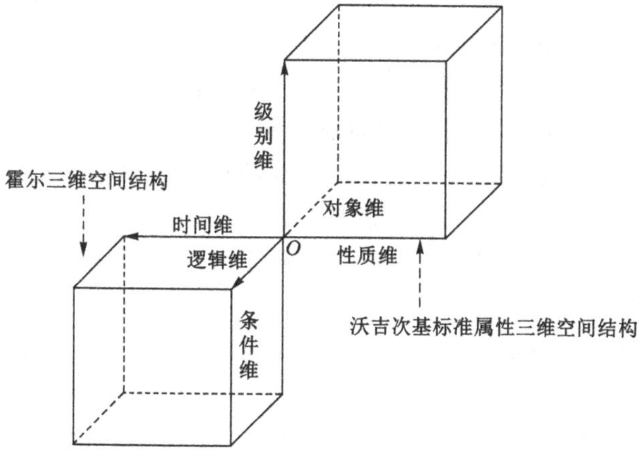

图 6-1　标准化系统工程理论的六维结构

① 侯新毅. 我国竹子技术标准体系的构建研究[D]. 北京：中国林业科学研究院木材工业研究所，2010.

1. 标准化系统工程理论视角下来华留学生教育质量保障标准体系构建

来华留学生教育质量标准，是为实现来华留学生教育培养目标而采取的规范手段。根据标准化系统工程理论，构建教育标准是建立六维结构方法论模型的第一步工作，来华留学生教育质量保障标准体系构建也沿袭了这一方法。标准是标准体系的基本单位，通过构建六个维度的标准，最终形成来华留学生教育质量标准体系。标准化系统工程理论视角下的来华留学生教育质量保障体系的六维结构主要包括以下六方面内容。

第一，条件维，是达到来华留学生教育质量保障体系要求所需具备的条件。从适用范围看，来华留学生教育质量标准包括通用标准与专业标准。本研究主要是从中央政府的视角探讨来华留学生教育质量保障政策，中央制定的来华留学生教育质量保障标准属于通用标准。首先，各行业以国家通用标准为基础制定行业通用标准；其次，以国家通用标准、行业通用标准为基础制定学科通用标准和专业通用标准；最后，以国家通用标准、行业通用标准、学科通用标准和专业通用标准为基础，制定具体学科专业的学术标准。因此，从条件维度看，来华留学生教育质量保障标准包括：国家通用标准、行业通用标准、学科通用标准、专业通用标准和具体学术标准。

第二，逻辑维，是来华留学生教育质量保障体系每个环节采用的逻辑标准。根据标准实施约束力强弱，标准包括强制性标准与推荐性标准。强制性标准是指中央政府通过法律、行政等方式强制推行的来华留学生教育质量标准；推荐性标准是国家通过经济手段或市场机制促使来华留学生教育机构自愿采纳的标准，是自愿性、指导性、倡议性的标准。来华留学生教育机构有选择标准的自由，但一旦采纳，则采纳者就有责任、有义务履行该标准。因此，从逻辑维度看，来华留学生教育质量保障标准包括：强制性标准和推荐性标准。

第三，时间维，是来华留学生教育质量保障标准的修订状态。此外，还要体现国际留学生教育质量标准的采纳状况。因此，从时间维度看，来华留学生教育质量保障标准包括：采纳的国际标准、国内已定标准、拟定中标准、修正中标准、新制定标准、废止标准等。

第四，级别维，是来华留学生教育质量保障体系的级别。来华留学生教育包括学历教育和非学历教育两大类，学历教育包括专科教育、本科教育、硕士研究生教育、博士研究生教育 4 个层次；非学历教育包括预科教育和进修。由于学历来华留学生教育更能直接反映来华留学生教育质量水平，预科教育则是直接影响来华留学生学历教育质量的决定性因素，所以，本研究除了关注学历来华留学生教育质量标准设计之外，也关注来华留学生预科教育质量标准设计。因此，从级别维度看，来华留学生教育质量保障标准包括：预科标准、专科标准、本科标准、硕士标准、博士标准。

第五，对象维，是来华留学生教育质量保障所涉及的重复性活动。具体来说，来华留学生教育质量保障所涉及的重复性活动包括招生活动、学科基准设定活动、专业基准设定活动、学历学位授予活动等。其中，招生和学历学位授予活动同属学术资格标准，分别是来华留学生来华前和来华后的教育结果，是对来华留学生来华前和来华后教育结果的认可，属于结果性质量，也是一种共性标准。学科标准和专业标准是高校自行设计的来华留学生教育个性标准。学术资格标准，即招生标准和学历学位授予标准是国家来华留学生教育的最低标准，学科标准和专业标准是高校来华留学生教育的学术基准。因此，从对象维度看，来华留学生教育质量保障标准包括：招生标准、学科标准、专业标准、毕业标准。

第六，性质维，是来华留学生教育质量保障体系的性质。标准化系统工程理论视角下，就来华留学生教育质量保障标准体系来看，技术标准就是来华留学生学术标准，管理标准就是来华留学生质量保障标准，工作标准就是相关机构（例如政府、高校）为保持或提高来华留学生学术标准和质量保障标准所制定的质量规范。技术、管理、工作三类标准，共同构建“学术-保障-规范”一体化来华留学生教育质量保障框架。因此，从性质维度看，来华留学生教育质量保障标准包括：技术标准、管理标准、工作标准。

将上述条件维、逻辑维、时间维、级别维、对象维、性质维进行组合，就形成一个互相制约、互相协调的来华留学生教育质量保障标准体系六维空间结构模型，如图 6-2 所示。对这个六维空间结构模型进行选择运用，就可以比较精准地反映来华留学生教育质量标准体系的基本信息。在模型的实际应用中，可以根据实际需要选择任意二维、三维或四维重构成新的结构模型。标准化系统工程理论视角下的来华留学生教育质量保障标准体系六维空间结构模型，为来华留学生教育质量保障标准构建提供了必要的理论支撑和路径指南。

2. 标准化系统工程理论视角下不同层次来华留学生教育质量保障标准体系空间结构模型构建

来华留学生主要包括两类，学历来华留学生和非学历来华留学生。学历来华留学生包括专科生、本科生、硕士研究生和博士研究生；非学历来华留学生包括预科生、进修生。在学历来华留学生中，专科来华留学生所占比例较小，2018 年专科学历来华留学生仅占 4.8%，因此，来华留学生专科教育质量保障标准体系建构的意义不大。同时，预科教育质量在一定程度上决定和影响后期来华留学生专业学习质量，而来华留学生硕士教育和博士教育又具有一定的共性，都属于高层次来华留学生教育类型。因此，本研究将主要探讨三大类来华留学生质量保障标准体系的构建，即来华留学生预科教育质量标准体系、来华留学生本科

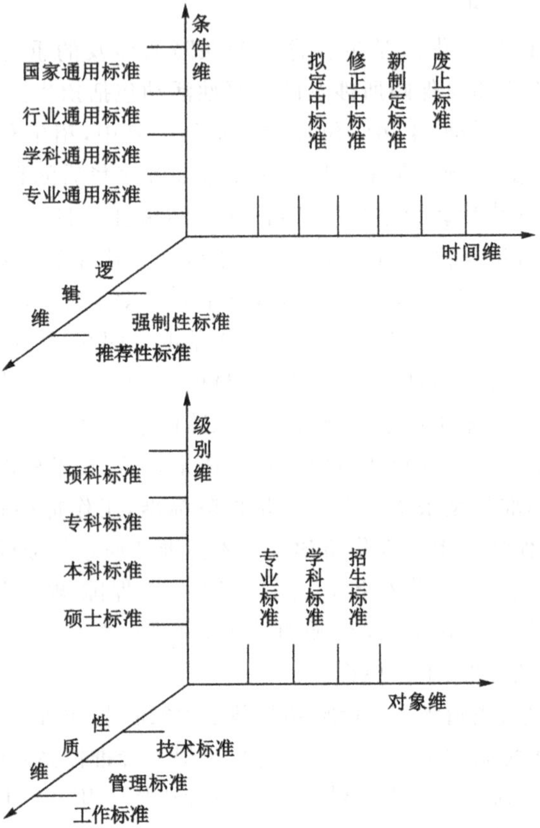

图 6-2　来华留学生教育质量保障标准体系六维空间结构模型

教育质量标准体系和来华留学生研究生教育质量标准体系。

(1) 来华留学生预科教育质量标准体系构建

来华留学生预科教育，即来华留学生接受高校专业教育前的基础预备课程，是解决来华留学生语言障碍和文化障碍的过渡阶段。2009 年 3 月，教育部发布的《关于对中国政府奖学金本科来华留学生开展预科教育的通知》提出，来华留学生通过预科教育的主要目标是：提高来华留学生的汉语能力水平，讲授进入高校进行专业学习所需的基础知识，提高来华留学生跨文化交际能力。

在条件维度方面，来华留学生预科教育质量要有国家通用标准，国家汉办下发的《国际汉语能力标准》，以及教育部发布的《关于对中国政府奖学金本科来华留学生开展预科教育的通知》都属于国家通用标准，对来华留学生预科教育的课程设置、汉语能力最低要求等做了明确规定。在国家通用标准基础上，还需补充来华留学生预科教育的专业标准和高校标准。

在级别维度方面，根据来华留学生申请就读的学位类别，来华留学生预科教育质量标准相应分为：专科来华留学生预科教育标准、本科来华留学生预科教育标准、硕士来华留学生预科教育标准、博士来华留学生预科教育标准。

在对象维度方面，根据来华留学生预科教育涉及的重复性活动，需要构建来华留学生预科招生标准、语言教学内容标准、专业教学内容标准、考试标准和免修标准。

综上所述，按照来华留学生教育质量保障标准体系六维空间结构模型，从条件维、逻辑维、时间维、级别维、对象维、性质维六个维度，构建来华留学生预科教育质量保障标准体系六维结构模型，如图 6-3 所示，为制定来华留学生预科教育标准体系提供参考。

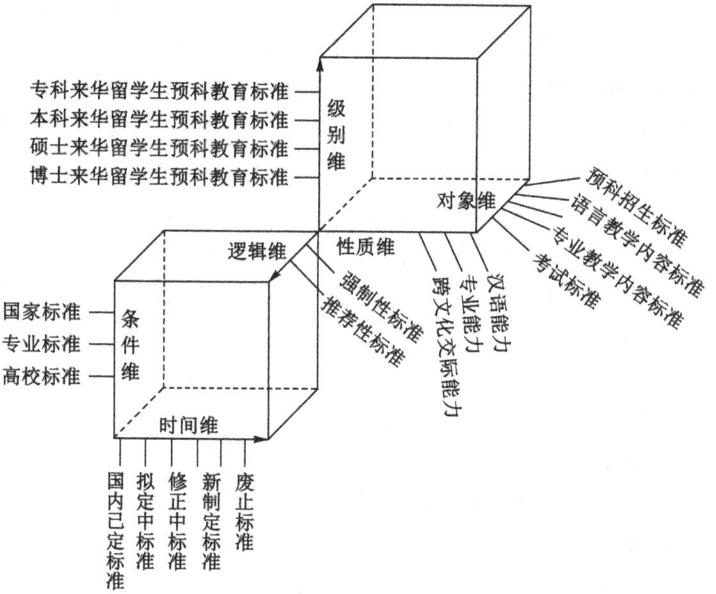

图 6-3　来华留学生预科教育质量保障标准六维结构模型

(2) 来华留学生本科教育质量标准体系构建

基于趋同化管理理念，来华留学生本科教育质量标准同我国本土大学生高等教育质量标准应是一致的。2018 年，教育部下发了《普通高等学校本科专业类教学质量国家标准》，对我国本科教育中的 92 类 587 个专业和全国 5.6 万个本科专业点的培养目标、培养规格、课程体系、师资队伍等方面都作出了相应规定。因此，从专业类别看，来华留学生本科教育质量标准包括专业 1 标准、专业

2 标准等。

现代大学本科教育一直采用两种模式,即应用学科专业人才培养和基础学科专业人才培养。应用学科专业人才培养,属于“职前培养”,主要是通过“宽口径”教学过程,使应用学科专业人才具备扎实的专业基础知识、系统掌握专业基本技能,为“职后”培养卓越从业人才奠定坚实的理论基础和实践基础。近年来,教育部先后制定了卓越法治人才教育培养计划 2.0、卓越新闻传播人才教育培养计划 2.0、卓越农林人才教育培养计划、卓越教师培养计划、卓越医生教育培养计划、卓越工程师教育培养计划等,致力于培养国家发展需要的高质量专业人才。基础学科专业人才培养,属于奠基性培养,力求培养出具有牢固专业知识、掌握先进研究方法、具备创新意识的后备学术人才,为他们未来从事高精尖领域创新活动提供可迁移技能与能力。2020 年 1 月,教育部推行的“强基计划”就是聚焦国家安全、先进制造、新材料、智能科技、高端芯片与软件等国家关键领域,选拔培养基础学科拔尖人才。此外,2019 年《国家职业教育改革实施方案》提出,“鼓励有条件的普通高校开办应用技术类型专业或课程”,培养高层次技术技能人才,俗称技师或高级技师,使他们达到“庖丁解牛”“进乎技也”的境界。因此,在对象维度方面,来华留学生本科教育质量标准包括三类:应用学科专业人才培养标准、基础学科专业人才培养标准、高层次技术技能人才培养标准。

在性质维度方面,来华留学生本科教育质量保障标准体系主要包括学历资格标准和学位资格标准。学历资格标准是学业标准,规定本科来华留学生需修满的学分,意味着学习经历达到要求。学位资格标准是学位标准,主要是针对毕业条件,规定本科来华留学生的学术成果和学术规范,一般要求通过毕业论文答辩。因此,在学术资格维度方面,来华留学生本科教育质量标准包括两类:本科学业标准和本科学位标准。

在条件维度方面,来华留学生本科教育质量标准包括三类:国家标准、专业标准和高校标准。

综上所述,按照来华留学生教育质量保障标准体系六维空间结构模型,从条件维、逻辑维、时间维、级别维、对象维、性质维六个维度,构建来华留学生本科教育质量保障标准体系六维结构模型,如图 6-4 所示,为制定来华留学生本科教育标准体系提供参考。高校应根据自身优势和特色,制定本校的来华留学生本科教育质量标准,既要以国家标准和专业标准为底线,又要体现高校办学定位和人才培养目标。

(3) 来华留学生研究生教育质量标准体系构建

我国研究生教育主要包括两个层次,硕士研究生和博士研究生。2018 年 12 月,全国人大常委会修正发布了《中华人民共和国高等教育法》,明确提出,硕士

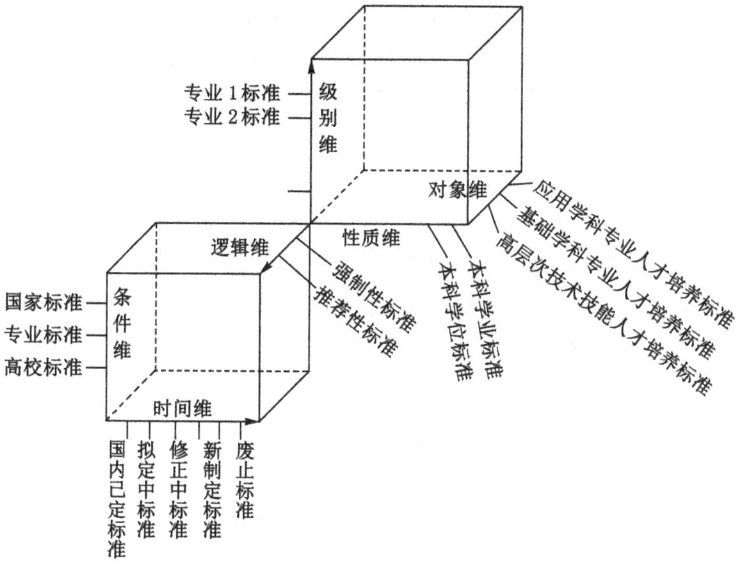

图 6-4　来华留学生本科教育质量保障标准六维结构模型

研究生教育，要实现使硕士研究生“具有从事本专业实际工作和科学研究工作的能力”的目标。博士研究生教育，要使博士研究生“具有独立从事本学科创造性科学研究工作和实际工作的能力。”我国研究生教育是以学科为基础展开的，因此，从专业类别看，来华留学生本科教育质量标准包括学科 1 标准、学科 2 标准等。

研究生教育是一种对个体基本素质及潜能要求很高的教育，不能将其理解为本科教育的简单延伸，不是每个人成长的必经阶段，而是属于应用创新人才培养范畴，能将学科知识应用到实际工作中获取经济效益。研究生教育作为比本科教育更高级别的教育，更加重视培养高水平专业人才，要实现“窄”与“博”相统一。所谓的“窄”，是指研究生学习的主题相对窄，只集中在某个专业的特定领域；所谓“博”，一是指拓宽研究生课程选择范围，使研究生对本学科的历史、现状、发展趋势、与其他学科的关系都有系统的理解；二是指通过参与课题研究和工作实践实现博学；三是指与不同专业不同领域的人进行交流切磋，形成知识的“大局观”和“整体观”。研究生教育是一种创新人才培养活动，通过探究逐渐提高“学问生产能力”，即提高理论、技术、成果的数量和质量。因此，在对象维度，来华留学生研究生教育质量标准包括三类：应用创新人才培养标准、高级专业人才培养标准、研究创新人才培养标准。

在性质维度方面，来华留学生研究生教育质量保障标准体系主要包括学历资格标准和学位资格标准。学历资格标准是学业标准,包括硕士研究生学业标准和博士研究生学业标准。学位资格标准是学位标准,包括专业硕士学位标准、学术型硕士学位标准、专业博士学位标准、学术型博士学位标准。

在条件维度方面,来华留学生本科教育质量标准包括三类:国家标准、专业标准和高校标准。

综上所述,按照来华留学生教育质量保障标准体系六维空间结构模型,从条件维、逻辑维、时间维、级别维、对象维、性质维六个维度,构建来华留学生研究生教育质量保障标准体系 6 维结构模型,如图 6-5 所示,为制定来华留学生研究生教育标准体系提供参考。

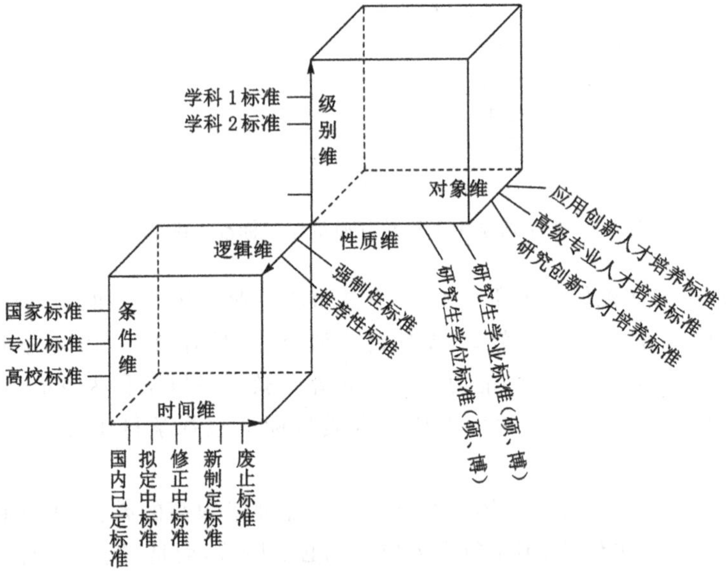

图 6-5　来华留学生研究生教育质量保障标准六维结构模型

二、优化招生政策,吸引优质来华留学生生源

细节决定成败,来华留学生招生政策科学与否是决定来华留学生质量高低的重要因素。来华留学生招生政策是来华留学生教育管理方式的有机组成部分,是一种能够发挥高效协调作用的工具。质量至上,是来华留学生招生政策的最终价值追求。

归根结底,国际一流的高等教育质量是吸引优质国际留学生的主要因素。2019 年《中国教育现代化 2035》已明确提出“到 2035 年,总体实现教育现代化,迈入教育强国行列”的奋斗目标。然而,目前我国高等教育离高等教育强国还有一定的差距。因此，在不断提高高等教育质量，提升中国高等教育对来华留学生吸引力的同时，我们需要从以下几个方面优化来华留学生招生政策，吸引优质来华留学生生源。

（一）优化来华留学生招生标准

优化来华留学生招生标准政策，有助于从“入口”提高来华留学生生源质量、提升高等教育水平、打造留学中国品牌。来华留学生招生标准是选出具有来华学习能力的优秀人才的前提，是招收全球优秀留学人才的基础性工程。

可以像中国本土大学选拔一样，教育部制定《高等学校招收来华留学生全国统一考试标准》《来华留学生招生管理规定》等，在中国推行来华留学生招生标准化考试。来华留学生招生政策，可以相对客观地衡量来华留学生的综合素质和能力，对一味追求来华留学生数量的高校起到一定的监管作用。

所谓标准化考试，就是在依据严格程序、制定统一标准、严格控制误差的基础上，由国家教育主管部门组织统一实施的考核。标准化考试的典型特征包括：试题编制标准化、考核过程标准化、评分标准化。通过实施统一的来华留学生招生考试，有利于减轻各个高校组织来华留学生入学考试的考务负担；有利于使各个高校的来华留学生招生工作获得统一的量化标准；有利于来华留学生教育主管部门统筹安排，提高来华留学生考核的科学性；有利于考查来华留学生的基本素质；有利于优化来华留学考核方式，实现成绩评定科学量化；有利于从宏观上把握来华留学生的质量。同时，在教育部设立专职部门，负责来华留学生招生考核的相关事项，追求实现来华留学生招生和中国本土大学生招生的趋同管理。

推进来华留学生招生评卷方式改革。制定《高等学校来华留学生全国统一考试标准分数评判规则》，推行网上评卷，提高评卷效果和效率。在推行全国统一的来华留学生招生资格考试的基础上，中国还应探索在海外设立来华留学生招生考点，有意来华留学的海外留学生，可以就近或在母国参加考试，成绩合格可以直接申请中国的高校，降低了来华留学生的经济负担，也使来华留学考试方便易行，激发海外留学生留学中国的热情。

实现来华留学生招生考核考场标准化。可出台《来华留学生招生考试标准化考点建设规则》，推动来华留学生标准化考点、试卷保密室、考务指挥中心建设，力求建成包括来华留学生招生资格审查系统、来华留学生身份验证系统、来华留学生招生考试试题库系统、来华留学生作弊监控系统、来华留学生招生考试应急指挥系统、来华留学生招生考试网络和视频监控系统，实现来华留学生招生考试的现代化。

（二）优化来华留学生招生程序

教育部应优化来华留学生招生程序质量保障政策，通过规范性政策指导高校的来华留学生招生过程。来华留学生招生程序质量保障政策应包括以下几方面内容:一是规定高校须遵循来华留学生招生程序公开透明的原则,全面公开来华留学生招生信息,实现程序公平;二是规定高校建立帮助来华留学申请者了解从申请、材料审核、考试、录取整个过程的程序机制,使来华留学生能够在掌握充分信息的情况下选择留学的学校和专业;三是建立来华留学招生参与人员的话语权保障机制,特别是确保招收来华留学研究生导师的话语权和来华留学申请者本人的话语权;四是建立来华留学申请者投诉和申诉机制,在来华留学生招生公告中,明确告知来华留学申请者投诉和申诉的流程,在教育部内部还可设立"来华留学生公平招生办公室",作为独立的监管部门,承担来华留学生招生的监管职能;五是规定高校要承担解释义务,即来华留学生针对招生政策或方案进行咨询时,高校应及时解答,尤其是当来华留学生对录取结果有异议时,高校应该解释拒绝留学申请的原因。如果高校懈怠于此项义务,教育主管部门应该予以惩处。

根据马修的尊严价值理论,招生程序的公平,即使与来华留学生申请者能否录取无关,也有利于维护来华留学申请者的尊严;招生程序的公正,即便对考查学术潜力毫无作用,也有利于维护招生的正当性;未被录取的来华留学申请者,即使心存懊恼,也会由于程序公平公正的慰藉,未被录取的心理落差也可减少。在"依法治考"理念的影响下,来华留学生招生程序质量保障政策能够维护招生的正义,也是确保招生程序公平、提高来华留学生源质量的有效途径。

（三）优化来华留学生招生机构

高校作为主要的来华留学生招生机构,其招生行为规范与否在很大程度上影响来华留学生生源的质量。为规范高校的来华留学生招生行为,教育部可进一步完善高校来华留学生招生机构质量保障政策,设计针对高校来华留学生招生的外部质量保障和内部质量保障。外部质量保障,是指高校以外的机构或部门对高校来华留学生招生实施的规范、监督与评价。我国传统上对高校招收来华留学生行为的外部治理保障,主要由上级高等教育相关主管部门完成,包括教育部、省市教育主管部门;除此之外,我们还应探索建立第三方机构、社会机构对高校来华留学生招生行为的监督机制。内部质量保障,是指高校自行设计的有关本校来华留学生招生的规范规则,例如高校可以根据自身情况制定本校的《来华留学生招生条例》和《来华留学生招生程序实施细则》;外部质量保障主体应为高校制定《来华留学生招生条例》提供政策依据,并依法监督高校制定的《来华留学生招生程序实施细则》是否实现程序公平、结果公平。

同时,要制定有关高校来华留学生招生工作人员培训方面的政策。现阶段,专职从事来华留学生招生工作的人员数量并不算多,组织的业务培训更是凤毛麟角。教育部、省市教育主管部门应建立健全一套面向来华留学生招生工作人员培训机制，为相关人员提供外事素养、外事知识培训，提高他们的理论素养，为来华留学生招生工作的公平公正提供理论支持和实践指导。

（四）优化来华留学生招生质量保障配套

推动海外汉语培训机构的建立。来华留学生的基本汉语能力要求是：研修以中文为教学语言课程的来华留学生，其汉语需达到《国际汉语能力标准》四级水平。汉语能力水平是制约留学生能否顺利来华留学和完成来华留学学业任务的关键性因素。可尝试在海外建立汉语培训机构，扩大孔子学院的覆盖范围，帮助有来华留学意向的外国留学生提高汉语水平，或通过相应的入学考试，并扩大中国文化传播范围和影响力。

推动海外职业化留学中国中介机构的建立。目前，国内有大批合法中介机构为中国学生提供出国留学咨询和中介服务，帮助有留学意向的大批中国学生走出国门。由于国内旺盛的出国留学需求，以及多样化营销、专业化运作、企业化经营、一体化服务等因素的影响，很多出国留学服务机构获得了成功。我国在吸引来华留学生时，也可效仿此项操作，在海外建立职业化的留学中国中介机构，为有来华需求的外国留学生提供专业化、科学化、一体化的留学服务。政府可通过政策制定和制度支持，推动这类中介机构的建立。

优化来华留学奖学金评审和管理政策。首先，政府部门要规范设置来华留学生奖学金的原则、目标、要求、步骤和规范。其次，政府部门要规范高等教育机构自主设置来华留学生奖学金的行为，要求各高等教育机构制定本部门来华留学生奖学金筹集、评定、发放、使用、监控的相关规定，并对来华留学生奖学金的来源和使用予以公示。再次，政府部门要制定获取奖学金的来华留学生的招生标准和规则，并使相关的标准和规则等同于或高于中国本土大学生的标准，或参照国际同类大学留学生招生标准制定。最后，政府部门要制定来华留学生奖学金发放与使用方面的监督政策，可成立专门机构，制定专门规定，专项考核来华留学生奖学金评审与使用，形成奖学金使用全过程监督体系。

分类优化来华留学生就业政策。也就是分类优化来华留学生就读期间就业政策（勤工助学、实习）、毕业后就业政策、创业政策、永久居留政策等。优化来华留学生就读期间就业政策（勤工助学、实习），可以从适用群体、岗位、工作时限、工资、就读高校担保、雇主担保、申请程序、法律责任等8个方面考虑。优化来华留学生毕业后就业政策，允许在中国境内高校取得学士及以上学位及毕业后1年内的来华留学生在华就业，从事的职业必须符合外国人在中国境内工作指导目录，不限制来华留学生毕业高校的层次、地域；签订劳动合同后，来华留学生毕业后就业工资，不得低于当地城镇单位在岗职工平均工资。优化来华留学生毕业后创业政策，允许在我国高校取得学士学位及以上学位的来华留学生，在取得学位后 1 年内，向地(市)级人民政府外国人投资管理部门及依法授权的县级人民政府外国人投资管理部门提交创业方案、营业执照、组织代码证等材料，申请创业方案认可，审核通过即可获得创业方案认可证明，不限定来华留学生毕业后创业的行业和领域，来华留学生可以在任何合法的行业和领域进行创业。优化来华留学生永久居留政策，调整 2004 年《外国人在中国永久居留审批管理办法》第 6 条，关于“就业外国人申请永久居留，应执行国家重点项目，在高新技术企业、鼓励类外商投资企业、外商投资先进技术企业或者外商投资产品出口企业担任副总经理、副厂长等职务以上或者具有副教授、副研究员等高级职称以上”的严苛规定，放宽申请就业类永久居留的条件，取消永久居留对职称和职位的要求，取消对重点机构、高校、企事业单位就业的要求，疏通来华留学生从就业身份向永久居留身份转换的通道。

优化来华留学生动态就业政策。在信息化时代，政府部门可以利用现代人工智能手段，制定来华留学生动态就业政策，强化政策工具与人力资源管理的匹配度，提升来华留学生就业领域的治理水平。首先，构建来华留学生就业政策和就业信息数据库，获取全国来华留学生就业数据，并对其进行分析。其次，搭建来华留学生就业服务平台，将“来华留学生”和“用人单位”同时接入平台两端，通过大数据，为“供给”和“需求”双方提供精准的咨询和分析服务，实现供需平衡。最后，在采用大数据分析的同时，注重政府间沟通，加强中央与地方、部委之间、地方之间的联系和协调，打造就业政策协作网络，并对就业政策执行效果进行跟踪和反馈，形成来华留学生就业政策的动态平衡机制。

三、优化需求导向，构建来华留学生就业能力培养体系

来华留学生来中国高校接受高等教育的主要目的之一，就是通过学习获得就业能力，以期在留学生活结束后找到一份可心的工作。社会需求是由用人单位(包括竞争及顾客对产品或服务的需求)和内部条件(包括资源水平和文化因素等)来决定的。为了使来华留学生的就业能力与社会需求相匹配，高校在设计来华留学生人才培养目标、设置具体课程之前，要充分了解国际社会特别是来华留学生生源国对人才的需求情况，力求实现来华留学教育的最终产品——来华留学生具有符合社会需求的就业能力。社会需求对来华留学生就业能力的要求是一个循环往复的过程。用人单位、顾客需求、资源等发生变化——社会需求对来华留学生就业能力要求产生相应变化——来华留学生培养机制与来华留学生教师能力变化——来华留学生就业能力变化——与社会需求相匹配——用人单位、顾客需求、资源等发生变化……因此，来华留学生就业能力与社会需求匹配

不是固定不变的，是周而复始、持续变化的。在这个变化过程中，高校既要关注外环境和用人单位需求的变化，进而修正来华留学生教育培养方案，又需要来华留学生就业能力开发者，包括毕业校友、教师、来华留学生父母、雇主等，广泛参与到来华留学生就业能力提升过程当中，以来华留学生就业能力与社会需求相匹配为导向，来组织、实施、协调来华留学生就业能力提升。

在了解社会需求的基础上，构建来华留学生就业能力培养体系，实现来华留学生就业能力与社会需求相匹配。来华留学生就业能力培养体系，为满足社会需求，需要不断进行调整，因此，也是一个不断循环的动态体系。构建来华留学生就业能力培养体系，需要从以下 7 个方面着手。

（一）构建需求导向的来华留学生就业能力培养目标

世界经济环境变化、劳动力市场转型对来华留学生教育提出新的要求，同时，就业预期也是留学生选择是否来华留学的主要因素之一。国际环境和社会需求的日新月异需要来华留学生教育不断调整其人才培养目标，其最终落脚点都是力图使来华留学生具备符合社会需求的就业能力。通过目标驱动，为来华留学生教育提供创新目标导向和资源配置，使目标切实地转化为高校整体的创新行动。来华留学生就业能力培养目标需要包括以下几个方面：实现来华留学生毕业后既能就业，且首次就业质量不断提高；提高来华留学生个人能力，促使其具备职业发展所需的就职动机、职业理解、健康心理、专业知识；培养来华留学生的创新能力，使其具备创新思维、创新意识、创新技能。来华留学生就业能力培养目标要嵌入来华留学生教育的整个流程，从理论知识掌握到创新能力提升、从课堂教学到专业实践、从跨文化交流沟通到全球胜任力的掌握等，都要以提高来华留学生就业能力为目标。

（二）构建需求导向的来华留学生教育课程体系

课程体系反映了知识结构，不同的课程体系培养来华留学生建立不同的知识结构，即具备不同的就业能力基础。高校来华留学生课程体系设置，决定了来华留学生的知识结构，包括基础知识结构和专业知识结构，也对来华留学生就业能力高低具有决定性影响。高校应根据社会需求，科学设置来华留学生专业课程、跨专业选修课程、创业教育课程等，使来华留学生教育课程体系更科学，更适应社会发展要求。在设置来华留学生教育课程体系时，需要考虑来华留学生教育周期与社会需求之间的时滞问题。这需要高校在设计来华留学生招生专业时，提前预测社会人才需求，招生计划以人才预测需求结果为基础进行制订。根据社会需求、生源国反馈、经济发展情况，及时、适度调整招收来华留学生专业，适时开设第二学位、辅修学位课程，通过宽口径专业设置提高来华留学生就业能力。同时，高校还需加强招收来华留学生相关学科的建设，做好学科结构调整工作，使学科专业结构不断更新发展，形成学科特色，争取在国际上具有一定的引领性。

（三）构建需求导向的来华留学生就业能力开发方法

在明确来华留学生就业能力培养目标的基础上，需要采取合适的来华留学生就业能力开发方法来实现目标。具体来说，高校可以采用以下几种方法实现来华留学生就业能力开发。

在来华留学生教育过程中引入职业资格教育。推进我国职业资格教育国际化，逐渐实现中国职业资格认证与他国职业资格认证的互认互通。职业资格教育，是将来华留学生培养成具有实际应用能力高素质人才的捷径，也是储备各类高级专业技术后备力量的有效方式。高校可以从中国现有职业认证实际出发，引导来华留学生认识到职业资格证书对个人职业发展的促进作用，并为来华留学生参加职业资格认证考试提供适当的引领和指导。高校在来华留学生教育过程中，可以适当在课堂教学内容中加入本专业职业资格认证考试所涉及的知识点和答题技巧，帮助来华留学生了解职业资格认证考试的题型、时间、热点等，例如在财务管理课程中，可以在课堂中讲授英国特许公认会计师认证（ACCA）方面的内容。

在来华留学生教育过程中引入创新创业教育。致力于培养具有创业精神、创业知识、创业能力人才的教育，都可以视为创新创业教育。高校在办学理念、人才培养目标、专业特色、学科优势等方面存在巨大差异，因此，各个高校开展的创新创业教育也应各具特色。美国高校创新创业教育主要有两种模式，一是聚集模式，即所有教育活动都在学院内部开展；二是全校性创新创业教育模式，即在全校范围内对所有的学生开设创新创业课程和创新创业活动。中国高校在来华留学生教育过程中开展创新创业教育时可借鉴这两种模式。目前，中国高校的创新创业教育，大多数都以建立创新创业教育中心为主要方式，以创新创业教育理论研究为基础，创建各类创新创业教育平台。各高校创新创业教育模式主要包括三类，分别是：分化拓展模式、师生一体化模式、科技孵化模式。各高校在来华留学生教育过程中，可依据自身学科和专业优势和特色，建立可行的来华留学生创新创业教育机制，采用科学的创新创业教育方法，设置合理的创新创业教育课程，提供坚实的创新创业教育理论和资金支撑，并对来华留学生创新创业教育进行定期评价。

在来华留学生教育过程中引入实践教育。在来华留学生教育过程中，要重视实践教育，设计完备的来华留学生实践教学课程体系，制订规范的来华留学生实践教学管理规定，加大力度开展来华留学生实习基地建设，引导来华留学生多渠道参与社会实践。高校可以同相关政府部门、企事业单位建立长期合作关系，通过合作让尽可能多的政府机关、事业单位、企业成为来华留学生长期实践教育基地，打造稳定的高校外部实践教育平台。实践教育也可以通过建立校内实践基地、强化实践教学等方式在高校内部开展。在建立和发展实践基地的基础上，高校需完善来华留学生实践教学管理和指导机制。学校层面，为来华留学生实践教育提供制度保障；院系层面，是来华留学生实践教育的主要承担者和实施者，院系根据来华留学生就业能力开发目标，制订合理的来华留学生实践教学方案、实践教学内容、实践教学方式、实践教学评价机制等。同时，高校也可以鼓励来华留学生参加各项课外科技活动和专业技能竞赛来提高自身的就业能力。

在来华留学生教育过程中引入社团活动。社团活动通过提供一种真实的情境，在真实的环境中培养和提升来华留学生的合作能力、沟通能力、协作能力、创新能力、组织能力、领导能力等。社团活动是来华留学生交流的重要平台，也是培养和提高来华留学生各种能力的主要渠道。来华留学生教育可以引入多种形式的社团活动，譬如各类兴趣协会、学生会活动、调研活动、宣传活动等。高校要对来华留学生的社团活动进行必要的监督和管理，制定来华留学生社团活动推广措施和细则，并对来华留学生社团活动提供资金支持、活动场地和组织保障。

(四) 构建需求导向的来华留学生教育全过程职业指导

高校在实现来华留学生学术发展的同时，还需注意对来华留学生进行全过程的职业指导。职业指导可以通过开设专门的课程模块进行，也可以在课外活动中进行。来华留学生职业指导工作可实行校、院系两级管理体制，在现有校级就业指导中心（或学工委）全权负责来华留学生职业指导工作的基础上，可在院系设置专职的职业发展指导人员，专门负责来华留学生职业规划能力培养以及就业服务管理和指导等工作。

来华留学生职业指导还应该是全过程的指导，也就是说，职业指导需贯穿来华留学生整个教育过程，对不同年级来华留学生的职业指导侧重点各不相同。这也符合职业发展理论，因为职业生涯规划本身就是一个持续不断改进的过程。以来华留学生四年制本科为例，从来华留学生进入高校就开始，贯穿整个本科教育全过程，直至来华留学生毕业为止。随着来华留学生专业能力和实践能力的提高，其职业意向是不断变化的，即来华留学生职业意向的确立实际上就是一个不断动态调整的过程。换句话说，职业意向是在来华留学生学习期间逐渐形成的。具体来说，来华留学生全过程职业指导包括以下 4 个阶段。

(1) 职业兴趣探索阶段，是本科来华留学生的大一和大二阶段，职业指导的内容是帮助来华留学生适应在华学习生活，唤起来华留学生的职业意识。

(2) 职业意向初步定向阶段，是本科来华留学生的大二和大三阶段，职业指导主要关注来华留学生的职业意向探索，结合来华留学生专业发展方向，明确初步的职业选择方向和目标。

(3) 职业意向初步实行阶段，是本科来华留学生的大三和大四阶段，职业指导着重强调提高来华留学生的实践能力，通过专业实践实习，帮助来华留学生做出初步职业选择，确定所学专业与自身兴趣是否一致。

(4) 职业意向基本稳定阶段，是本科来华留学生的大四和初步就业阶段，职业指导侧重于就业信息介绍、求职技巧了解，为来华留学生顺利初次就业提供支持。

(五) 构建需求导向的来华留学生雇主合作互动平台

来华留学生就业能力提高的最重要利益相关者是雇主，因为他们是人才的需求者。因此，雇主理所当然地成为来华留学生就业能力的评价者。来华留学生具备的就业能力如何，是否满足社会需求，验证的标准主要来自雇主评价。构建与雇主合作互动平台，精准了解雇主需求，“合作连续统一体”(partnership continuum)模型可以作为参考，如表 6-1 所示。

表 6-1　需求导向的来华留学生雇主合作互动平台模式

传统合作模式			全面合作模式	
阶段一	阶段二	阶段三	阶段四	阶段五
意识阶段 (awarness)	参与阶段 (involvement)	支持阶段 (support)	赞助人阶段 (sponsorship)	战略合作阶段 (strategic)
招聘面试	建立产业咨询委员会 研究赞助 为实习提供便利	客座教师/讲课 参与课程体系设计 学术团队赞助者 教学设施经费支持	创新研发的赞助者 设置稳定的奖学金计划 合作研究 本科生培养计划支持	经费主要提供者 联合办学

这个模型将来华留学生教育与雇主合作模式分为两类，分别是：传统合作模式和全面合作模式。

传统合作模式包括三个阶段：一是意识阶段，雇主与来华留学生教育高校的合作并不密切，仅涉及必需内容，只有在招聘员工时，雇主才与承担来华留学生教育的高校发生联系；二是参与阶段，雇主与来华留学生教育高校在来华留学生培养方面开始合作，合作方式包括为来华留学生提供实践实习岗位、科研和教学资助，建立咨询委员会和顾问委员会等，雇主对产学合作并不热衷；三是支持阶段，在此阶段，雇主与来华留学生教育高校密切合作，雇主开始以顾问的身份参与到来华留学生教育过程，为来华留学生教育的课程设计提供意见，也为来华留学生就业能力提升提供硬件支持，各个领域企业家作为客座教授为来华留学生讲座，产业界为来华留学生团队活动提供技术指导等。

全面合作模式包括两个阶段：一是赞助人阶段，此阶段雇主和企业主动同来华留学生教育机构进行合作，合作方式包括为创新研发提供资金支持、设置稳定的奖学金计划、校企合作研发、来华留学生培养支持计划等，其指向性更强；二是战略合作阶段，这一阶段产业界和来华留学生教育机构之间的合作是基于战略考虑的，双方合作是自发和积极主动的，通过产业界为来华留学生教育提供稳定赞助、企业和高校联合培养来华留学生等方式实现。

从以上分析可知，传统合作模式和全面合作模式类似于一个连续体，是不断前进的。传统合作模式的三个阶段，即意识阶段、参与阶段和支持阶段，三个阶段是可以变换次序的，但是战略合作阶段则需在具有坚实的传统参与阶段的基础上才能获得成功。目前，来华留学生教育机构和产业界的合作大多数还处于传统合作阶段，二者都应该转变思维，为向全面合作模式转变畅通路径。

（六）构建需求导向的来华留学生毕业校友协同平台

来华留学生毕业校友与高校之间存在着构建系统平台的基础，来华留学生毕业校友与高校有着天然的亲切感和认同感，同时，来华留学生毕业校友又往往是雇主或雇主的重要代表。因此，来华留学生毕业校友可以作为媒介，畅通来华留学生教育机构和雇主之间的沟通和联系。优秀来华留学生毕业校友有可能成为未来的雇主，他们具有为母校提供就业信息和社会就业需求的天然情感，更乐于积极主动地投入到开发来华留学生就业能力的实践中。构建来华留学生毕业校友协同平台可以采取以下几种方式：一是通过建立校友会，让来华留学生毕业校友推荐雇主与来华留学生教育机构合作，使来华留学生毕业校友承担中介人的角色。二是通过来华留学生毕业校友讲座、来华留学生毕业校友开设课程、来华留学生毕业校友参与来华留学生教育人才培养计划制订等方式，实现来华留学生毕业校友参与来华留学生就业能力提升。三是基于来华留学生毕业校友的分散性，通过现代通信技术建立来华留学生毕业校友协同平台，从来华留学生毕业校友中获得就业市场需求第一手信息，实现来华留学生就业能力开发的精准性。

（七）构建需求导向的来华留学生就业能力评价反馈平台

来华留学生就业能力提升是一个循序渐进、不断发展和完善的过程。来华留学生教育机构需要跟踪社会对来华留学生毕业生需求的变化，对来华留学生的就业能力进行评价和反馈，为来华留学生教育机构调整来华留学生就业能力开发机制提供数据支持和事实依据。雇主是反馈来华留学生就业能力的首要信息来源体,来华留学生教育机构可以尝试建立来华留学生就业能力追踪调查制度,根据实际采取可行方式,例如同雇主座谈、向雇主发放问卷、实地调研雇主等,获得来华留学生就业能力的评价和反馈,及时寻找来华留学生就业能力与雇主需求的差距。而且,评价反馈平台可以同合作互动平台结合使用,最大程度挖掘雇主对来华留学生就业能力的实际需求。除此之外,来华留学生教育机构还可以建立来华留学生毕业校友就业能力反馈平台,实时追踪来华留学生毕业校友的就业适应情况、就业发展情况、就业差距情况,掌握来华留学生毕业校友对高校来华留学生就业能力培养机制的反馈和建议,来华留学生教育机构可以通过专业的分析系统,对来华留学生毕业校友的就业情况和职业生涯进展实施长期考察、跟踪和分析,获取来华留学生毕业校友就业情况的科学有效数据和信息,反馈给来华留学生就业能力开发平台机构和工作人员,及时改进来华留学生就业能力培养体系。

四、优化内外体系,保证高校来华留学生教育质量保障自治权

纵观英、美、澳等发达国家留学生教育质量保障体系运作机制,不难发现,留学生教育发达国家的留学生内部质量保障倾向于关注留学生招生和教育过程,而外部质量保障则更多地关注的是高校的输出结果,即留学生的毕业质量。留学生教育发达国家重视将内外质量保障体系相结合,强调绩效保障基础上的院校自治,在保证高校特色的同时,追求高校的效率与效益。同时,在院校内部质量保证体系自我评估的基础上,由上一级认证机构参照一定的量化标准,通过实地访问对高校进行外部质量评价。发达国家留学生教育质量保障机构的职能不断趋于中性,与此同时,发达国家适当放权给中介机构,这些中介机构无论是国家专门立法成立,如法国国家评估委员会(CNE),还是大学自治机构建立,如英国高等教育质量保障署,都强调机构的独立性和自治性,也就是留学生教育质量评价标准的制定、评价方式的选择和评价结果的公布,都不受政府的干预和制约。

(一)构建"三位一体"来华留学生教育质量保障体系

在借鉴发达国家留学生教育质量保障成功经验的基础上,我国已经初步建立起政府-社会-高校"三位一体"来华留学生教育质量保障体系。在这个质量保障体系当中,政府和社会是来华留学生教育外部质量保障体系,高校是来华留学生教育内部质量保障体系。

1. 政府机构:监管者

一般认为,来华留学生教育质量保障,离不开国家标准的外部控制和外部驱

动。来华留学生教育既是一项教育活动，也是一项外交活动和政治活动，其外交属性和政治属性决定了政府是来华留学生教育质量保障的必然主体，政府必须在来华留学生教育质量保障中发挥监管职责。来华留学生教育质量保障中，为了形成政府-社会-市场这样一个联动体系，促进来华留学生教育的可持续发展，政府必须扮演来华留学生教育质量保障的“元治理”角色。总的来说，参与来华留学生教育外部质量保障的政府主体，包括国家层面和地方层面两个部分。

国家层面的来华留学生教育质量保障主体，以教育部下设的国际合作与交流司为主，并协同国家学位管理与研究生教育司（国务院学位委员会办公室）、人力资源和社会保障部、国家留学基金委和国家其他相关部门等共同组成。其职责主要包括：完善来华留学生教育立法，可出台《来华留学生教育服务法》，宏观规定全国来华留学生教育质量标准和要求，整体监控全国来华留学生教育质量水平；制定全国来华留学生教育质量保障指标；公开教育质量认证和评价操作程序；健全质量保障机制；对来华留学生的市场需求和人才培养质量进行导向监控和实时监管。同时，国家层面来华留学生教育质量保障主体，需关注国际留学生质量保障发展趋势，探索来华留学生教育质量保障国际合作方式，保障来华留学生教育质量得到国际认可。

地方层面的来华留学生教育质量保障主体，包括省、自治区、直辖市人民政府教育行政主管部门以及其他有关行政部门。在质量保障职责方面，地方来华留学生教育质量保障主体应统筹属地来华留学生教学质量保障行为，对辖区内高校来华留学生培养质量定期进行督查，对教学水平不达标或培养人才不合格的高校，取消其来华留学生接收资格，并追究相应责任。

2. 社会机构：质量认证

来华留学生教育质量保障，离不开社会机构的外部控制，社会与政府共同构成来华留学生教育外部质量保障体系，实现质量外部监控的无缝对接。社会层面的来华留学生教育质量保障主体目前仅有一个，即中国教育国际交流协会。从域外经验来看，参与留学生教育质量认证的组织，往往是非营利性的、利益不相关的，且不依靠财政拨款。要根据利益不相关原则，改变我国社会第三方监管组织的官方或半官方属性，使社会层面的来华留学生教育质量保障机构既不是政府的附庸，也不是某个利益集团的代言人，确保质量保障过程的中立、客观、独立、公正。鉴于此，我国应进一步明确中国教育国际交流协会的法律地位和权责，通过法律明示的方式，也可以通过签订行政合同进行授权，赋予其制定认证标准、开展认证程序的国家权力，并协调好其同政府层面来华留学生教育质量保障机构的隶属关系和权限分工。

在来华留学生教育质量保障体系中，还存在一个谁来监管监管者的问题。

国家和地方各级教育行政部门，对社会认证机构具有监督权。对于政府层面的来华留学生教育质量保障主体而言，存在上下级的行政命令和监督关系，国家层面的来华留学生教育质量保障主体对地方层面的来华留学生教育质量保障主体具有领导权，也包括监督权，应及时纠正地方来华留学生教育质量保障主体的违规违法不当行为。社会层面的来华留学生教育质量保障主体可以通过行政复议或行政诉讼的方式，对各级政府机关妨碍来华留学生教育质量保障的违法行为进行监督。同时，中国教育国际交流协会、教育部学位与研究生教育发展中心、国际合作与交流司等来华留学生教育质量保障主体应建立同盟机制，以达到统一标准协调行动的目的，还应该重视质量认证和质量保障机构的自律规则建设。

此外，还要处理好各个层面来华留学生教育质量保障主体的相互关系。一要坚持政府职能精简原则，将最关键的监管权力留给政府部门；将行业自律、社会监督、市场机制能够解决的问题，不涉及教育主权控制和刚性合法性的问题，更多地交给社会组织来完成，提升社会组织在来华留学生教育质量保障中的地位和权威性。二要处理好国家与地方政府教育行政部门在来华留学生教育质量保障方面的合理分工和界限尺度。在坚持《学校招收和培养国际学生管理办法》和《来华留学生高等教育质量规范（试行）》的基础上，将具有全国影响和需要统筹安排的、研究生层面的行政监管职责留给国家，将属地本科及以下的来华留学生教育质量保障权力交给地方。

3. 高校：学术自治

自 1999 年 1 月 1 日《中华人民共和国高等教育法》发布生效后，高校成为来华留学生教育治理的责任主体，对本校来华留学生教育质量保障涉及的招生、教育、毕业等事项自行负责。来华留学生教育质量保障研究，不管是本体论上的来华留学生教育质量保障内涵研究、变迁研究、特征研究、趋势研究，还是方法论上的国际留学生教育质量保障国际比较研究，最终基本结论或对策建议的落脚点都离不开来华留学生教育内部质量保障体系。由此可知，来华留学生教育质量保障水平高低最终由来华留学生教育内部质量保障体系决定，提高高校来华留学生教育质量保障积极性和主动性是构建来华留学生教育质量保障体系的关键。

构建来华留学生教育内部质量保障体系可以从以下六个要素着手，六个要素对应六个系统，形成相互影响、相互联系、螺旋式上升的来华留学生教育闭环质量保障体系。来华留学生教育闭环质量保障体系的六个组成系统功能各不相同，且相互影响制约。

来华留学生教育决策和指挥系统，该系统由来华留学生教育专门管理机构负责统筹，并协同高校教育质量管理机构，处于来华留学生教育质量保障体系的最顶端，负责制定来华留学生教育质量保障标准和目标，监督来华留学生教育过程，协调来华留学生教育资源，考核来华留学生教育质量保障标准和目标实现程度。

来华留学生教育质量标准和目标系统，该系统由高校来华留学生教育目标、招生标准、教学标准、毕业标准构成，是来华留学生教育内部质量保障体系运转的基本依据，是来华留学生教学资源管理系统的构建基础和来华留学生教学过程管理系统的重要遵循，也是来华留学生教育质量监测和评估系统的监控和评价基准。

来华留学生教学资源管理系统，该系统包括影响来华留学生教育质量的硬件资源，例如教室、试验设备、宿舍等；也包括软件资源，例如课程设置、学术积淀、校园文化等，是保障来华留学生教育过程管理系统正常有序运行的基础。

来华留学生教学过程管理系统，该系统负责管理整个来华留学生教育过程，涵盖来华留学生专业培养方案、考试管理、教学档案管理、科研管理、毕业管理等，力图以来华留学生发展为中心，以提高来华留学生就业能力为追求，实现来华留学生日常教学管理的规范化和科学化。

来华留学生教育质量监测和评估系统，该系统负责从来华留学生教学过程管理系统和教育资源管理系统收集信息，依据来华留学生教育管理目标和标准对所收集信息进行评价，评价结果反馈给来华留学生教育质量反馈和改进系统。

来华留学生教育质量反馈和改进系统，该系统是来华留学生教育质量保障体系的修正和调整系统，在分类梳理来华留学生教育质量评价结果基础上，将来华留学生教育质量评价结果分别反馈给来华留学生教学资源管理系统、来华留学生教育过程管理系统、来华留学生教育决策和指挥系统，督促相关部门和相关人员改进来华留学生教育工作，补齐短板，从而实现来华留学生教育质量保障目标。

（二）保证高校来华留学生教育质量保障自治权

克拉克提出，高等教育系统受三个方面作用力的影响：国家权力、学术权威和市场竞争，其中学术权威是确保高校教育质量的基础。自党的十八届三中全会提出“深入推进管评办分离”后，高校来华留学生教育质量保障自治权日渐加大。由于高校具备独立的法人资格，因此，高校可以依法独立开展来华留学生教育工作和来华留学生教育质量保障工作，来华留学生教育质量保障效果在很大程度上受限于高校对质量保障重视程度和运作能力。鉴于此，激发高校来华留学生教育质量保障积极性，确保高校来华留学生教育质量保障自治权，可以从以下两个方面入手。

1. 调整政府在来华留学生教育质量保障体系中的角色定位

我国政府与高校是外部行政关系，政府对高校不能采取计划经济时代微观、具体而任意的直接管理方式，所有落实政府监管职权和高校自主权的政策法律规范建设都必须符合外部行政关系的属性和定位。因此，在来华留学生教育质量保障体系中，政府的角色应该是：

第一，来华留学生教育公平的保障和促进者。1960 年，在巴黎举行的第 11 届联合国教育、科学及文化组织大会通过了《取缔教育歧视公约》，提出政府有责任将接受教育的机会向一切人平等开放，政府要保证公立高校为学生提供基本相同的学习环境和条件。具体到来华留学生教育领域，政府要保障来华留学生享有平等的入学申请权、奖学金申请权、学习资源保障、毕业条件要求等。

第二，来华留学生教育的宏观调控者。制定系统科学的来华留学生教育质量保障标准，设计合理有序的来华留学生招生专业、招生结构和招生层次，确定合适的来华留学生招生规模。实现不同层次来华留学生教育功能的有效衔接，防止来华留学生教育结构和层次失衡。维护来华留学生教育的市场竞争秩序，积极鼓励和组织高校参加来华留学生教育质量认证活动，为来华留学生教育质量提升提供源源不断的动力支撑和机制保障。

第三，来华留学生教育质量保障规范的供给者。来华留学生教育质量保障规范的供给包括两个方面：一是高校内部来华留学生教育质量保障规范，二是高校开展来华留学生教育质量保障的外部规范——政府立法。高校根据自身实际情况，制定本校来华留学生教育质量保障规范，为本校来华留学生教育质量保障行动提供基本的制度遵循；政府要对高校制定的来华留学生教育质量保障规范是否合法予以监控。此外，政府要出台来华留学生教育质量国家标准，守住来华留学生教育底线，允许高校在底线基础上开展各自的来华留学生教育质量保障活动。

第四，来华留学生教育质量保障的监督者。只有政府对来华留学生教育提供良好的制度条件，履行监督者义务，才能强制高校履行来华留学生教育质量保障国家最低标准。政府对高校来华留学生教育质量保障的监督，主要是通过外部适当干预实现的，政府可对来华留学生教育质量保障监督内容、监督方式、监督边界以及监督之后的惩处措施进行规定，根据法定界限对来华留学生教育质量进行适法性监督。

2. 构建来华留学生教育质量保障体系中的新型政府-高校关系

来华留学生教育质量保障体系，需坚持“治理”的基本理念，科学定位政府的角色，改变政府权力运作向度与方式，通过强化、上交、交还、转移等方式转变政府职能，实现政府从“统治型”向“治理型”的转变。

第一，在治理理念上，政府要树立新型来华留学生教育管理和服务理念，重新定位政府和高校在来华留学生教育质量保障体系当中的权力关系。政府不再直接管理来华留学生教育，而是通过战略规划、保障政策、行政监督和质量评估间接参与来华留学生教育质量保障工作，从来华留学生教育管理当中的繁杂行政审批事务中抽身出来，减少对高校来华留学生教育质量保障工作的行政干预，让高校真正成为来华留学生教育质量保障的责任主体。

第二，在治理主体上，强调多元参与，发展来华留学生教育专业认证机构。充分发挥社会机构、行业协会、教育中介组织等社会组织在来华留学生教育治理中的作用，构建来华留学生教育质量保障的多元参与主体。

第三，在治理机制上，强调政府和高校分权，扩大高校来华留学生教育自主权。一方面，实行政府内部分权，即中央政府和地方政府分权，中央政府宏观布局和调控全国来华留学生教育质量保障工作，减少来华留学生教育质量保障的地方差异性和区域差异性，实现来华留学生教育质量保障的齐头并进；地方政府坚持贯彻国家来华留学生教育政策方针，根据本地区实际，开发和制定地方来华留学生教育质量保障指导方针和规范条款，以实现地区来华留学生教育事业的繁荣发展。另一方面，实现政府与高校分权，要求政府明确自身在来华留学生教育质量保障中的权利和义务，赋予高校充分的来华留学生教育质量保障自治权，不断简政放权，让高校自担风险和责任，不断释放高校在来华留学生教育当中的活力。高校依据国家标准，制定自身的来华留学生教育质量保障规范、实施细则、评价反馈机制，实现高校来华留学生教育内部质量保障体系的良性运转。

第四，在治理手段上，鼓励专业评价机构对来华留学生教育质量进行评估。建立问责机制，要求高校主动接受政府、社会组织对来华留学生教育质量的监督。建立来华留学生教育质量信息披露机制，要求高校提供和整合真实的来华留学生教育信息，作为政府调整来华留学生教育质量保障政策规范的依据和基础。构建高校来华留学生教育质量保障民主决策机制，在做出来华留学生教育质量保障重大决策前，高校应实行公开讨论，听取各方代表的意见和建议，实行民主决策，以提高来华留学生教育质量保障重大决策的科学性和民主性。建立来华留学生教育质量保障利益相关者治理机制，改变过去依靠政府权力的管理方式，由各方主体在协商和互动的前提下解决来华留学生教育质量保障问题，实现共同利益的最大化。

综上，高校在来华留学生教育质量保障的自治主要表现在两个层面——对外自主、对内自律。高校来华留学生教育质量保障的对外自主性是指不受外部因素干涉，高校的来华留学生教育质量保障活动都在高校基于自身的职责范围内自主实行。基于这种自主性，高校拥有来华留学生教育质量保障的自治权能，包括招生、课程设置、组织结构设置、毕业资格审查等各项自治自主权能。高校来华留学生教育质量保障的对内自主性是指高校依据本校发布的来华留学生教育质量规范对来华留学生教育质量实行自我管理，后果由高校自行承担，风险自负。高校来华留学生教育质量保障机构设置、人事任命、教师要求等都由高校自主内部决定，不受教育行政主管部门的干涉和牵制。

五、优化教师队伍，提高来华留学生教师能力水平

来华留学生教师，是来华留学生教育的实际承担者和“操刀者”，来华留学生教师能力的高低对来华留学生教育质量具有决定性的影响。在来华留学生教育中，加强来华留学生教师队伍建设是提高来华留学生教育质量的关键路径。

优化来华留学生教师队伍，要在意识上求开放、在机制中求完善、在创新中求发展。深化政府和高校对来华留学生教师队伍建设的认识，形成从上到下推动来华留学生教师队伍建设的合力。政府和高校发挥政策引领作用，通过有效的政策引导营造来华留学生教师队伍建设氛围，完善来华留学生教师队伍建设激励措施，提供充足来华留学生教师队伍建设经费，创新来华留学生教师队伍建设机制，制定科学的来华留学生教师开发目标，以国际化理念推进来华留学生教师队伍建设。例如：可通过设置具有国际竞争力的薪酬机制，从全球招聘高水平教师加盟到我国来华留学生教师队伍中来，发挥国际高水平教师的集聚效应，实现来华留学生教师引进同高校学科规划相契合、同高校科研方向相补充、同高校教师结构相促进。

在来华留学生教师能力结构中，来华留学生教师的教学能力和跨文化交际能力是最重要的两个方面，对来华留学生教育质量高低具有决定性影响。

（一）提高来华留学生教师的教学能力

教师，就是传道、授业、解惑者，教学能力高低是评价教师职业成功与否的主要标志。来华留学生教师的教学能力，就是来华留学生教师通过教学活动将各类基础知识和专业知识传授给来华留学生的能力。具体来说，提高来华留学生教师的教学能力需从以下四个方面入手。

第一，提高来华留学生教师教学意识。来华留学生教师意识是影响来华留学生教师行为的决定性力量。来华留学生教师只有在意识上主动重视教学活动，才能在行为上采取重视教学的行动。提高来华留学生教师教学意识，需做到以下三点。

(1) 提高来华留学生教师道德素质。来华留学生教师的教学工作是其职业的要求，教师职业道德是必备条件。来华留学生教师要具备严谨的教学态度、科学的教学理念、端正的治学信念、亲和的教学语态，认真对待来华留学生教学任

务，课前充分备课，课后仔细反思。作为国家代言人时，来华留学生教师要保持“爱国”“敬业”“爱生”的形象，对自己的职责具有积极的理解。

（2）提高来华留学生教师合作意识。通过合作，可以拓宽来华留学生教师教育视野、提高来华留学生教师教学能力、了解国际最新教学动态。鼓励来华留学生教师在教学机构和学校之间进行互动和交流，创造合作工作环境和合作平台。

（3）提高来华留学生教师学习、发展意识。学习和发展意识对来华留学生教师自身职业发展和教学能力提升，具有巨大的推动作用。来华留学生教师需对自己的职业生涯和发展有清晰的规划，借助各类方式，例如参加学术会议、教研活动、关注学术公众号、国内外访问访学等，了解专业发展动向和最新来华留学生教育方法，设置短期和长期的职业发展目标，通过短期和长期目标实现提升来华留学生教师的自我成就感。

第二，提高来华留学生教师教学认知。教学认知，顾名思义，就是来华留学生教师对来华留学生教学活动的认识和理解，需要来华留学生教师在教学意识的驱动下，将教学技能和教学知识结合起来，实现知识的有效传递。提高来华留学生教师课堂感知能力，来华留学生教师首先要感知课堂环境，形成对课堂环境的自我认识，在此基础上，塑造和重构对来华留学生教学有益的课堂环境，构建合理的来华留学生教师与环境、来华留学生与环境、来华留学生教师和来华留学生的互动关系。来华留学生教师需要具备教学理解、教学感知、教学分析、教学创新、教学记忆等方面的能力，使来华留学生教师认知成为教师能力系统的中枢。教学过程也是来华留学生教师重复学习的过程。教师认知实际上是一个信息加工和处理过程，来华留学生教师对教学过程中的问题和经验进行总结和分析，形成个人对来华留学生教学工作的认知信息，对这些认知信息进一步进行加工和判断之后，应用到后续来华留学生教学过程。因此，教学认知能力是来华留学生教师的最核心能力。

第三，提高来华留学生教师教学知识。来华留学生教师教学知识层面，包括三个层面。

（1）学科知识。来华留学生教师所掌握的学科知识不仅包括专业知识，还包括教学知识、文化学知识和心理学知识等。来华留学生教师不仅要掌握专业课教学方法、课堂教学方法和课堂管理方法等专业知识和教学知识，还要熟悉中国文化，熟悉来华留学生所在国家文化，具备全球化环境背景下的文化融合能力。

（2）背景知识。来华留学生教师要能够融合不同学科和专业的知识，具备能够将历史背景知识、最新学术动态、相关学科联系等内容同教学内容相结合的能力,帮助来华留学生将不同的文化知识和专业知识进行整合。背景知识是来华留学生教师个体生活经验和学习经验的集合,在来华留学生教学过程中,适当引入背景知识,可以让来华留学生更好地理解教学内容。

(3) 教学经验。来华留学生教师的教学经验,源自其自身的生活、学习、观察、理解和实践。来华留学生教师的风格对来华留学生而言是具有学习性和模仿性的。来华留学生在专业学习过程中,往往会下意识地模仿来华留学生教师。因此,来华留学生教师要合理安排课堂教学和课后安排、增加授课内容的实用性和趣味性,根据来华留学生知识接受和掌握程度,及时调整授课内容。

第四,提高来华留学生教师教学技能。教学技能是来华留学生教师的实践能力,是来华留学生教师在教学过程中展现出来的能力,涉及来华留学生教师在备课、授课、课后评价三个教学不同阶段的表现。在备课阶段,来华留学生教师需具备制订教学计划的能力;在授课阶段,来华留学生教师需具备执行教学计划和维护支持性学习环境的能力;在课后评价阶段,来华留学生教师需具备对教学效果的评价和反馈能力。

(二) 来华留学生教师的跨文化交际能力

来华留学生教师尤其强调跨文化交际能力,来华留学生教师需具备理解和应用与文化价值和文化信仰相关知识的能力,掌握不同语境下跨文化交际的技巧。Bochner 和 Kelly[①] 认为,教师要具备叙述和反馈的能力,具备对学术研究和学术观点的坚持能力,具备移情交际能力,具备自我反思能力和创新能力。也就是说,来华留学生教师在跨文化教学中,需同来华留学生塑造一个相互信任的学习环境,来华留学生教师和来华留学生为了达成交际目的相互合作,互相理解对方的交际目的。

面对不同文化的来华留学生,来华留学生教师要选择合适有效的教学方法,实现来华留学生学习风格和交际风格的科学匹配。这要求来华留学生教师,首先要了解不同文化之间的差异,理解文化差异对学习风格的影响和制约;其次,根据来华留学生特点,选择合适的教学方法和技巧;最后,摒弃种族歧视内容,坚持平等交流,同来华留学生建立良好关系,耐心和热情地面对来华留学生。

与教学能力相对应,来华留学生教师跨文化交际能力内容,也可以分为四个方面,如表 6-2 所示。

① BOCHNER A P, KELLY CW. Interpersonal Competence: Rationale, Philosophy and Implementation of a Conceptual Framework[J]. The Speech Teacher, 1974, 23(4): 279-301.

表 6-2　来华留学生教师跨文化交际能力内容

来华留学生教师跨文化交际能力			
跨文化意识	跨文化认知	跨文化知识	跨文化技能
全球化意识 跨文化意识	跨文化视野 跨文化感知 跨文化适应 跨文化情感 跨文化分析 跨文化理解	来华留学生生源国基本国情 来华留学生生源国热点问题 来华留学生生源国基本常识 来华留学生生源国文化禁忌 中国基本国情 中国热点问题 中国基本常识	跨文化交际 跨文化适应 跨文化教学 跨文化传播 中外文化比较

来华留学生教师跨文化交际能力是来华留学生教师在教学过程中与来华留学生进行有效互动的保证。培养来华留学生教师的跨文化交际意识，在意识的驱动下，发挥跨文化技能、跨文化知识、跨文化认知的协同合力。在此基础上，有效发挥来华留学生教师的跨文化适应能力、跨文化交际能力、跨文化教学能力和跨文化传播能力，借以获得良好的来华留学生教育成效。

参考文献

[1] ADAMS J M, CARFAGNA A. Coming of age in a globalized world: the next generation[M]. Bloomfield CT: Kumarian Press, Inc. , 2006.

[2] ADAMS K L, D T BRINK. Perspectives on official language: the campaign of english as the official language of the USA[M]. Berlin and New York: Moutonde Gruyter, 1975.

[3] ADAMSON B. China's English: a history of English in Chinese education [M]. Hong Kong: Hong Kong University Press, 2004.

[4] LAM A. Language education in China: policy and experience from 1949 [M]. Hong Kong: Hong Kong University Press, 2005.

[5] LEITNER G. AGER D. motivation in language planning and language policy[J]. Zeitschrift Für Australienstudien, 2001, 15: 105-106.

[6] ALBURDENE P, NAISBITT J. English as universal language, twenty-first century college english[M]. Shanghai: Fudan University Press, 1999.

[7] MITCHELL B M, SALSBURY R E. Multicultural education in the U. S. : a guide to policies and programs in the 50 states[M]. Westport, Conn. : Greenwood Press, 2000.

[8] BURKE P, PORTER R. The social history of language[M]. Cambridge: Cambridge University Press, 1987.

[9] CORSON D. Language policy in schools: a resource for teachers and administrators[M]. Mahwah, NJ: Lawrence Erlbaum Associates, 1999.

[10] CAMERON D. Verbal hygiene [M]. London and New York: Rouledge, 1996.

[11] CHESTERMAN A. Memes of translation: the spread of ideas in translation theory[M]. Amsterdam: John Benjamins, 1997.

[12] CUMMINS J. Age on arrival and immigrant second language learning in Canada: a reassessment1[J]. Applied Linguistics, 1981, II(2): 132-149.

[13] COLLIER V P. Age and rate of acquisition of second language for academic purposes[J]. TESOL Quarterly, 1987, 21(4): 617.

[14] CRAWFORD J. Educating English learners: language diversity in the

classroom fifth edition[M]. Los Angles: Bilingual Educational Services Inc. ,2004.

[15] DYE,THOMAS R. Understanding Public Policy [M]. Englewood Cliffs: Prentice-Hall Inc. ,1987.

[16] EDWARDS J. Language, society, and identity [M]. Oxford: B. Blackwell,1985.

[17] EURYDICE. Foreign language teaching in schools in Europe [M]. Brussels: Eurydice European Unit,2001.

[18] FENNELL B A. A history of English: a sociolinguistic approach[M]. Oxford,UK: Blackwell Publishers,2001.

[19] FOSS S K,FOSS K A,TRAPP R. Contemporary perspectives on rhetoric [M]. Prospect Heights: Waveland Press Inc. ,2002.

[20] GRIN F. Language policy evaluation and the european charter for regional or minority languages[M]. London: Palgrave Macmillan UK,2003

[21] GOUADEC D. Translation as a profession [M]. Amsterdam: John Benjamins Publishing Company,2007.

[22] HAUGEN E. Linguistics and language planning in the ecology of language[M]. New York: Stanford University Press,1972.

[23] HOUGH J R. Educational policy: an international survey[M]. New York: St. Martin's Press,1984.

[24] CASTRO C D, HALLIDAY M A K. An introduction to functional grammar[J]. Language,1995,71(4):831.

[25] JOHNSON K. Language teaching and skill learning [M]. Oxford: Blackwell,1996.

[26] KRASHEN S. Second language acquisition and second language learning [M]. London: Prentice Hall International (UK) Ltd. ,1988.

[27] KAPLAN R B,BALDAUF R B Jr. Language and language-in-education planning in the Pacific Basin[M]. Dordrecht: Springer Netherlands,2003.

[28] KELLY M, etc. The training of teachers of a foreign language: developments in Europe [R]. Southampton: University of Southampton,2002.

[29] KELLY M. European profile for language teacher education-a frame of reference[R]. Southampton: University of Southampton,2004.

[30] KLOSS H. The American bilingual tradition [M]. Rowley: Newbury

House,1977.

[31] KRAMSCH C. Language and culture[M]. Shanghai: Shanghai Foreign Language Education Press,2000.

[32] KRASHEN B S D. The input hypothesis: issues and implications[M]. London:Longman,1985.

[33] LEITH D. A social history of English[M]. London:Routledge,1997.

[34] MUHLHAUSLER P. Language of environment-environment of language:a course in ecolinguistics[M]. London:Battlebridge,2003.

[35] NICHOLAS H. Language at the crossroads: the report of the national enquiry into the employment and supply of teachers of languages other than English[M]. Canberra:National Languages and Literacy Institute of Australia,1993.

[36] OECD. Internationalization and trade in higher education-opportunities and challenges,2004.

[37] PHILIP G. ALTBACH. Trends in global higher education: tracking an academic revolution[C]. Paris: UNESCO 2009 World Conference on Higher Education,2009:23-35.

[38] RHODES C N, PUFAHL I. Foreign language teaching in US schools: results of a national survey[M]. Washington: Center for Applied Linguistics,2009.

[39] SPOLSKY B. Language management[M]. Cambridge: Cambridge University Press,2009.

[40] TRUDGILL P. A glossary of sociolinguistics[M]. Edinburgh: Edinburgh University Press,2003.

[41] TEICHLER U. The changing debate on internationalisation of higher education[J]. Higher Education,2004,48(1):5-26.

[42] UNESCO. Education in a multilingual world UNESCO education position paper[R]. New York:UNESCO,2003.

[43] United States Government Accountability Office. Staffing and foreign language shortfalls persist despite initiatives to address gaps[R]. Washington:2006.

[44] 安文铸. 教育科学与系统科学[M]. 长春:吉林教育出版社,1990.

[45] 北京大学课题组."来华留学工作 2009—2020 年发展规划"研究报告[R]. 北京:北京大学,2009-10-11.

[46] 陈昌贵.国际合作:高等学校的第四职能:兼论中国高等教育的国际化[J].高等教育研究,1998,19(5):11-15.
[47] 陈海燕."一带一路"战略实施与新型国际化人才培养[J].中国高教研究,2017(6):52-58.
[48] 陈海燕."一带一路"战略下 我国国际化人才培养的现状、问题与出路[J].北京教育(高教版),2017(5):15-18.
[49] 陈学飞.高等教育国际化:从历史到理论到策略[J].上海高教研究,1997,17(11):57-61.
[50] 陈欣.从跨文化交际能力视角探索国际化外语人才培养课程设置[J].外语界,2012(5):73-78.
[51] 陈雨波.忆帮助哈工大发展的苏联专家[J].国际人才交流,2014(11):60-62.
[52] 陈玉琨,等.高等教育质量保障体系概论[M].北京:北京师范大学出版社,2004.
[53] 曹德明.以科学发展观为指导培养创新型国际化外语人才[J].外国语(上海外国语大学学报),2007,30(4):2-5.
[54] 曹德明.高等外语院校国际化外语人才培养的若干思考[J].外语教学理论与实践,2011(3):1-5.
[55] DORNYEI Z,THURRELL S,陈健.语言策略能力及其培养[J].国外外语教学,1992(3):29-32.
[56] 陈小慰.面向现实需求的翻译人才能力结构再思考[J].外语教学,2013,34(1):94-98.
[57] 程静.高校人才培养模式多样化:诠释与对应[M].北京:北京工业大学出版社,2003.
[58] 成雪岩."一带一路"国际化背景下高等教育创新人才培养的路径[J].教育理论与实践,2016,36(27):9-11.
[59] 丛滋杭.论翻译的理论与实践并重:从中国翻译擂台赛谈起[J].中国科技翻译,2008,21(4):50-53.
[60] 戴炜栋.关于面向21世纪培养复合型高级外语人才发展战略的几个问题[J].外语界,1999(4):1-3.
[61] 戴炜栋.我国外语专业教育的定位、布局与发展[J].当代外语研究,2013(7):1-5.
[62] 戴智华,潘拯,关汉男.构建世界一流高等教育人才培养体系[J].中国高等教育,2016(3):45-48.

[63] 段胜峰,彭丽芳."一带一路"背景下国际化人才培养路径[J]. 长沙理工大学学报(社会科学版),2016,31(1):103-107.
[64] 费孝通. 反思·对话·文化自觉[J]. 北京大学学报(哲学社会科学版),1997(3):22.
[65] 冯建中. 翻译教学专业化背景下的双语课程体系建设[J]. 外语研究,2009,26(4):79-82.
[66] 冯全功. 从认知视角试论翻译能力的构成[J]. 外语教学,2010,31(6):110-113.
[67] 范琳,张德禄. 外语教育语言学理论建构的设想[J]. 外语与外语教学,2004(4):16-21.
[68] 葛琳琳,贾银山. 大数据时代下高等教育人才培养的策略与思考[J]. 黑龙江高教研究,2017,35(3):159-161.
[69] 顾伟勤,梅德明. 国际型外语人才培养模式研究:谈上外国际公务员实验班本科课程体系的构建[J]. 外语界,2008(5):70-74.
[70] 郭强,赵风波."一带一路"战略下的中俄跨境高等教育[J]. 中国高教研究,2017(7):56-61.
[71] 郭卫东. 近代外国在华文化机构综录[M]. 上海:上海人民出版社,1993.
[72] 贺宇涛. 区域经济发展对外语人才的需求分析[M]. 北京:北方经贸出版社,2012.
[73] 胡文仲. 新中国六十年外语教育的成就与缺失[J]. 外语教学与研究,2009,41(3):163-169.
[74] 胡小芃,匡建江,沈阳. 经济学人:英美可能丧失全球留学市场份额领先地位[J]. 世界教育信息,2016,29(9):78-79.
[75] 黄友义,黄长奇. 翻译质量与翻译协会的责任:在第 17 届世界翻译大会公开论坛上的演讲[J]. 中国翻译,2005,26(5):8-9.
[76] 贾文键. 外语专业国际化人才培养的内涵与标准:北京外国语大学国际化人才培养的理念与实践[J]. 中国大学教学,2015(3):22-28.
[77] 蒋道超. 培养外语人才服务"一带一路"战略[N]. 人民政协报,2015(6):11.
[78] 江彦桥. 跨境教育监管与质量保障[M]. 北京:高等教育出版社,2014.
[79] 金萍. 多维视域下翻译能力结构体系的认知阐释[J]. 兰州大学学报(社会科学版),2013,41(6):148-153.
[80] 靳润成,王璟. 国际教育政策发展报告—2013,2013[M]. 天津:天津人民出版社,2013.

[81] 康健."威斯康星思想"与高等教育的社会职能[J].高等教育研究,1989(1):38.
[82] 李贝,梁志扬.国际化人才培养的影响因素及对策研究[J].北京教育,2017(5):19-21.
[83] 李睿晶,魏昊,李冰.运用辩证思维解放思想[J].红旗文稿,2013(14):37-38.
[84] 理查德·保罗,琳达·埃尔德.批判性思维工具[M].侯玉波,姜佟琳,等译.北京:机械工业出版社,2013.
[85] 李成明等.对国际化人才培养过程中若干问题的思考[J].中国高等教育,2013(6):18-36.
[86] 李明秋.国际化与本土化融合:创新型外语人才培养的研究与实践[J].东北农业大学学报(社会科学版),2013,11(5):110-113.
[87] 李明秋.高等教育国际化的创新型外语人才培养模式探索[J].高等教育研究学报,2014,37(2):116-120.
[88] 李瑞林.从翻译能力到译者素养:翻译教学的目标转向[J].中国翻译,2011,32(1):46-51.
[89] 林大津,谢朝群.跨文化交际学:理论与实践[M].福州:福建人民出版社,2005.
[90] 刘和平.翻译能力发展的阶段性及其教学法研究[J].中国翻译,2011,32(1):37-45.
[91] 刘满芸.翻译技术时代翻译模式的裂变与重构[J].中国科技翻译,2016,29(4):17-20.
[92] 刘淑华.俄罗斯教育战略研究[M].杭州:浙江教育出版社,2014.
[93] 刘习良.加强行业管理　推动我国翻译产业的可持续发展:当前我国翻译工作中存在的问题和对策建议[J].中国翻译,2006(4):5-7.
[94] 刘扬,马荧,李名义."一带一路"倡议下研究生国际能力的评价与提升对策研究[J].高校教育管理,2018,12(2):10-16.
[95] 刘义民.国外核心素养研究及启示[J].天津师范大学学报(基础教育版),2016,17(2):71-76.
[96] 刘颖.高校国际化人才培养模式分析与探索[J].教育教学论坛,2016(2):125-127.
[97] 陆莺.从对立到融合:复合型英语人才培养的多元转型[M].上海:上海外语教育出版社,2009.
[98] 马会娟,管兴忠.论汉英翻译的语言能力[J].西安外国语大学学报,2012,

20(3):117-121.
[99] 毛礼锐,沈灌群. 中国教育通史一第四卷[M]. 2 版. 济南:山东教育出版社,2005.
[100] 孟臻. 外语教育政策制定与实施研究[M]. 上海:复旦大学出版社,2012.
[101] 苗菊. 翻译能力研究:构建翻译教学模式的基础[J]. 外语与外语教学,2007(4):47-50.
[102] 裴新宁,刘新阳. 为 21 世纪重建教育:欧盟"核心素养"框架的确立[J]. 全球教育展望,2013,42(12):89-102.
[103] 桑元峰. 从国际化人才培养视角探索外语教学质量监控[J]. 外语界,2014(5):83-88.
[104] 束定芳. 中国外语战略研究[M]. 上海:上海外语教育出版社,2012.
[105] 束定芳. 关于我国外语教育规划与布局的思考[J]. 外语教学与研究,2013(03):426-435.
[106] 孙有中. 外语教育与跨文化能力培养[J]. 中国外语,2016,13(3):1.
[107] 陶友兰. 翻译目的论观照下的英汉汉英翻译教材建设[J]. 外语界,2006(5):33-40.
[108] 田华银. 基于批判性思维的教师主体性的发挥[J]. 教育与职业,2014(24):81-83.
[109] 王非,陈向京,韩翀. 翻译专业教学的国际化经验:来自澳大利亚的启示[J]. 上海翻译,2013(3):45-48.
[110] 王根顺,王辉. 研究型大学人才培养国际化的探索与实践[J]. 国家教育行政学院学报,2009,136(4):32-37.
[111] 王家芝. 外语师资教育:理论模式及其应用研究[J]. 外语界,2008(5):30-37.
[112] 王树槐,王若维. 翻译能力的构成因素和发展层次研究[J]. 外语研究,2008(5):80-88.
[113] 王涛,戴妍. 论高等教育国际化观念中的复杂关系[J]. 现代远距离教育,2012(4):20-24.
[114] 王小青. 国际能力、全球化能力和跨文化能力术语比较研究[J]. 比较教育研究,2017,39(4):23-30.
[115] 王雪梅,徐璐. 国际化复语型人才的内涵与培养模式探索[J]. 外语与外语教学,2011(1):9-12.
[116] 王雪梅. 从对接国家战略视角探索外语类院校培养国际化人才的思路[J]. 外国语文(四川外语学院学报),2014,30(2):158-163.

[117] 王雪梅.全球化、信息化背景下国际化人才的内涵、类型与培养思路:以外语类院校为例[J].外语电化教学,2014(1):65-71.

[118] 王辉耀.国际人才蓝皮书:中国留学发展报告[M].北京:社会科学文献出版社,2012.

[119] 王艺静."一带一路"背景下国际化外语人才培养研究[J].高教学刊,2016(9):1-3.

[120] 王银泉.以市场为导向的翻译人才培养模式探微[J].外语界,2008(2):20-26.

[121] 韦鸿鹏.略论国际意识与高校民族精神的弘扬和培育[J].桂海论丛,2004,20(5):94-96.

[122] 文秋芳,苏静,监艳红.国家外语能力的理论构建与应用尝试[J].中国外语,2011,8(3):4-10.

[123] 吴赟.翻译能力建构与中译外人才培养[J].外语学刊,2015(1):148-153.

[124] 武光军.复合型翻译人才:我国翻译专业人才培养模式构建与改革方向[J].外语界,2011(3):2-8.

[125] 吴杰伟,霍然.外语专业学生国际视野培养的探索:北京大学外语非通用语学生国际体验效果调查[J].解放军外国语学院学报,2013,36(6):81-86.

[126] 肖甦,王义高.俄罗斯转型时期重要教育法规文献汇编[M].北京:人民教育出版社,2009.

[127] 谢徐萍.E时代英语教师信息素养探论[J].外语界,2005(4):9-12.

[128] 闫国华.文化对外传播与非通用语种翻译人才培养[J].中国翻译,2014,35(5):9-11.

[129] 杨红英,林丽.论"一带一路"背景下中国高校国际化人才核心素养的培养[J].西南民族大学学报(人文社会科学版),2018(2):212-217.

[130] 杨建国,李茂林.提升大学创新能力,培养高端国际化战略人才:北京外国语大学的人才培养思路探析[J].大学(学术版),2010(9):41-43.

[131] 杨洁.专业翻译人才核心翻译意识的建构培养[J].重庆师范大学学报(哲学社会科学版),2017(3):84-89.

[132] 杨志红,王克非.翻译能力及其研究[J].外语教学,2010,31(6):91-95.

[133] 杨忠.培养技能　发展智能:外语教育工具性与人文性的统一[J].外语学刊,2007(6):133-137.

[134] 叶苗.翻译教学的交互性模式研究[J].外语界,2007(3):51-56.

[135] 余子侠,刘振宇.国际化与本土化的融合　历史性与现实性的交汇:中外

教育交流国际学术研讨会综述[J]. 沈阳师范大学学报(社会科学版), 2011,35(6):1-5.
[136] 于富增. 改革开放 30 年的来华留学生教育:1978—2008[M]. 北京:北京语言文化大学出版社,2009.
[137] 臧玲玲. 我国高等教育本土化研究述评[J]. 现代教育管理,2013(3):12-15.
[138] 张沉香. 外语教育政策的反思与构建[M]. 长沙:湖南师范大学出版社,2012:77.
[139] 张凤娟,曲鑫. 电子语言素养:信息技术与外语课程整合的生长点[J]. 情报科学,2013(2):110-114.
[140] 张绍杰. 全球化背景下的外语教学:行动与反思[J]. 外语与外语教学,2010(1):9-12.
[141] 张瑞娥. 翻译能力构成体系的重新建构与教学启示:从成分分析到再范畴化[J]. 外语界,2012(3):51-58.
[142] 赵晋平,单谷. 日本的大学国际化人才战略分析[J]. 中国高教研究,2014(10):84-88.
[143] 钟秉林. 大学人才培养要研究新问题　应对新挑战[J]. 中国大学教学,2013(7):4-6.
[144] 仲伟合. 拔尖创新型国际化人才培养模式的探索与实践:以广东外语外贸大学为例[J]. 广东外语外贸大学学报,2013,24(1):98-101.
[145]《中国教育年鉴》编辑部. 中国教育年鉴(1991 年)[M]. 北京:人民教育出版社,1992.
[146] 中华人民共和国教育部. 留学中国计划[Z]. 2010(9).
[147] 周谷平,阚阅. “一带一路” 战略的人才支撑与教育路径[J]. 教育研究,2015,36(10):4-9.
[148] 周烈. 经济全球化背景下外语院校人才培养模式的社会适应性[J]. 中国外语,2011,8(2):12-16.
[149] 朱晔. 论我国高校国际化创新型外语人才的培养[J]. 江苏高教,2012(6):102-103.
[150] 庄智象. 关于我国翻译专业建设的几点思考[J]. 外语界,2007(3):14-23.
[151] 庄智象,韩天霖,谢宇,等. 关于国际化创新型外语人才培养的思考[J]. 外语界,2011(6):71-78.
[152] 庄智象,刘华初,谢宇,等. 试论国际化创新型外语人才的培养[J]. 外语界,2012(2):41-48.

[153] 庄智象，孙玉，刘华初，等. 探索适应国际化创新型外语人才培养的教学管理模式[J]. 外语界，2012(5)：68-72.

[154] 庄智象等. 试论国际化创新型外语人才培养的教材体系建设[J]. 外语界，2013(5)：45-50.